Id 7
132

IL A ÉTÉ IMPRIMÉ

Dix exemplaires numérotés sur papier de Hollande van Gelder.

LE
CONCORDAT DE 1801

LE
CONCORDAT
DE 1801

SES ORIGINES — SON HISTOIRE

D'après des documents inédits

PAR

Le Cardinal **MATHIEU**

PARIS
LIBRAIRIE ACADÉMIQUE DIDIER
PERRIN ET Cⁱᵉ LIBRAIRES-ÉDITEURS
35, QUAI DES GRANDS-AUGUSTINS, 35
1903
Tous droits réservés.

A SA SAINTETÉ

LE PAPE LÉON XIII

GLORIEUSEMENT RÉGNANT

Ce modeste travail est offert par son très humble, très dévoué et très obligé serviteur,

François-Désiré, Cardinal Mathieu.

LE
CONCORDAT DE 1801

CHAPITRE PREMIER

LES DÉBUTS DE LA NÉGOCIATION

Importance du sujet et documents récents. — Une vieille lettre inédite. — Sentiments de Pie VII en la recevant. — Spina choisi pour négociateur. — La négociation transportée à Paris. — Efforts de Louis XVIII pour l'entraver. — État d'âme des gallicans. — Châtiment du gallicanisme.

Tous ceux qui veulent étudier le Concordat doivent commencer par remercier M. le comte Boulay de la Meurthe d'avoir publié, avec un soin et une compétence au-dessus de tout éloge, un recueil considérable qui est devenu leur indispensable manuel[1]. En exhumant des Archives d'État les dépêches en grande partie inédites échangées entre les négociateurs de Rome et ceux de Paris, en les classant et en les annotant, il a beaucoup ajouté à ce que nous savions du Concordat, et, s'il n'en a pas renouvelé l'histoire de fond en comble, il l'a, du moins, rectifiée sur plusieurs points où elle avait été défigurée par la légende. C'est ainsi qu'il nous permet de trancher le débat qui s'est élevé autrefois entre M. d'Haussonville et le P. Theiner et qui, jusqu'en ces derniers temps, a

[1] Documents sur la négociation du Concordat et sur les autres rapports de la France avec le Saint-Siège en 1800 et 1801, publiés par le comte Boulay de la Meurthe. 5 vol. Paris, Ernest Leroux.

divisé les historiens, de contrôler Consalvi par Consalvi lui-même et de compléter l'esquisse brillante, mais insuffisante et souvent inexacte de M. Thiers. Le moment nous a paru propice pour exposer brièvement l'origine, les différentes phases et le résultat final d'une négociation qu'aucune autre n'a surpassée en importance et en intérêt. Nous nous effacerons autant que nous pourrons, pour laisser la parole aux négociateurs eux-mêmes.

Un pareil sujet n'est jamais entièrement épuisé. Nos recherches personnelles, aidées par le P. Rinieri, de la *Civiltà cattolica*[1], nous ont fait découvrir plusieurs documents qui ont échappé à M. Boulay de la Meurthe. Nous exprimons toute notre reconnaissance au savant rédacteur de la *Civiltà*, ainsi qu'à Mgr Wenzel, directeur des Archives vaticanes, et à Mgr Celli[2], sous-secrétaire de la Congrégation des affaires extraordinaires, dont l'inépuisable obligeance nous a singulièrement facilité notre travail.

Il y a, aux Archives du Vatican, une vieille lettre jaunie sur l'enveloppe de laquelle une main, qui paraît être celle du cardinal Consalvi, a écrit : *Si custodisca gelosamente*[3]. Elle est signée du cardinal Martiniana, évêque de Verceil, et datée du 26 juin 1800. Nous ne croyons pas qu'elle ait jamais été traduite en français. La voici presque tout entière, telle que nous l'avons copiée sur l'original même :

[1] Le P. Rinieri a réuni ses articles en deux volumes fort intéressants, dont le premier m'a été d'un grand secours : *La Diplomazia pontificia nel secolo XIX*. Une traduction française vient d'en paraître chez Lethielleux.
[2] Malheureusement et prématurément décédé.
[3] A garder précieusement.

« Très Saint-Père,

« C'est mon devoir de commencer cette lettre très respectueuse par les plus humbles excuses pour la hardiesse que je suis forcé de montrer en traitant l'affaire, aussi importante que consolante pour l'âme si religieuse et si zélée de Votre Sainteté, que la Providence me confie le redoutable honneur de négocier. Bonaparte, le Premier consul de la nation française, auquel on ne peut désormais refuser le titre de grand, à cause des vues vraiment salutaires, bienfaisantes et sages qu'il manifeste, passant ici pour se rendre à la surprenante expédition qu'il vient d'accomplir en peu de temps, avait déjà montré beaucoup de bonté et de déférence pour ma faible personne. Mais hier, en retournant à Paris et en s'arrêtant pendant quelques heures, il me prit à part, dans une conférence intime, et me communiqua son ardent désir d'arranger les choses ecclésiastiques de la France, en même temps que de procurer à ce pays la paix au dehors, et il me pria instamment de me charger de la négociation entre Votre Sainteté et lui-même. Ses vœux m'ont paru véritablement sincères, d'après les dispositions et les exigences très mesurées qu'il a daigné me manifester, et l'assurance absolue qu'il m'a donnée d'employer, en cas de succès, tout son pouvoir pour que Votre Sainteté recouvre tous ses États. En conséquence, je prends la liberté de La renseigner, dès la première ouverture et sans réserve, pour ne pas prolonger inutilement la négociation et pour agir comme le doit un fils respectueux à l'égard de son très vénéré Père.

« Bonaparte, donc, voudrait faire table rase de l'Église gallicane[1]. Les évêques qui ont émigré, dit-il, ne peuvent plus convenir à la France, parce que la plupart en sont sortis non par le pur zèle de la religion, mais par des intérêts et des vues temporels. Quant aux intrus, il ne veut pas en entendre parler. Il lui semble, en conséquence, qu'il en faut de nouveaux qui soient choisis par le pouvoir qui exercera la souveraineté dans la nation, et canoniquement institués par le Saint-Siège dont ils recevraient la mission et les bulles.

« En outre, comme depuis tant d'années de révolution tous les biens que possédait l'Église gallicane ont été aliénés, comme leur revendication serait impossible en fait et jetterait la nation entière dans de nouveaux bouleversements, il croit nécessaire, pour ne pas trop charger la nation elle-même, que le nombre des évêchés soit diminué le plus possible, et que, jusqu'à ce qu'on puisse assigner des biens immeubles à chaque évêché, la portion congrue des évêques soit une pension à payer par les finances nationales, s'élevant à deux mille ou deux mille cinq cents écus romains, soit à dix ou onze mille livres de France. De cette manière, on ne verra plus en France le douloureux spectacle d'une grande partie des évêques résidant à Paris, et il en résultera un grand avantage pour l'Église.

« Voilà, Très Saint-Père, exposée simplement, l'idée générale du Premier consul en ce qui concerne la réconciliation de la France avec le chef visible de

---

[1] *Far caso vergine della Chiesa gallicana.*

l'Église universelle. Il n'a pas été question des autres objets qui, étant de moindre importance et dépendant des premiers, s'arrangeront facilement, ceux-ci une fois convenus.

« J'ai l'honneur de déposer aux pieds de Votre Sainteté le plan formé, suppliant humblement sa tendre charité et sa sagesse éclairée de le prendre en bienveillante considération et de me favoriser de ses déterminations vénérées et de ses lumières, afin que je puisse continuer les relations commencées avec l'illustre et très distingué commettant qui, pour cet objet, a laissé un de ses courriers à ma disposition.

« Je supplie, en outre, Votre Sainteté, d'agréer qu'un de mes neveux le comte Alciati, déjà connu d'elle, ait le très grand honneur de lui présenter cette lettre, en même temps qu'une autre dont je l'ai chargé pour mon auguste Souverain[1] par mandat du Premier consul.

« Enfin, je supplie Votre Béatitude de daigner accueillir cette preuve de mon entier dévouement avec la bonté dont Dieu l'a douée et de m'accorder l'honneur de baiser ses pieds sacrés et de recevoir sa bénédiction paternelle.

« De Votre Sainteté,
« Le très humble, très dévoué et très obéissant serviteur,

CHARLES-JOSEPH, Cardinal DE MARTINIANA.

« Verceil, 26 juin 1800. »

« L'illustre et distingué commettant » venait de

[1] Le roi de Piémont qui se trouvait à Rome.

gagner la bataille de Marengo quand il chargeait le cardinal Martiniana de cette communication qui peut être appelée l'acte de naissance du Concordat, car elle le renferme déjà presque tout entier, tel que Bonaparte l'imagina spontanément et qu'il l'obtint, un an plus tard, sans modifications essentielles. Le cardinal Maury, alors évêque de Montefiascone, qui représentait auprès du Saint-Siège la monarchie déchue, rapporte les propos du Premier consul en termes qui en rendent l'accent beaucoup mieux que les phrases traînantes du bon cardinal[1]. « Le consul Bonaparte rendit visite au cardinal Martiniana. Il lui dit qu'il le priait de se rendre à Rome pour annoncer au Pape qu'il voulait lui faire cadeau de trente millions de catholiques français; qu'il voulait la religion en France; que les intrus du premier et du second ordre étaient un tas de brigands déshonorés dont il était déterminé à se débarrasser; que les diocèses étaient anciennement trop multipliés en France et qu'il fallait en restreindre le nombre; qu'il désirait établir un clergé vierge; que quelques-uns des anciens évêques n'étaient nullement considérés dans leurs diocèses où ils ne résidaient presque jamais; que plusieurs n'avaient émigré que pour cabaler et qu'il ne voulait pas les reprendre; qu'on traiterait avec eux de leurs démissions et qu'il leur ferait un traitement convenable; qu'en attendant qu'il pût doter le clergé avec des biens-fonds, il lui assurerait un sort très honnête, mais sans magnificence, et que le plus pauvre des évêques aurait 15,000 livres de

---

[1] *Mémoires* publiés par Ricard, t. I, p. 461. Lettre à Louis XVIII.

rente; que l'exercice de la juridiction spirituelle du Pape reprendrait librement son cours en France, que le Pape seul instituerait les évêques et qu'ils seraient nommés par celui qui administrerait l'autorité souveraine; enfin, qu'il voulait rétablir le Pape dans la possession de tous ses États[1]. »

Quand la lettre du cardinal Martiniana fut apportée à Rome, Pie VII y arrivait à peine du long voyage qui avait suivi le conclave de Venise. Il s'installait avec difficulté dans ses États réduits par le traité de Tolentino et ruinés par la guerre, sous la protection maussade de l'Autriche qui gardait les légations pour elle, et de Naples qui ne lui était guère dévouée. La victoire de Marengo remettait sa restauration en question, car il n'avait pas fait part de son élection à la France, qui ne l'avait reconnu ni comme Pape ni comme souverain temporel.

Qu'on juge de la surprise et de l'espérance dont il fut ému en lisant la lettre de Verceil ? C'était la première fois, depuis plusieurs années, qu'un général français envoyait autre chose à Rome que des réquisitions et des menaces. C'était la première ouverture pacifique venant de ce terrible peuple qui avait envoyé Pie VI mourir en exil, après avoir installé à sa place des jacobins odieux et grotesques. La Révolution qu'il avait déchaînée passait pour incurablement impie, car, en Italie aussi, elle supprimait les couvents, dépouillait les sanctuaires et traitait le catholicisme comme une superstition vieillie qu'il fallait extirper avec l'ancien régime auquel il semblait

---

[1] Bonaparte n'était pas allé aussi loin et s'était tenu à de vagues promesses de bienveillance pour le Saint-Siège.

enchaîné par une solidarité absolue. Nos soldats n'avaient-ils pas dévasté et profané le sanctuaire de Lorette ? La Vierge devant laquelle avaient prié Montaigne et Descartes avait été transportée à Paris où elle figurait dans un musée à côté d'une momie égyptienne. Il faut bien reconnaître, quoi qu'il en coûte à notre amour-propre, que la masse des Italiens avaient applaudi à nos défaites, que nous ne leur apparaissions nullement comme des paladins désintéressés, libérateurs d'esclaves, et que les mordantes épigrammes du *Misogallo* d'Alfieri répondaient au sentiment public. Ils avaient vu passer trop de fourgons d'officiers chargés de leurs dépouilles ! Un homme d'État, qui nous aimait pourtant, parle de nous à peu près comme le *Misogallo* d'Alfieri : « Notre maison avait été saccagée par les soldats avec lesquels l'Italie avait fait, sans le savoir, un traité de commerce en vertu duquel ils importaient les principes de 89 et exportaient tout ce qu'ils pouvaient trouver dans nos poches. C'étaient les principes de 99[1]. »

Le jeune général qui parlait un langage si nouveau ne pouvait inspirer à la cour romaine qu'une admiration mêlée encore de beaucoup de réserve. N'était-ce pas lui qui avait imposé au Saint-Siège le traité de Tolentino ? Ne disait-on pas qu'il s'était fait musulman en Égypte ? Était-il assez sincère pour mériter la confiance que lui témoignait Martiniana, ou assez puissant pour la justifier ? Malgré tous ces motifs de défiance, que nos ennemis et les émigrés ne cessè-

[1] *Ricordi* di Massimo d'Azeglio.

rent d'exploiter contre nous à Rome, Pie VII n'hésita pas un instant. A peine élu, il s'était offert à Dieu en victime expiatoire, pour obtenir la fin de la tourmente révolutionnaire et le retour de la France à la religion. La lettre de Martiniana, c'était peut-être la réponse à ses prières et l'arc-en-ciel dans l'orage. Il répondit immédiatement :

« Nous ne pouvions certainement pas recevoir une nouvelle plus agréable que celle qui est contenue dans votre lettre. Les ouvertures qu'elle nous apporte de la part du Premier consul nous causent la plus grande consolation puisqu'elles tendent à ramener tant de millions d'âmes au bercail de Jésus-Christ dont nous sommes le vicaire indigne. Nous regarderons comme une gloire et un honneur pour nous et en même temps comme une chose très utile aux intérêts de tout le monde, de voir rétablie en France cette religion très sainte qui en a fait le bonheur pendant tant de siècles. Vous pouvez répondre au Premier consul que nous nous prêterons volontiers à une négociation qui a un objet si important... Vos indications sur ses idées paraissent nous donner une espérance fondée que les choses pourront s'arranger. Cependant votre pénétration aperçoit certainement toutes les difficultés qu'elles présentent en elles-mêmes et dans leur application. Mais nous nous confions dans la miséricorde de Dieu et dans son assistance en faveur de son Église. Vous connaissez assez notre loyauté et notre caractère pour ne pas douter de notre concours le plus empressé. Observant que le Premier consul a mis en vous sa confiance, nous vous acceptons bien volontiers comme négociateur, comptant sur votre zèle pour le rétablissement de la religion. En vue d'accélérer ce résultat, réfléchissant à l'extrême difficulté de s'expliquer par lettre sur des matières si ardues et si délicates, nous avons résolu de vous envoyer le plus tôt possible une personne de notre confiance qui vous expliquera plus facilement nos intentions et vous aidera dans la négociation... »

Pie VII estimait avec raison que Martiniana ne pouvait suffire à une affaire de cette importance. « Il n'a pas de tête », écrivait tout crûment Maury et, suivant le nouveau représentant de l'Autriche à Rome, Ghislieri, « ses intentions étaient aussi pures que son esprit était borné ».

L'auxiliaire qui lui fut destiné était Mgr Spina, archevêque titulaire de Corinthe, prélat éclairé, conciliant et pieux, qui s'était acquis une grande considération par le dévouement qu'il avait montré en suivant Pie VI dans l'exil et en l'assistant jusqu'à la mort. C'était un des rares ecclésiastiques de Rome qui connussent personnellement le Premier consul dont il avait même reçu un service important. Passant à Grenoble lors de son triomphant retour d'Égypte, Bonaparte reconnut des Italiens dans la foule accourue pour le voir au relais de poste où il changeait de chevaux. Il leur demanda pourquoi ils se trouvaient à Grenoble. Spina répondit qu'ils étaient de la suite du pontife défunt et qu'ils avaient inutilement sollicité du Directoire des passeports pour retourner chez eux. « Je m'occuperai de vous à Paris », dit-il. Il avait tenu sa promesse et les passeports étaient arrivés.

C'est à Verceil que Spina devait se rendre. Il ne

se mit en route que le 20 septembre, à cause des mouvements de troupes qui gênaient les communications et de l'incertitude qui régna d'abord sur les dispositions des Français. Ils s'emparèrent de Pesaro, qui était situé sur le territoire laissé au Saint-Siège ; le général Monnier, brave mais mal embouché, accueillit très mal les demandes d'explications qui lui furent adressées par le délégué pontifical et menaça de fusiller le courrier qui les lui apportait. Ce ne fut qu'une alerte. Les Français se retirèrent bientôt. Consalvi obtint des promesses rassurantes de Masséna, nos généraux changèrent de style, parlèrent de « *Sa Sainteté* Notre Très Saint-Père le Pape [1] et se mirent à écrire comme les généraux de la vieille cour [2]. » Il devint évident qu'un esprit nouveau commençait à souffler et que le jacobinisme avait reçu une grave blessure à la bataille de Marengo.

Cette attitude inattendue détacha de plus en plus le Saint-Père de l'Autriche et de Naples qui cherchaient à l'entraîner dans la guerre et lui avaient envoyé une sorte de professeur d'insurrection, le marquis d'Assereto, pour lui proposer de soulever les paysans de l'État romain. Le Pape accueillit très froidement le marquis et pour mieux montrer sa neutralité pressa le départ de Spina pour Verceil. Pendant un certain temps, on s'attendit à recevoir, sur les vues du Premier consul, des informations plus détaillées que les indications sommaires données au cardinal. Le mar-

[1] Lettre d'Oudinot à Consalvi.
[2] C'est l'expression de Ghislieri appréciant la lettre de Masséna : *La risposta di Masséna è stata la più pulita possibile, aristocratica e compiuta.*

quis de Labrador venait d'arriver à Rome comme ambassadeur d'Espagne. Il avait passé par Paris et vu M. de Tayllerand qui lui avait parlé de la négociation ébauchée en lui demandant de la seconder et en lui annonçant des communications ultérieures sur ce sujet. Les communications ne vinrent pas. M. de Talleyrand, qui n'était jamais pressé, avait, de plus, des raisons particulières de ne point se hâter d'entrer en relations avec Rome.

Spina se mit donc en route pour Verceil, où il n'arriva pas sans encombre, car la police de la République cisalpine l'arrêta à Modène et il ne fut tiré d'affaire que par l'autorité militaire. C'était le premier, mais non le plus grave des ennuis qu'il devait rencontrer dans sa mission. A Florence, il avait trouvé une lettre de Martiniana lui apprenant une nouvelle qui le déconcerta parce qu'elle changeait absolument sa situation. Le bon cardinal avait fidèlement transmis à Bonaparte la lettre du Pape, avec les effusions de sa reconnaissance personnelle pour le grand rôle qu'il allait jouer, et l'annonce du négociateur romain qui lui serait adjoint. Le Premier consul, distrait, sans doute, par les opérations militaires, garda le silence pendant plusieurs semaines et c'est seulement le 4 septembre que Talleyrand répondit : « Le Premier consul a lu avec le plus vif intérêt la lettre que Sa Sainteté vous a adressée et dont vous lui avez envoyé une copie. Il a vu, avec la plus grande satisfaction, que les sentiments de concorde, d'indulgence et de réconciliation du Saint-Père correspondaient avec les siens. Il n'attendait rien moins d'un pontife aussi recommandable par sa piété éminente et que la Providence semble avoir choisi pour rendre la paix à l'Église, comme elle l'a destiné lui-même à rétablir la tranquillité en Europe et à mettre un terme à toutes les dissensions qui ont si longtemps déchiré la France. Le Premier consul a cru devoir attendre l'arrivée de Mgr Spina à Verceil avant de me donner l'ordre de vous répondre en son nom. Il me charge de vous envoyer les passeports nécessaires pour que ce prélat puisse se rendre à Paris ; j'ai l'honneur de les adresser à Votre Éminence. »

Transporter la négociation à Paris sans s'être concerté avec le Pape, c'était un de ces procédés irréguliers et brusques dont le Premier consul se montra coutumier en traitant avec l'Église. Il se donnait ainsi l'air d'être le sollicité et il amenait le délégué pontifical sous son influence directe. Comment d'ailleurs négocier commodément à Verceil? Envoyer un diplomate français à Rome, comme l'aurait préféré le Saint-Père, c'était la démarche correcte, mais en France l'opinion ne l'aurait pas encore tolérée parce qu'elle y eût vu une sorte de voyage à Canossa. A tout prendre, il valait mieux que Spina vînt à Paris, car on ne juge bien un pays que sur place. Il est évident que rien ne supplée, pour un diplomate, le contact direct avec l'étranger, et si les anciens nonces entrés dans le Sacré Collège y jouissent d'une influence considérable, ils le doivent surtout à l'expérience qu'ils ont acquise au dehors. Quoi qu'il en fût, Spina n'osa prendre sur lui de se rendre à Paris sans autorisation. Il vint attendre à Verceil les ordres du Pape, qui se résigna à le laisser partir en lui assignant un théologien renommé, le P. Caselli, général des Servites, pour compagnon et pour conseiller.

Quant à l'excellent cardinal Martiniana, il multiplia inutilement ses offres de service et de dévouement. Ni Rome ni Paris ne le désignèrent pour aller suivre la grande affaire dont il avait reçu la première confidence et il disparut d'une négociation qu'il n'était pas de force à conduire. Il eut cependant le temps de commettre une faute grave que Spina découvrit plus tard pour la lui reprocher amèrement :

« On ne peut croire, dit-il, le préjudice que l'Éminence Martiniana a causé à la négociation dans le peu qu'il s'en est mêlé[1]. » Il n'avait point aperçu l'énormité des concessions que réclamait le Premier consul, et, dans son désir de plaire, lui laissa croire que le Souverain Pontife les trouvait modérées. Tant il est vrai que, dans le gouvernement de l'Église, comme dans celui de l'État, les bonnes intentions ne suffisent pas et qu'il y a des circonstances où un maladroit nuit autant qu'un malveillant ! Plus tard, en effet, aux objections les plus plausibles des négociateurs romains, Bonaparte répondait avec humeur : « Vous revenez sur votre parole, et Martiniana m'a dit que c'était accordé. »

C'est seulement à la fin d'octobre que les deux prélats se mirent en route pour Paris où ils arrivèrent le 5 novembre 1800, n'ayant pris que le temps de s'arrêter à Lyon pour acheter des habits laïques à la mode française, le costume ecclésiastique n'étant point encore toléré. Ils auguraient assez mal du suc-

---

[1] Lettre inédite du 21 janvier 1801.

LES DÉBUTS DE LA NÉGOCIATION

cès de leur mission. « Je crains beaucoup, écrivait Spina, les intrus, les jansénistes, les jacobins. Tous montrent beaucoup de mécontentement, et ils se rassurent par l'espérance que le premier pas fait par Bonaparte n'est qu'une feinte pour se concilier les catholiques et empêcher toute démarche du Saint-Père contre lui. »

Il ne redoutait que la France de la Révolution et il oubliait, parmi ses adversaires, la France de l'ancien régime représentée par Louis XVIII qui protestait contre le principe même de la négociation et s'efforçait déjà de l'entraver. Les ouvertures de Verceil n'étaient pas restées secrètes. Toute la ville de Rome, et bientôt après toutes les chancelleries, les avaient connues, et Maury en avait informé immédiatement le prince que le Pape avait reconnu comme roi de France, et auquel il avait fait part de son exaltation. Louis XVIII aperçut immédiatement l'importance de l'événement qui se préparait. Il s'en montra très ému comme d'une offense directe contre ses droits et comme d'un immense péril pour sa cause. Héritier légitime de François Ier, il entendait qu'il avait *seul* qualité pour toucher au Concordat de François Ier, et que toute convention religieuse qui pourrait être conclue entre le Saint-Siège et l'usurpateur était frappée de nullité absolue, faute de titre dans un des contractants. Il comprenait que la royauté perdrait en France son principal appui si jamais l'autel se relevait sans le trône, et si les honnêtes gens cessaient de confondre les deux restaurations dans la même espérance. Déjà des tentatives avaient été faites pour séparer les deux causes. Camille Jordan avait écrit au Pape Pie VI, en 1797, pour indiquer la nécessité de réconcilier la République et la religion. La République n'y mettait aucune bonne volonté. Après l'éclaircie de tolérance qui précéda le 18 Fructidor, elle était redevenue persécutrice, et si le 18 Brumaire avait rétabli l'ordre dans l'État, il n'avait pas entièrement pacifié les consciences dans l'Église. Les catholiques, inaugurant une habitude qu'ils n'ont point perdue, hélas ! se divisaient déjà au sujet du *ralliement* et de la conduite à tenir à l'égard du gouvernement nouveau. La constitution de l'an VIII imposait aux ministres du culte un serment que la majorité des évêques et des prêtres émigrés déclarait illicite, tandis que presque tous ceux qui étaient restés en France consentaient à le prêter pour reconquérir la liberté du saint ministère. Sauver les âmes à tout prix sous tous les régimes, et traiter avec tout gouvernement qui permettrait à l'Église de vivre, telle était la pensée de M. Emery, chef de l'opinion modérée ; mais Rome, consultée, ne s'était pas encore prononcée sur la légitimité du serment.

Dans ces conjonctures, il n'était pas étonnant que la nouvelle de la négociation qui s'ouvrait déplût souverainement à Louis XVIII. Il donna des instructions pressantes au cardinal Maury pour la combattre et recourut au seul monarque dont il attendît quelque appui dans la circonstance : l'empereur Paul Ier.

« Mittau, 8 septembre. »

« Monsieur mon frère et cousin,

« Jamais, peut-être, la cause de la monarchie française ne courut un plus grand danger qu'en ce moment; jamais aussi je n'eus recours avec plus de confiance à l'autorité de Votre Majesté Impériale. Pour ne pas abuser de ses moments, je ne m'étendrai pas sur la démarche de Bonaparte vis-à-vis du Pape, sur les conséquences qu'elle peut avoir et sur les remèdes que j'ai tâché d'y apporter. Mais j'implore son appui, je la conjure de donner au Saint-Père, par sa puissante intervention, la force de résister aux insidieuses propositions d'un usurpateur hypocrite... Je suis certain de l'effet qu'une démarche de Votre Majesté Impériale produirait sur l'esprit du Pape, et Votre Majesté Impériale ne l'est pas moins, j'espère, de la profonde reconnaissance qu'elle exciterait ou plutôt qu'elle redoublerait en moi. »

Paul Ier ne se prêta point à une démarche qu'il estimait vaine, et Louis XVIII, réduit à ses seuls moyens d'action, stimula de son mieux le zèle de tous ses agents, allant jusqu'à exprimer aux évêques l'espérance de les voir, au besoin, désobéir au Pape. Il écrivait à celui de Nancy : « Si Sa Sainteté avait la faiblesse d'accepter les propositions de Bonaparte, le roi compte sur la fermeté de la majorité des évêques de son royaume pour ne pas se soumettre à des lois que le Pape même et encore bien moins un gouvernement illégitime n'ont pas le droit de leur imposer. »

Le schisme de la Petite-Église était contenu en germe dans ces paroles et cette doctrine, que le prince soutint avec opiniâtreté jusqu'en 1817. Empêcher un accord quelconque entre le Saint-Siège et l'usurpateur, suggérer à Rome des moyens dilatoires, et, si l'accord se faisait, essayer de tempérer le mal, obtenir, par exemple, que le Pape se concertât secrètement avec le roi pour le choix des évêques qu'il serait forcé de créer, que le chapeau fût donné immédiatement à l'archevêque de Reims, que l'abbé Edgeworth, confesseur de Louis XVI, devînt coadjuteur de Paris, où dominait l'influence conciliante de M. Emery, telles étaient les instructions rédigées pour Maury dans un langage d'une incontestable élévation, où une part de vérité se mêle aux illusions et aux fausses nouvelles dont l'émigration se berça toujours :

« Quelle serait la base de la confiance du Saint-Père ? Serait-ce la personne de Bonaparte ? Mahométan en Afrique, catholique en Europe, et dont la santé, suivant tous les rapports, est altérée au point que l'on annonce sa fin comme prochaine.

« Le Saint-Père aurait-il plus de confiance dans la solidité de la constitution moderne et du gouvernement actuel ? Mais on a vu la mobilité des autres qui les ont précédés. Bientôt les trônes élevés à la place du trône légitime ont été renversés et ont écrasé sous leurs ruines les ambitieux qui ont été tentés de s'y asseoir [1]. »

Avant même que les instructions lui fussent arri-

---

[1] *Mémoires* du cardinal Maury, t. I, p. 498.

vées, Maury les avait devancées en présentant une note sur la *Conférence* de Verceil[1], qui est un réquisitoire éloquent contre Bonaparte, un tableau très noir des difficultés que présentera la négociation et la prédiction d'un échec inévitable.

« La très grande majorité des évêques français, fidèle au serment de sa naissance, ne se détachera jamais de son roi. Qu'on ne s'attende pas que tant de gentilshommes incorruptibles, que tant de pasteurs éprouvés, dont la résistance a bravé le martyre, se déshéritent jamais de leur propre gloire... Qu'on juge de la résignation calme avec laquelle ils savent souffrir depuis dix ans, du courage bien plus facile avec lequel ils sauraient achever de souffrir et de mourir... Qu'en fera donc le Pape qui se charge de traiter et de stipuler pour eux s'ils n'adoptent pas les conditions qui leur seront proposées ? Les déposer ?... On précipiterait la France dans un schisme mille fois plus funeste que celui dont on veut la délivrer... Le Pape serait certainement approuvé de toute l'Église et de tous les siècles, s'il demandait, comme une suite nécessaire des négociations, une réunion de vingt évêques français choisis par leurs collègues et chargés de délibérer ensemble sur les propositions qu'on leur ferait... »

Ce que Maury proposait, c'était le moyen le plus sûr de rompre la négociation à son début. Le Pape ne s'arrêta pas un instant aux chimères qu'on lui suggérait, ni à la duplicité d'une entente secrète avec le roi, ni au projet de réunir les évêques français pour

[1] *Ibid.*, p. 461.

délibérer sur la proposition de se supprimer eux-mêmes. Toutefois, il ne pouvait guère se dispenser de les avertir et, à la date du 13 septembre, huit jours avant le départ de Spina, il les informait officiellement de ce qui se préparait :

« Chers fils et vénérables frères,

« Au milieu des soucis qui nous oppressent au sujet des Églises de France, une espérance inattendue s'est présentée à nous d'arranger les affaires ecclésiastiques dans ce pays, car ceux qui le gouvernent nous ont offert de nous concerter avec eux, par nos délégués, en vue d'examiner comment on pourrait pourvoir à la situation de ces Églises. Nous avons tenu à cœur de vous informer de cet événement, d'abord parce qu'il importe qu'il soit connu de ceux auxquels le Saint-Siège a confié le soin de ces diocèses, ensuite parce que nous voulons que vous goûtiez la joie que doit inspirer toute espérance d'arranger une si grande affaire, et aussi pour qu'élevant votre confiance vers l'auteur de toute consolation, vous lui demandiez, par des prières ferventes, le succès de la négociation que nous allons commencer, afin qu'elle tourne au bien spirituel de vos Églises. »

On remarquera la rédaction prudente et volontairement vague de cette lettre, calculée pour ne mécontenter personne et ne pas engager l'avenir. Les évêques étaient donc prévenus, mais exclus de la négociation que le Pape se réservait à lui seul. Pour la protéger contre une publicité et des polémiques qui auraient présenté les plus graves inconvénients, il ne consulta qu'un petit nombre de cardinaux et de théologiens, parmi lesquels Maury ne fut pas admis, et il leur imposa le secret du *Saint-Office*[1]*,* qui punit toute divulgation d'une excommunication réservée au Souverain Pontife seul, à l'exclusion même du grand pénitencier. Du reste, la Rome pontificale a la longue habitude du secret sans lequel elle estime avec raison que les grandes affaires ne peuvent être conduites. Les nouvellistes n'y manquent pas, mais ils y perdent leur temps plus qu'ailleurs à écouter aux portes, et, comme ailleurs, ils suppléent volontiers à leur ignorance par leur imagination.

Le Premier consul ayant le même intérêt que le Saint-Père à n'initier personne aux pourparlers, la discrétion la plus profonde fut observée de part et d'autre. Pendant près d'un an, Maury, les ministres étrangers et beaucoup d'autres curieux rôdèrent inutilement autour des négociateurs et presque rien ne fut entendu du dialogue qui se poursuivit, entre Rome et Paris, sur la plus grande question qui ait jamais occupé deux gouvernements.

Les évêques attendirent avec anxiété, mais je ne suis pas bien sûr qu'ils prièrent avec ferveur pour la réussite du projet de Bonaparte, car un d'entre eux, celui de Béziers, exprimait certainement l'opinion du grand nombre en répondant à la communication, à la date du 30 septembre :

« Mon système à moi, pauvre petit évêque, est que, sans royauté légitime, point de catholicité en France, de même que sans catholicité point de royauté. »

---

[1] C'est-à-dire celui qui est imposé aux membres de la Congrégation du Saint-Office.

Dans ces quelques lignes se trouve formulé tout le programme qu'un grand parti politique a soutenu, pendant un siècle, avec une fidélité courageuse qui mérite tous les respects, mais parfois aussi avec une injuste sévérité à l'égard des Souverains Pontifes. En 1800, la majorité des catholiques pensait comme l'évêque de Béziers, et comment s'en étonner? Un pays ne saurait perdre, en quelques années de révolution, une habitude de quatorze siècles, et il y avait quatorze siècles qu'en France le trône et l'autel se prêtaient un mutuel appui et paraissaient unis indissolublement. Abattus par les mêmes ennemis, il semblait aux âmes pieuses qu'ils ne pourraient se relever qu'ensemble, que la foi religieuse et la foi monarchique refleuriraient en même temps sur le sol arrosé du sang de leurs communs martyrs, que l'échafaud de Louis XVI avait expié les fautes de ses prédécesseurs et obtenu grâce pour la postérité de saint Louis. L'idée qu'il y aurait une France chrétienne sans le roi très chrétien, scandalisait alors comme une nouveauté téméraire. Les événements ont changé cette nouveauté téméraire en lieu commun. L'histoire a donné tort au bon évêque, sauf pendant quinze ans, où la religion n'a pas eu trop à se féliciter de la protection que lui accordait la royauté légitime.

En traitant avec Bonaparte, il s'est trouvé qu'un Pape doux et timide a fait, par conscience, une chose hardie qui semblait mieux convenir au caractère d'un Sixte-Quint. Il a vu de plus haut et de plus loin que ses contradicteurs les plus illustres qui, en lui reprochant d'avoir rompu avec la royauté, oubliaient que ce n'était pas lui, mais la France qu'il fallait accuser. Pie VII, en effet, a déploré la rupture et il parlait sincèrement quand, les larmes aux yeux, il disait à Maury : « Je donnerais ma vie pour rétablir Sa Majesté sur le trône. » Mais il pleurait plus amèrement encore sur la ruine de la religion et, voyant une chance de la restaurer, il la saisit avec empressement, comme c'était son devoir de pasteur suprême, se souvenant qu'une Église qui doit sauver les âmes jusqu'à la fin du monde, n'a point le droit d'enchaîner ses destinées aux formes de gouvernement qui changent et aux dynasties qui meurent.

N'est-il pas permis, d'ailleurs, de voir dans la séparation qui s'accomplit alors et qui contrista tant d'honnêtes gens une grande et sévère leçon de la Providence? Pendant cent cinquante ans, la royauté française avait humilié la Papauté et côtoyé le schisme, qui n'avait été évité que grâce à l'extrême patience des Pontifes. Celui qu'on appelait autrefois l'*Évêque du dehors* était entré dans le temple, où il parlait en docteur et agissait en maître ou, suivant le mot de Frédéric II, en sacristain omnipotent qui supplante le curé. Il commandait à des théologiens qui avaient consacré l'absolutisme comme un dogme; à des magistrats qui envoyaient porter les sacrements par des estafiers, qui tranchaient entre le Pape et les évêques, entre les évêques et les curés et avaient réduit à rien les juridictions ecclésiastiques; à des ministres qui déjà supprimaient des ordres religieux et qui avaient fait du *Pacte de famille* une sorte d'assurance mutuelle contre le successeur de saint Pierre, que les beaux esprits du gallicanisme appelaient familièrement *Monsieur de Rome*. Le roi ayant ainsi réussi à organiser l'Église de France sans le Pape, Dieu imposa au Pape le devoir de réorganiser l'Église de France sans le roi, dont l'autorité reçut pour toujours la grave atteinte qu'avait redoutée Louis XVIII. Nous n'osons espérer que cette leçon soit comprise des pieux gardiens de la théologie et des procédés de 1682, qui n'empruntent à la royauté que ses fautes en s'appliquant à les aggraver toutes.

CHAPITRE II

LES NÉGOCIATEURS

Arrivée des prélats romains à Paris et leur vie. — Audience du Premier consul. — Pourquoi Bonaparte voulait-il le Concordat? — Jugements opposés sur sa religion. — Bonaparte dans la chaire chrétienne. — Ce qu'on peut savoir de ses sentiments réels. — Les conseillers religieux de Bonaparte. — Talleyrand. — Son hostilité persistante et puissante contre le Concordat. — Grégoire. — La constitution civile du clergé. — Influence des schismatiques et leur rôle dans la négociation. — M. de Pontchartrain ministre des Cultes.

Spina et Caselli, arrivés à Paris le 5 novembre 1800, allèrent se loger à l'*hôtel de Rome* où, suivant la recommandation qui leur avait été faite, ils menèrent la vie la plus retirée, évitant même la société des ecclésiastiques et ne voyant guère, parmi les diplomates, que le ministre d'Espagne, Muzquiz, homme aimable et loyal, qui prenait intérêt à leur mission. On conçoit que l'hiver parut assez mélancolique à ces deux Romains transportés brusquement sous notre climat rigoureux, dans une capitale où ils ne connaissaient personne et où les monuments religieux portaient encore la trace de tant de profanations impies. *Vita poco seducente*, écrivait Spina, et Caselli confiait ses regrets à son ami Mgr di Pietro, théologien renommé et secrétaire de la Congrégation chargée des affaires de France : « Paris est une grande ville et je n'ai pas à me plaindre de ma santé ; mais combien je regrette mes petites chambres de San Marcello et nos si agréables promenades ! » Ni l'un ni l'autre ne déploya aucun caractère officiel; Spina, seul, à proprement parler, était négociateur, et encore il n'avait aucun pouvoir pour traiter. Il n'était envoyé qu'à titre de simple délégué, *come un semplice commissionato*, chargé d'explorer le terrain, d'écouter les propositions, de discuter à l'amiable et de faire ensuite son rapport, *ad audiendum et referendum*. Au milieu des circonstances si extraordinaires, la prudence avait commandé cette précaution. Il ne devait point parler d'autre chose que du rétablissement de la religion en France, car, malgré sa situation si précaire, le Pape avait voulu oublier toutes ses préoccupations de souverain temporel pour ne se souvenir que de ses devoirs de Pontife. « Le Pape veut démontrer son désintéressement et la pureté de ses intentions, et, en ne parlant pas de choses temporelles, le négociateur soutiendra d'autant mieux les intérêts de la religion [1]. »

Peu de jours après son arrivée, l'archevêque de Corinthe fut reçu par le ministre des relations extérieures, qui lui obtint presque aussitôt une audience de Bonaparte. « L'accueil du Premier consul fut, je puis le dire, un accueil de fête [2]. Il me parla avec beaucoup de respect de Sa Sainteté et montra, pour elle, des dispositions très favorables. Il ne dissimula pourtant pas quelque déplaisir que Sa Sainteté

---

[1] *Il Papa vuol dimostrare il suo disinteresse e la purità delle sue intenzioni.* (Instructions données à Spina.)

[2] *Festoso.*

ne lui eût pas, en sa qualité de Premier consul, notifié officiellement son exaltation, comme elle l'a fait, dit-il, aux rois d'Angleterre et de Prusse et à l'empereur de Russie... Il me répéta ensuite tout ce qu'il avait déjà communiqué à l'éminentissime Martiniana sur ses intentions... Je fis doucement les objections que permettaient une première audience et l'extrême variété des sujets traités dans l'entretien. Je fis remarquer, et je l'espère avec succès, combien on devait apprécier l'adhésion donnée par le Saint-Père à la proposition d'envoyer un délégué à Paris dans des circonstances aussi critiques, au risque d'indisposer les puissances opposées à cette mesure, et combien était prudente la décision que je conservasse un caractère strictement privé. Des paroles obligeantes et l'ordre de conférer pour les affaires avec le ministre des relations extérieures et avec le sujet par lui désigné, terminèrent mon audience qui fut d'une bonne demi-heure et dont j'avoue que je fus très satisfait[1]. »

Pourquoi Bonaparte voulait-il le Concordat et que pensait-il, au juste, en religion ? Historiens, orateurs politiques et prédicateurs ont disserté à l'envi sur ce sujet dont l'intérêt n'est pas épuisé, tant cet homme règne encore sur nous et tant les questions qui se rattachent à sa religion demeurent actuelles, importantes et vivantes ! Il y aurait de piquantes moralités à recueillir en étudiant sur ce point les vicissitudes de l'opinion et les appréciations contradictoires. Quel

---

[1] Spina à Consalvi, 12 novembre 1800.

plaisir, par exemple, de suivre la fortune de Bonaparte dans la chaire chrétienne et de voir comment un genre d'éloquence qui paraît immuable ressent le contre-coup des événements politiques et s'inspire des émotions contemporaines! Que d'auditoires ont pleuré de ce qui nous fait sourire aujourd'hui! Il conclut le Concordat, et naturellement la louange du *nouveau Cyrus* retentit dans toutes les cathédrales qu'il vient de rouvrir et où, jusqu'à la fin de l'Empire, chacune de ses victoires sera saluée par un *Te Deum* et un mandement d'évêque. Il tombe, et la France épuisée retrouve la paix et la liberté avec son ancienne dynastie. Le roi très chrétien, l'*auguste postérité de saint Louis*, les *princes et les princesses rendus à notre amour*, chassent de la chaire l'*usurpateur étranger*, le *tyran sanguinaire*, le persécuteur de l'Église, dont la justice divine a châtié les crimes[1]. Rien de plus naturel. Et, d'ailleurs, quel champ pour l'éloquence que les catastrophes de la Révolution et l'échafaud de Louis XVI! Jamais, assurément, orateur chrétien n'eut à célébrer des infortunes plus tragiques et des morts plus admirables que celles de la famille royale.

---

[1] Cela n'allait pas toujours sans protestation, et je sais un village de Lorraine, où le prédicateur fut contredit publiquement. Adoptant une légende dont le Pape lui-même a déclaré la fausseté, il racontait avec indignation qu'à Fontainebleau Napoléon s'était porté sur Pie VII à des violences indignes, l'avait renversé et traîné par les cheveux sur le parquet. Pendant ce récit, il y avait un paysan qui s'agitait avec des signes visibles de mécontentement. C'était un ancien soldat rentré dans ses foyers depuis plusieurs années et qui parlait fort peu, parce qu'il bégayait horriblement. A la fin il n'y tint plus et, faisant un effort extraordinaire, il s'écria : « Monsieur l'abbé, ce n'est pas vrai! J'ai vu le Pape, moi, et il n'avait pas de cheveux! ». Le fait m'a été raconté par un témoin auriculaire, et il s'est passé dans le village de M., dont les vicaires de L. faisaient le service religieux.

Arrive, avec la révolution de 1830, un gouvernement qui ne prêtait point à l'enthousiasme des prédicateurs, et le jeune clergé commence à regarder vers Sainte-Hélène et le grand tombeau qui inspirait si magnifiquement les poètes. Enfin, l'année 1840 et le retour des cendres inaugurent dans la chaire une restauration bonapartiste éclatante, une sorte de 20 mars qui n'a pas été suivi de Waterloo et qui se prolonge encore. C'est alors que Napoléon rentre en triomphe à Notre-Dame, introduit par Lacordaire, qui ressuscite les pompes du sacre et transforme le héros en apôtre éloquent de la divinité de Jésus-Christ. « Un jour, les portes de cette basilique s'ouvrirent, un soldat parut sur le seuil, entouré de généraux et suivi de vingt victoires. Où va-t-il ? Il entre, il traverse lentement cette nef, il monte devant le sanctuaire : le voilà devant l'autel. Qu'y vient-il faire, lui, l'enfant d'une génération qui a ri du Christ ? Il vient se prosterner devant le Vicaire du Christ. » Le morceau est devenu classique, tout comme la tirade qui finit par la phrase célèbre : « En vérité, je me connais en hommes, et je vous dis que Jésus-Christ n'est pas un homme. » C'est ce que Renan appelait malicieusement : démontrer le christianisme par la bataille de Marengo. La malice porte à faux, car, en laissant de côté Marengo, quoi de plus légitime que de revendiquer, pour la religion chrétienne, l'hommage d'un grand homme, puisqu'on emploie contre elle la tactique opposée, et que déjà Julien l'Apostat lui reprochait de n'être adoptée que par les pauvres d'esprit ?

Ce n'est pas seulement dans les cathédrales que Napoléon est célébré. On parle de sa gloire dans les plus humbles églises, comme sous le chaume, et il n'y a guère de catéchisme où les curés ne racontent la grande scène de l'empereur demandant à ses compagnons d'armes, réunis en cercle autour de lui, quel est le plus beau jour de sa vie, les réponses variées des généraux citant chacun un nom de bataille, le silence modeste de Drouot qui, enfin interpellé, s'écrie : « Sire, c'est le jour de votre première communion. — C'est vous qui avez raison, Drouot! » Anecdote touchante qu'on aimerait à croire authentique, mais qui paraît avoir été surtout accréditée par un prélat des bords de la Garonne dont l'autorité historique n'égalait pas la popularité[1] !

Quoi qu'il en soit de ces appréciations contradictoires et de ces légendes, que peut-on savoir exactement de la religion du Premier consul ? J'oserais dire que sa psychologie religieuse ne me paraît pas avoir été plus compliquée que celle des autres officiers d'artillerie, ses contemporains, parce qu'en face du christianisme les plus grands hommes sont *peuple*, tantôt subjugués par sa beauté, tantôt repoussés par les sacrifices qu'il impose, tentés comme les autres et plus que les autres par l'orgueil et par le plaisir, par conséquent exposés à perdre la foi, comme le commun des esprits, sans qu'il faille y chercher des raisons particulières. Bonaparte fut préparé à la première communion avec soin, mais il ne reçut qu'une instruction religieuse très sommaire, et les Minimes de Brienne ne l'édifièrent pas toujours, s'il est vrai qu'il y en avait un qui disait la messe en cinq minutes[2].

[1] Voir l'*Appendice II*.
[2] Chuquet, *Jeunesse de Bonaparte*.

Il a raconté qu'il avait eu des doutes dès l'âge de quatorze ans. Il ne trouva personne pour les éclaircir. L'éveil des passions, les lectures, toutes les influences qui s'exerçaient sur la jeunesse de son temps, les augmentèrent, et sa foi en subit une grave atteinte sans pourtant mourir tout à fait. Voilà ce qui résulte de ses propres aveux, comme des témoignages nombreux et concordants de ceux qui l'ont le mieux connu. Je n'en citerai que deux publiés récemment et fort sérieux. « On a coutume, dit Chaptal, de regarder Bonaparte comme un impie, un athée, etc. Je ne puis partager cet avis, et ceux qui l'ont connu dans les années de son consulat seront de mon opinion. Bonaparte, sans être dévot, était religieux, et si ses démêlés avec le Pape ne fussent pas survenus, je ne doute pas qu'à quarante-cinq ans il n'eût été dévot. »

Mme de Montholon, dont on vient de publier d'intéressants Souvenirs, écrit de son côté : « Il avait rompu dès sa jeunesse avec la pratique de la religion. Pourtant il avait gardé l'empreinte de sa première éducation et de la foi de son enfance. Il était resté catholique et chrétien au fond du cœur. »

Pourquoi, en effet, entendait-il avec émotion la petite cloche de Rueil? Pourquoi faisait-il le signe de la croix en apprenant la mort de Pichegru et à chaque événement extraordinaire de sa vie? Pourquoi témoigna-t-il publiquement sa reconnaissance et servit-il une pension au P. Charles qui l'avait préparé à la première communion? Pourquoi dès l'année 1797, au moment où il dépouillait le Pape, ébauchait-il déjà une négociation religieuse avec lui[1]? Pourquoi choisit-il le 15 août, jour de l'Assomption, comme fête nationale, en supprimant le 14 juillet? La politique suffit-elle à expliquer tous ces petits faits concordants?

Il semble bien, au contraire, que, dans cette âme extraordinaire, il y ait eu un coin réservé aux souvenirs pieux et aux croyances de son enfance, quelque chose comme une petite chapelle corse avec sa Madone et son Crucifix! Il faut convenir pourtant que si la chapelle existait, il n'y faisait pas de fréquentes dévotions. C'est à la fortune de César qu'il offrait surtout ses sacrifices et c'est vers le palais de César que, après le 18 Brumaire, il s'acheminait avec résolution et prudence, porté par le peuple ébloui de ses victoires et prêt à payer de sa liberté le bonheur d'échapper à la tyrannie sanglante ou imbécile dont il avait tant souffert. Or, le rétablissement de la religion apparaissait au Premier consul comme la condition essentielle de la paix sociale. On connaît son apostrophe à Fontanes, qui a été citée, elle aussi, dans la chaire de Notre-Dame par l'orateur qui s'appelait alors le R. P. Hyacinthe Loyson : « Fontanes, faites-moi des hommes qui croient en Dieu! car les hommes qui ne croient pas en Dieu, on ne les gouverne pas, on les mitraille! »

---

[1] Ce fait, qui n'est mentionné, je crois, par aucun historien français, est affirmé dans le *Diario romano* de Mgr Sala avec des détails qui ne permettent pas de le révoquer en doute. Une commission de cardinaux fut nommée pour traiter, suivant le vœu de Bonaparte, de la réconciliation du clergé constitutionnel. Cela se passait à la fin de l'année 1797, et tout échoua, au moment où Rome espérait, par la mort tragique du général Duphot.

Metternich, qui s'était souvent entretenu avec Napoléon de ce sujet, affirme qu'il ne reconnaissait qu'à la religion positive le droit de gouverner les sociétés humaines, et qu'il regardait le christianisme comme la base de toute civilisation véritable. Sur ce point, Bonaparte n'a jamais varié et, soit au Conseil d'État, soit dans ses conversations particulières, il s'est exprimé avec une hauteur de vues et une éloquence familière que M. Thiers fait revivre dans les pages intéressantes que tout le monde a lues, au troisième volume de l'*Histoire du Consulat et de l'Empire*. Bonaparte a donc été déterminé au Concordat par tout ce qu'il avait de philosophie politique et par tout ce qui lui restait de religion ; mais il y a songé tout seul et dans des circonstances qu'il faut rappeler pour comprendre le tour particulier que prit la négociation.

La Révolution française qui, après s'être annoncée comme une idylle, avait abouti à une si terrible tragédie, n'avait converti ni ceux qui l'avaient faite ni ceux qui en avaient souffert, et l'esprit du dix-huitième siècle dominait encore dans les sociétés littéraires et les corps politiques. La Harpe seul, parmi les écrivains de quelque valeur, était revenu à la religion. Les autres, journalistes, philosophes, poètes, presque tous de petite envergure, étaient restés fidèles à leur haine du christianisme, n'ayant, eux aussi, rien appris ni rien oublié dans la tempête.

En 1800, Napoléon se dissimulait encore avec soin

sous Bonaparte. Il honorait solennellement Washington, ménageait l'opposition, redoutait le Tribunat et le Corps législatif, demandait des conseils et les suivait quelquefois. Or, parmi les hommes qui l'aidaient à réorganiser la France et dont il ne pouvait se passer, parmi les savants dont il goûtait la conversation, parmi ses compagnons d'armes, aucun n'approuvait l'idée de restaurer le catholicisme, et tous, dès qu'ils soupçonnèrent son projet, le blâmèrent ouvertement. Il y eut même un de ces opposants qui fut durement remis à sa place. « Bonaparte, en s'entretenant avec Volney du Concordat de 1801, lui ayant dit qu'il était dans l'intention de rétablir le culte et de salarier le clergé, celui-ci blâma hautement ce dessein, alléguant qu'il suffisait de rétablir la liberté des cultes et de laisser à chacun le soin et la charge d'entretenir, de payer les ministres de celui qu'il professe. « Mais, dit Bonaparte, la France me demande l'un et « l'autre. — Eh bien, répliqua Volney (peut-être avec « cette morgue qui lui était familière), si la France « vous redemandait les Bourbons, les lui accorderiez-« vous? » A ces mots, Bonaparte, ne se possédant plus et livré à un de ces accès de colère auxquels il se laissait, dit-on, aller assez fréquemment, frappa du pied le ventre de Volney assez rudement pour le renverser ; puis ayant sonné pour qu'on le relevât, il donna froidement l'ordre de le conduire à sa voiture [1] ».

[1] *Souvenir d'un nonagénaire*, t. II, p. 197. — C'est un des livres les plus intéressants qui aient été écrits sur l'ancien régime et la Révolution. L'auteur, Besnard, dont les Souvenirs n'ont été publiés que longtemps après sa mort, était un prêtre angevin défroqué, dont les appréciations ne doivent être accueillies qu'avec beaucoup de réserves, mais dont les récits sont très précieux. Il était ami particulier de Volney.

Les conseillers autorisés de Bonaparte, ceux auxquels il ne pouvait donner de coups de pied, s'y prirent plus adroitement que Volney et organisèrent un travail habile et sournois pour entraver la négociation avec Rome et en amener, s'il se pouvait, la rupture. Que le Pape fût le chef de l'Église et qu'il fallût s'arranger avec lui pour gagner la confiance des catholiques, c'est tout ce que savait le Premier consul en théologie politique, mais il n'entendait rien à toutes les questions graves et délicates que soulevait la négociation, et il ne rencontra point, pour l'instruire, un prêtre dont le caractère lui inspirât confiance et dont la science lui imposât, comme plus tard M. Emery. Il avait beaucoup lu Mably, et, au sujet de Rome, il mêlait à de grandes vues d'homme d'État des préjugés qu'entretinrent soigneusement deux catéchistes fort suspects qui s'appliquèrent à lui faire la leçon.

Le premier était un défroqué de grande maison, de grande allure, d'une désinvolture de conscience supérieure, comme son esprit, qu'on appelait alors le citoyen Charles-Maurice Talleyrand. Il avait inauguré le schisme constitutionnel en célébrant la messe de la Fédération et en sacrant les premiers évêques intrus. Puis, il s'était dégagé de la nouvelle Église avec autant d'aisance que de l'ancienne et, revenu d'émigration, il avait embrassé la vie la plus laïque, dont il goûtait toutes les libertés en compagnie d'une Anglaise, protestante et divorcée, Mme Grand. Mathan a beau s'envelopper de nonchalance élégante et paraître indifférent à ses propres apostasies, *le temple l'importune* encore et il voudrait bien qu'il restât toujours fermé, de peur que les fidèles, en y rentrant, ne remarquent sa place vide et ne rappellent ses sacrilèges ! Or Mathan se trouvait être, en 1800, ministre des relations extérieures et chargé officiellement de traiter avec Rome. Il se garda bien de heurter de front le Premier consul et accueillit Spina avec cette immuable politesse qu'il avait sauvée de tous ses naufrages ; mais ses vrais sentiments n'en furent pas moins connus, et Cobentzel avait les meilleures raisons d'écrire à l'empereur :

« En général, Talleyrand a toujours montré la plus mauvaise volonté pour le rétablissement de la religion catholique en France ; ce qui s'explique assez bien par l'embarras qui en résulterait pour lui, vu son ancienne qualité d'évêque [1]. »

L'ancien évêque, sans contredire ouvertement, s'appliqua donc à manquer de zèle, à soulever des incidents et à ralentir les choses en gênant les relations de la cour de Rome avec ses mandataires. Puis il persuada au Premier consul de se défier de son premier mouvement, qui avait été le bon, en évoquant devant lui les deux grands fantômes qui ont été la terreur des souverains d'autrefois et ont encore produit leur effet de nos jours : le Pape de Canossa et l'adversaire de Philippe le Bel.

« Il paraît que les ministres de la cour de Rome ont vu dans la négociation une occasion favorable à son ambition... L'intention du Premier consul n'est pas de rétablir un culte superstitieux, intolérant et subjugué par une influence étrangère. Il veut relever

[1] Dépêche du 10 juin 1801.

le catholicisme, non tel que les théologiens de Grégoire VII et de Boniface VIII ont voulu l'imposer aux nations chrétiennes, mais tel qu'il a été reçu en France lorsque ce royaume s'est converti à la foi chrétienne... Je recommanderai aux négociateurs de s'inspirer de ces idées, la volonté ferme et arrêtée du gouvernement français étant de relever les autels d'une religion qui soit aussi libre et aussi pure que celle qui a été professée par nos ancêtres. » Qui se serait attendu à voir Clovis érigé en patron des quatre articles ?

Préoccupé de cette religion « libre et pure », Talleyrand protège avec une sollicitude particulière les prêtres mariés, dont il veut imposer au Pape la réhabilitation canonique et officielle, tandis que les prélats romains voudraient tout simplement les renvoyer au grand pénitencier. A chaque phase de la négociation le ministre introduit son bâton dans la roue, si bien qu'à la fin on n'arrive à signer que parce qu'il est absent et parti pour les eaux, circonstance que Consalvi regarde comme providentielle. Mais, en s'en allant, il a lancé sa flèche de Parthe et suggéré un changement de rédaction qui remit tout en question et faillit amener la rupture. Les deux pauvres prélats se heurtent pendant des mois à cette opposition implacable dont ils osent à peine se plaindre dans leurs dépêches qui sont décachetées et lues, et c'est seulement quand Caselli peut se confier à un courrier sûr qu'il soulage son cœur en écrivant à Mgr Di Pietro : *Abbiamo molti nemici e sopra tutti uno implacabile e potentissimo in Autun* [1].

---

[1] « Nous avons beaucoup d'ennemis et par-dessus tout un implacable et très puissant dans Autun. » (Caselli, lettre inédite du 1er juin 1801.)

La convention signée, Talleyrand songea à conclure son concordat particulier. Napoléon a raconté, à Sainte-Hélène, qu'il avait pensé à le réconcilier complètement avec l'Église pour le faire ensuite cardinal et le voir continuer Mazarin. L'ancien évêque d'Autun se rendit justice : il demanda seulement au Pape de lui concéder Mme Grand. Sa requête, appuyée hélas! par le cardinal Caprara et par le Premier consul, prit l'importance d'une affaire diplomatique de premier ordre. Pie VII refusa nettement la concession matrimoniale et n'accorda qu'un bref de sécularisation qui, moyennant une aumône faite aux pauvres d'Autun, permettait à l'ancien évêque d'exercer les fonctions civiles et de communier à la manière des laïques.

En 1814, Talleyrand était devenu le ministre des affaires étrangères de Louis XVIII et, de la même main qui avait signé la ratification du Concordat, il rédigeait pour l'ambassadeur du roi des instructions qui en demandaient l'abrogation, parce que « tous les actes obtenus du Saint-Siège par le gouvernement précédent ont été l'ouvrage de la contrainte et que, depuis 1797, tout est à revoir et réparer ».

Il ne se vantait point alors d'avoir pris part au Concordat et se réservait cette louange pour ses Mémoires où il affirme[1] qu'il a *puissamment contribué* à la grande réconciliation de la France avec le Saint-Siège. Il y a contribué de la même façon qu'à Rome le promoteur de la foi contribue aux canonisations. C'est celui qui fait les objections et qu'on appelle familiè-

---

[1] T. I, p. 284.

rement *l'avvocato del Diavolo*. Et vraiment, en étudiant ce rôle, je me suis rappelé la plaisante invention qui courut les salons de Paris en 1838. Quand mourut Talleyrand, Pozzo di Borgo, qui l'avait connu intimement et qui était retiré à Paris, raconta qu'il était allé tout droit en enfer où il avait été reçu avec des égards particuliers, et que Lucifer, le faisant asseoir à sa droite, lui avait dit : Soyez le bienvenu dans mon royaume, vous y avez votre place marquée, car vous avez fidèlement travaillé pour nous. Quelquefois, cependant, vous avez dépassé mes instructions ! »

Le second catéchiste de Bonaparte était encore un évêque, moins défroqué et plus moral que Talleyrand mais peut-être plus hostile à Rome, parce qu'il avait érigé sa haine en dogme et qu'il était devenu le Pape de l'Église artificielle et schismatique que la convention projetée menaçait de mort: Grégoire. Cet ancien curé du bailliage de Lunéville n'avait jamais, il faut lui rendre cette justice, apostasié la foi chrétienne, qu'il semble avoir gardée toujours sérieuse et profonde. D'ailleurs, il était bien trop fier de porter la croix pectorale et l'anneau, symboles d'une dignité et d'une juridiction usurpées, qu'il prétendait exercer dans le département de Loir-et-Cher. La Révolution n'a pas produit un personnage plus singulier que celui-là, ni un rhéteur plus satisfait de lui-même, ni un plus étonnant mélange de contradictions de toutes sortes, d'idées fausses et de sentiments généreux. C'était un régicide qui disait son bréviaire ; une âme sensible qui s'attendrissait sur les malheurs de Port-Royal, sur les Juifs et sur les nègres, tout en approuvant des cruautés et en exécutant fort durement les consignes de la Convention dans la Savoie ; un républicain farouche qui, après avoir dit que l'histoire des rois est le martyrologe des peuples, se garda bien de grossir le martyrologe et devint, sous l'Empire, le sénateur comte Grégoire, touchant très exactement sa paye, figurant dans les cortèges officiels en culotte courte et l'épée au côté, et, pour cela, ôtant la soutane violette qu'il se vantait d'avoir conservée en pleine Terreur sous la menace des assassins.

Quoique bien oublié aujourd'hui, il est resté pendant longtemps le prélat favori des républicains anticléricaux. A Nancy, ils ont donné son nom à la rue la plus voisine du grand séminaire pour offrir un modèle aux jeunes clercs, et, à Lunéville, ils lui ont élevé une statue qui ne manquait nullement au bonheur des Lorrains, lesquels n'étant en général, ni jansénistes, ni jacobins, ni particulièrement tendres pour les Juifs, ne se reconnaissent pas dans cet évêque de bronze. Le socle porte, gravée en beaux caractères, la phrase classique sur le martyrologe des peuples, sans qu'on ait remarqué combien une telle rhétorique sonne creux dans cette Lorraine qui a toujours adoré ses souverains, dans cette ville où ils n'ont fait que du bien, à deux pas du château de Léopold et de Stanislas que les philosophes eux-mêmes ont loués avec effusion.

Par-dessus tout, Grégoire a été l'âme de l'Église nouvelle que la Constituante a prétendu substituer à celle de l'ancien régime. Il lui est resté fidèle quand personne ne la prenait plus au sérieux, si bien qu'à la fin de sa vie, il en était devenu le seul évêque et presque le seul croyant. « Personne, dit Quinet, ne la représentait mieux que lui. Je l'ai vu trente ans après, toujours dans son même habit violet, et sa physionomie m'est bien présente : une voix douce, un regard humble[1], la taille haute et je ne sais quoi de tenace et d'indomptable qui avait résisté à la vieillesse... Le temps n'avait pu l'arracher au catholicisme qui le reniait vivant et devait le proscrire mort. Il continuait d'embrasser les portes sacrées qui se tenaient inexorablement fermées pour lui. » Quinet se trompe ; les portes ne demandaient qu'à s'ouvrir, mais il fallait que Grégoire se baissât un peu pour entrer et ne prétendît pas avoir raison tout seul contre toute l'Église qui avait condamné son œuvre.

Cette œuvre, il n'y a pas deux manières pour un catholique de la juger : c'était un schisme reposant sur une conception hérétique des droits de l'État. Poussant à bout les théories régaliennes et parlementaires, la Constituante avait légiféré abusivement dans une matière où l'autorité civile, si elle a le droit de parler, n'a pas le droit de parler seule et où elle ne peut agir sans s'être concertée avec l'autorité religieuse, dont la compétence précède et domine la sienne. Après avoir supprimé le clergé régulier et la dotation territoriale du clergé séculier, elle avait de son chef bouleversé les circonscriptions diocésaines, changé le mode de nomination aux dignités ecclésiastiques et chassé le Pape de l'Église de France, en

[1] Grégoire n'avait d'humble que le regard.

prétendant ne pas rompre avec lui, tout cela au nom d'une théologie et d'une histoire fausses que les gallicans eux-mêmes ont réprouvées nettement. Quinet a bien aperçu le vice de ce système : « Quoi de plus illogique que de se dire prêtre d'une Église qui vous renie ? C'était la situation de tout le clergé constitutionnel. Il se prétendait catholique, et le chef légitime du catholicisme lui jetait l'anathème. Cette Église éphémère devait s'abîmer au premier souffle de l'ancienne. »

Au manque de logique se joignait une odieuse intolérance, car la manie du serment politique sévissant alors, la Constituante et la Législative prétendirent obliger les ecclésiastiques à jurer fidélité à la Constitution civile, et le refus de serment finit par être puni de la déportation.

Solidaires de ces violences et suspects à d'autres titres, les prêtres constitutionnels n'obtinrent jamais la confiance de la masse des fidèles.

« A quoi servaient-ils ? dit Mme de Staël. Les catholiques n'en voulaient pas et les philosophes n'en avaient pas besoin; c'était une sorte de milice discréditée d'avance. » Comment, d'ailleurs, prendre au sérieux une réforme religieuse dont les principaux initiateurs, Talleyrand, Gobel, Sieyès, apostasièrent si vite et avec tant d'éclat ? Comment les nouveaux apôtres auraient-ils réussi avec un caractère si peu apostolique ? En effet, tout ce qu'il y avait en France d'ecclésiastiques agités, coureurs d'aventures et impatients de leurs vœux, se précipita dans le schisme qui fut pour un grand nombre la porte de sortie vers la vie et les carrières civiles : ce clergé montra plus de vocation pour le mariage que pour le martyre.

Dans cette foule peu considérée, il y eut cependant des égarés de bonne foi qui se rétractèrent vite comme Panisset de Chambéry, que Grégoire avait installé avec la force armée, et comme mon prédécesseur sur le siège d'Angers, Charles Montaut, qui passa ses quarante années d'épiscopat à demander pardon, et à le mériter à force d'humble charité. Il y eut aussi une élite d'hommes instruits, de mœurs irréprochables et même austères, qui entreprirent sérieusement de réformer l'Église en lui infusant l'esprit jacobin, et qui mirent au service de cette chimère une science, des vertus et surtout une force de volonté incontestables. Ames étranges dont plusieurs ressemblaient à celles du vieux Port-Royal que l'archevêque de Paris, Hardouin de Péréfixe, a jugées dans une phrase célèbre : « Pures comme des anges, orgueilleuses comme des démons ! » Ces prêtres et ces évêques, intéressants à étudier, quoique peu sympathiques, étaient des types parfaits du tempérament janséniste, tel que l'avaient formé près de cent cinquante ans de discussions théologiques subtiles et acharnées, de résistance au pouvoir et de persécutions mêlées de victoires dans les Parlements, de rancunes accumulées silencieusement contre le Pape et contre le roi. Pour eux, la Révolution c'était la revanche de la destruction de Port-Royal et de la bulle *Unigenitus!*

Bossuet, commentant le texte évangélique : *Pais mes agneaux! Pais mes brebis!* explique que les évêques sont agneaux à l'égard de Pierre et brebis à l'égard des simples fidèles. Les personnages vertueux ou têtus qui dirigeaint l'Église schismatique ne ressemblaient ni à des agneaux ni à des brebis : c'était vraiment une collection de béliers irréductibles, obstinés dans leur haine du Pape, dans leur admiration d'eux-mêmes et dans la contradiction flagrante sur laquelle était fondé leur système. Depuis l'année 1797, ils s'agitaient bruyamment. Ils avaient repris, dans un certain nombre d'églises, l'exercice de leur culte qu'ils prétendaient toujours être le culte légal; ils publiaient un journal, tenaient des assemblées et faisaient illusion sur leur faiblesse réelle par l'importance qu'ils tiraient de leurs patrons, comme Talleyrand qui se souvenait toujours d'avoir été des leurs, comme Fouché qui les soutenait ouvertement, et bien d'autres membres du gouvernement ou des conseils élus.

Bonaparte ne pouvait les négliger absolument. Il avait intérêt à ménager surtout Grégoire, qui comptait beaucoup d'amis dans les assemblées. Il s'aboucha donc avec lui, le cajola, lui permit de déployer à son aise son pédantisme théologique, et se laissa dire qu'il n'avait aucun besoin du Pape pour rétablir le catholicisme en France, ou que, s'il traitait avec Rome, il fallait le prendre de très haut avec elle. Voici les recommandations que Grégoire adressait au Premier consul, en août 1800, dans un mémoire qu'il appelle « un travail de la plus haute importance pour la religion et pour l'Église gallicane en particulier » :

« 1° Être toujours en garde contre les ruses diplomatiques d'une cour très exercée dans cette tactique;

« 2° Ne jamais trop s'avancer dans les concessions

à lui faire, mais connaître d'abord les conditions qu'elle veut mettre à la pacification, afin de calculer jusqu'à quel point on étendra les sacrifices qui ne doivent jamais franchir les limites fixées par les règles canoniques.

« 3° Ne pas paraître redouter les écrivains de la cour romaine, se tenir à portée de rentrer militairement dans ses États jusqu'à ce que le traité soit consommé, et, dans le traité à intervenir, ne promettre la garantie du temporel papal qu'en échange de la promesse de ne pas troubler le régime ecclésiastique de France...

. . . .

« 7° Exiger intrépidement que le Pape reconnaisse la légitimité des actes de soumission du clergé envers le gouvernement français depuis le commencement de la Révolution. »

Bonaparte n'échappa point à l'influence de ces conseils et de ceux que lui donnaient Talleyrand, Fouché et bien d'autres. Il en adopta ce qui allait à son humeur impérieuse et ce qui convenait à ses vues personnelles. Il n'était pas difficile de le rendre soupçonneux, impatient et violent, surtout quand il y trouvait son compte! Il se laissa donc persuader de mener les négociateurs romains tambour battant, de répondre à leurs réclamations les plus modérées par des exigences nouvelles, de demander le plus en accordant le moins, et de les menacer de rupture avec ces colères tantôt sincères et tantôt simulées qui étaient un de ses moyens d'action. Il n'a jamais songé sérieusement à rétablir les constitutionnels, mais il les garda sous sa main comme un épouvantail contre Rome, leur permettant, pendant la négociation, de s'agiter à leur aise et de tenir un concile, puis répondant aux observations de Consalvi par une plaisanterie : « Que voulez-vous ! quand on ne s'arrange pas avec le bon Dieu, on s'accommode avec le diable. » Le Concordat conclu, il leur fit un signe ; ces hommes de fer plièrent avec une docilité parfaite et se dispersèrent sans mot dire ; ils emportaient la promesse de n'être pas oubliés dans la répartition prochaine des sièges épiscopaux.

C'était, tout à la fois, la récompense du service rendu et la concession que Bonaparte crut devoir aux instances de ses conseillers et au système de fusion qu'il avait adopté entre les différents partis issus de la Révolution. En vain Rome protesta contre une exigence tardive que rien ne lui avait fait prévoir. En vain demanda-t-elle au moins que les sujets choisis se soumissent à une rétractation complète. Le Premier consul n'avait pas le sens de l'humilité chrétienne. Il affecta de ne pas comprendre que le Pape ne pouvait, sans trahir son devoir, élever aux premières dignités de l'Église dont il était le chef des rebelles qui ne voulaient même pas demander l'amnistie. Il y eut alors (avril 1802) des scènes pénibles qui furent une grande humiliation pour le légat Caprara et une grande douleur pour Pie VII. Quant à Grégoire, il ne fut pas, comme on dirait aujourd'hui, compris dans le mouvement. Il expia l'approbation qu'il avait donnée au 21 janvier et dut se résigner à demeurer toute sa vie évêque schismatique *in partibus*. Un voyageur anglais qui le visita au commencement du siècle le trouva tout mélancolique et attribua cette mélancolie à sa peine de n'être plus chef d'Église. Bonaparte avait pourtant profité de ses leçons de théologie.

Les quatre articles et tout l'arsenal des lois gallicanes avaient été ajoutés subrepticement au Concordat; 1802 copiait servilement 1682, et le grand homme qui rêvait de Charlemagne s'était arrêté à M. de Pontchartrain. C'est, en effet, le Chancelier de Louis XIV qui revivait dans Portalis. Depuis 1802, nous avons en France renversé plusieurs gouvernements et changé bien des fois de système politique; mais M. de Pontchartrain est toujours resté ministre des cultes.

CHAPITRE III

LES NÉGOCIATEURS ET LES PREMIÈRES DISCUSSIONS

L'abbé Bernier. — Son rôle dans la guerre de Vendée. — Accusations violentes dont il est l'objet. — Son rôle dans la négociation religieuse. — Instructions de Spina. — Réserve qui lui est commandée. — Opinion de Rome sur les demandes contenues dans la lettre de Martiniana. — L'ancien clergé de France. — Ses vertus. — Efforts du Pape pour ne point déposséder les évêques de leurs sièges. — Naissance de la Petite-Église.

Aussitôt après son entrevue avec le Premier consul, Spina vit arriver dans sa chambre d'auberge l'homme de confiance du gouvernement français, le délégué avec lequel il traita quotidiennement pendant plusieurs mois et qui fut la cheville ouvrière de toute la négociation. C'était un prêtre trapu, louche et laid, qui rachetait la vulgarité de ses traits par un air extrêmement intelligent et une parole fort séduisante : l'abbé Bernier, docteur en théologie, ancien curé de Saint-Laud d'Angers. Il s'était rendu célèbre dans toute l'Europe par le rôle important qu'il avait joué dans la guerre de Vendée et, tout récemment, dans la pacification menée à bonne fin par le général d'Hédouville.

Déjà en 1800, le caractère de Bernier était fort discuté. Il n'a pas cessé de l'être depuis et la guerre des *blancs* et des *bleus* se poursuit autour de cette mémoire avec l'ardeur de toutes les discussions historiques qui touchent à la Révolution et aux passions qu'elle soulève encore. Cruel, faux, libertin, mercenaire, c'est ainsi que les *bleus* et une partie des *blancs* qualifient l'ancien curé de Saint-Laud. D'autre part, Mgr Freppel, un jour qu'il était en veine de charité, s'écriait : « Bernier est un des grands calomniés de l'histoire ! » Il est probable que la vérité, comme cela arrive souvent, se trouve entre les deux extrêmes : ni tigre, ni colombe. Bernier n'avait pas la férocité de l'un et il manquait encore plus de la simplicité de l'autre. Il n'a pas renouvelé contre un gentilhomme angevin le crime de David contre Urie ; il n'est nullement démontré qu'il ait poussé Stofflet à fusiller Marigny, qu'il ait trahi Stofflet lui-même et que plus d'une fois il ait tué de sa main des soldats républicains. Ce qui est certain, au contraire, c'est qu'il a, pendant plusieurs années, mené la vie d'aventures héroïques qui fait pour toujours la gloire et l'auréole poétique de la Vendée. J'avoue que je n'ai pu voir sans émotion, dans un vieux château des Mauges, la chambre qui lui servait de chapelle, le calice avec lequel il disait la messe et le balcon d'où il haranguait les soldats paysans massés dans la grande avenue. Il n'y a qu'une voix pour louer ses talents :

« De toutes les personnes qui se sont mêlées des affaires pendant la guerre civile, aucune peut-être n'avait plus d'esprit que l'abbé Bernier. Il avait une admirable facilité à écrire et à parler ; il prêchait toujours d'abondance. Je l'ai souvent entendu parler deux heures de suite avec une force et un éclat qui entraînaient et qui séduisaient tout le monde... Son zèle était toujours renaissant et jamais il ne perdait courage... Il donnait de bons conseils aux généraux et savait se prêter à l'esprit militaire, sans déroger à son caractère ecclésiastique ; il dominait au conseil supérieur par la promptitude de son esprit et de ses rédactions ; il était encore plus cher aux soldats par ses prédications et son ardeur pour la religion. Aussi, en peu de temps, l'abbé Bernier prit un ascendant universel et il n'était question que de lui [1]. »

Il a donc contribué pour sa grande part à sauver la religion en France, puisque c'est l'exemple de la Vendée qui a convaincu le Premier consul de la nécessité de la restaurer. Nous avons sur ce point le témoignage officiel de Talleyrand :

« Le gouvernement de la République a été éclairé par dix années de la plus fatale expérience... Il a dû se convaincre, par la rapidité et l'étendue de l'insurrection de l'Ouest, que l'attachement de la grande masse de la population française aux idées religieuses n'était pas une chimère. Il a sagement compris que, de ce sentiment bien constaté, naissaient des intérêts et des droits que les institutions politiques devraient respecter [2]. »

Il y a des hommes qui, poussés par les circonstances vers une carrière qui ne semble pas convenir à leur caractère, s'en tirent pourtant avec honneur et font des choses qui ne leur ressemblent pas. Bernier appartenait à cette catégorie. C'était un politique égaré dans l'héroïsme et qui chercha de bonne heure

---

[1] Mme de La Rochejaquelein, *Mémoires*, t. I, p. 193.
[2] Instructions données à Cacault, 19 mars 1801.

une porte pour en sortir. Avant tout, il était né diplomate, entremetteur et politicien, avec des facultés transcendantes pour acquérir l'influence et pour la conserver en brouillant les gens :

« Peu à peu, dit Mme de La Rochejaquelein, on entrevit un but d'ambition dans toute sa conduite. On découvrit qu'il semait la discorde partout et flattait les uns aux dépens des autres pour plaire davantage et gouverner plus sûrement. » Quand on étudie ce personnage compliqué, l'admiration pour l'homme qui a risqué cent fois sa vie est déconcertée par la défiance dont on ne peut se défendre contre l'employé de Fouché.

Dès l'année 1795, Bernier s'abouchait avec Hoche qui était frappé de son intelligence et de la tiédeur de son royalisme ; mais ce fut seulement à la fin de 1799, après le dix-huit brumaire, qu'il trouva le moyen sûr de renoncer à sa carrière d'insurgé pour s'en créer une autre où il devait rencontrer un grand rôle et une mitre. Il rendait en même temps à l'Église et à sa province natale un service que je n'entends nullement diminuer. Les paysans d'Anjou et de Vendée, qu'il connaissait et savait manier parfaitement parce qu'il était un des leurs par la naissance, s'étaient soulevés pour Dieu plus encore que pour le roi. « *Je voulons nos bons curés* », c'est le mot qu'ils répétaient, et l'exigence qu'ils formulaient avant toutes les autres. Bernier dit au général d'Hédouville et au gouvernement républicain : « Laissez-leur les curés et je me charge de les détacher du roi. » Et vraiment peut-on l'en blâmer quand on pense à tout ce que les pauvres gens avaient souffert, quand on a visité le *Champ des martyrs* d'Avrillé, où des centaines de femmes et d'adolescents ont été fusillés par les bleus, après un jugement dérisoire, quand on se rappelle les horreurs commises dans les campagnes, les incendies, les chasses à l'homme organisées dans les champs de genêts, et quand on pense que, pendant sept ans, ces soldats improvisés se sont battus comme des lions pour des princes qu'on leur annonçait toujours et dont aucun n'est jamais venu leur dire merci ni partager leurs périls ? Bernier travailla efficacement à la convention de Montfaucon-sur-Moine. Les paysans désarmèrent, les églises se rouvrirent et la Vendée respira. Il répandit le bruit que Bonaparte tenait secrètement pour les Bourbons et les ramènerait bientôt, en quoi il se montra certainement plus habile que sincère.

Nous le trouvons, à partir des derniers mois de 1799, établi à Paris sur le pied d'un personnage semi-officiel, consulté sur les affaires de l'Ouest, recevant des missions de confiance et admis familièrement chez le Premier consul, auquel Volney en témoigna son étonnement : « Je sais que c'est un scélérat, dit Bonaparte, mais j'en ai besoin[1]. » Il avait vu le parti qu'il pouvait tirer de cette intelligence merveilleuse et de ce caractère assoupli pour toujours. Bernier, en effet, mit dans son ralliement à la République une ferveur de néophyte capable de tous les dévouements et prêt à toutes les besognes, mais pourtant très avisé et nullement désintéressé. En le

---

[1] *Souvenirs d'un nonagénaire.*

choisissant pour négocier le Concordat, Bonaparte frappait un coup de maître. « Il supposait, dit Lanfrey, qu'on ne pourrait jamais se défier, à Rome, d'un homme qui avait donné tant de gages de son zèle pour la cause catholique ; mais on savait fort bien, à Rome, que l'abbé Bernier, fanatique à froid en Vendée, n'était plus, depuis que la défaite du parti royaliste lui avait paru définitive, que l'instrument vénal et servile du Premier consul. » Lanfrey se trompe et il exagère. Bernier, au moins dans les premiers mois, inspira confiance à Rome, et il est incontestable qu'il justifia le choix du Premier consul en déployant, pour y répondre, des qualités de premier ordre, une activité infatigable, un talent de rédaction au moins égal à celui de Talleyrand, un art extraordinaire de séduire et d'accaparer les prélats romains, mais par-dessus tout une docilité inaltérable qui seconda des exigences déraisonnables et accepta des besognes louches. Certes, il comprenait la grandeur de la négociation à laquelle il était mêlé, il en désirait le succès dans l'intérêt de l'Église comme dans le sien, il y a travaillé efficacement et on ne peut qu'admirer la netteté élégante, l'habileté onctueuse, et parfois l'élévation de langage et l'éloquence de ses dépêches. Pourtant on a, malgré soi, l'impression qu'il s'émeut sur commande et qu'il pleure des larmes d'avocat.

En mai 1801, Bonaparte envoie à Rome un *ultimatum* menaçant qui risque de tout rompre, et Bernier objurgue Consalvi de céder :

« Hélas ! fallait-il donc attendre que les menaces suivissent les invitations ? N'était-ce pas assez de nos prières, de nos vœux et de nos larmes? Deux mois ne suffisaient-ils pas pour l'examen sérieux du projet? Ils sont écoulés et rien ne paraît, rien ne satisfait l'ardeur impatiente d'un peuple affamé de sa religion. Au nom de cette institution divine, au nom du Saint-Siège dont nous désirons tous de conserver l'éclat et les prérogatives, au nom même de vos propres intérêts, rompez un désastreux silence... Je le dis à V. E. avec autant de douleur que de vérité : encore cinq jours de délai ou un refus et tout est rompu. Pardon mille fois si j'emploie des expressions aussi fortes; mais la conviction du danger, la crainte, la douleur, le salut de ma religion et celui de mon pays me les arrachent. »

En même temps, il écrit à Talleyrand : « Je vous adresse copie de ma lettre au cardinal secrétaire d'État. La vôtre était foudroyante. J'ai joint à la forte impression qu'elle doit produire l'accent de la persuasion dans la mienne. Puissent-ils être effrayés par l'une et touchés par l'autre, de manière à nous envoyer de suite ce que nous désirons ! Je vous prie de communiquer ma lettre au Premier consul, si vous le jugez convenable, et de compter toujours sur l'activité de mon zèle. »

N'ont-ils pas l'air de deux complices ou de deux compères? Ce qu'on cherche inutilement chez Bernier, c'est une velléité d'indépendance et une révolte d'honnête homme, dans deux ou trois circonstances où l'honnête homme aurait dû se cabrer et refuser le service. Il lui a manqué l'honneur d'encourir, ne fût-ce qu'une fois, la colère du Premier consul. Que de gens comme lui ont ainsi passé à côté de la gloire, pour n'avoir pas su dire : non ! Du rôle de collaborateur libre et respecté qu'il devait ambitionner, il est descendu à celui de domestique à tout faire !

Il n'y a pas même gagné les récompenses qu'il convoitait trop ouvertement. Il voulait devenir archevêque de Paris, et, n'y réussissant pas du premier coup, il poussa à sa place un nonagénaire, Mgr de Belloy, dont Caprara le nomma auxiliaire avec quelque espérance de succession, tout en lui donnant le siège d'Orléans[1]. Mgr de Belloy joua à son auxiliaire le mauvais tour de lui survivre.

Il voulait être cardinal, et Pie VII, qui était la bonté même, le réserva *in petto*, se chargeant ainsi d'acquitter une dette de reconnaissance qui était bien plutôt celle du gouvernement français que la sienne. Ce fut Bonaparte qui demanda qu'il fût sursis à la déclaration du chapeau et Caprara qui plaida la cause de Bernier : « Je lui dis qu'il devait nommer à la pourpre l'évêque d'Orléans pour la part qu'il a prise au Concordat et qu'il ferait ainsi une chose agréable à Sa Sainteté. Je serai bref sur ce qu'il répondit à ma demande. En substance, à cause de la part qu'il a eue à l'effusion de tant de sang français dans les affaires de Vendée, il ne croit pas devoir le nommer, et il permettra seulement qu'il soit fait cardinal *in petto* par Sa Sainteté pour être publié plus tard[2]. » Ceci se passait en octobre 1802. L'année suivante, le 6 juillet 1803, c'est Consalvi qui, à son tour, écrit à Caprara : « Le cardinal Fesch (ambassadeur

---

[1] Ce fait vient d'être mis en lumière par M. l'abbé Cochard, auteur d'une notice intéressante sur Bernier.

[2] Dépêche de Caprara à Consalvi, 7 octobre 1802.

de France) m'a parlé de la publication du chapeau de Mgr l'évêque d'Orléans et m'a fait entendre expressément qu'elle serait très importune, parce que cet évêque est mal vu de tous les partis et que sa promotion ferait très mauvais effet en France. Je l'ai tranquillisé en lui disant qu'il n'y a pas de danger que Sa Sainteté le publie sans une demande expresse du Premier consul... Le cardinal m'a dit aussi à demi-voix que l'évêque assiège Votre Éminence pour réussir dans son dessein. Votre Éminence voit par là l'attitude réservée qu'elle doit garder envers celui qui ne jouit même plus de la confiance du gouvernement lui-même[1]. »

Ainsi se vérifia une fois de plus la parole que Voltaire a tant reprochée à Frédéric : on presse l'orange, on la suce et on la jette. Bernier dut se contenter de l'évêché d'Orléans, où il se montra zélé, régulier et bon administrateur comme autrefois à la cure de Saint-Laud d'Angers, où j'ai constaté qu'il a laissé un bon souvenir. A Orléans, il se lia avec un général dont on a publié, il y a quelques années, des mémoires écrits avec autant de malice que de partialité, Thiébaut, qui ne manque pas d'exercer sa mauvaise langue aux dépens de l'évêque. Il est d'abord renseigné sur lui par une dame Basly qui lui dépeint les principaux personnages de la ville et lui apprend que le peuple appelle Bernier l'évêque Poignard.

« Vous le verrez et, malgré son aspect aussi repoussant que sa réputation, vous n'aurez pas causé un quart d'heure avec lui que son histoire se sera effacée

---

[1] Consalvi à Caprara. Dépêche du 6 juillet 1803. *Archives de la Secrétairerie d'État.*

de votre mémoire, que sa figure ne vous occupera plus et que vous serez sous l'empire du charme que subissent tous ceux à qui il entreprend de plaire. Elle disait vrai... Il n'y avait pas de semaine que, avec son grand vicaire, il ne vînt passer avec nous une soirée entière. Prenant peu à peu la parole pour ne plus la quitter, traitant avec un charme et une onction indicibles les sujets les plus variés, parfois même les plus gracieux, changeant dès lors jusqu'à l'expression de sa figure, dissimulant son regard, parvenant à faire sourire ses lèvres, il nous ravissait par une éloquence aussi suave qu'entraînante et, lorsque nous nous trouvions seuls avec lui, notre terreur était que quelqu'un n'arrivât pour l'interrompre ; nous faisions défendre notre porte dès qu'il était entré[1]. »

L'évêque était brouillé avec le préfet, accident qui s'est renouvelé fréquemment depuis et qui s'est produit, on le voit, dès le commencement des préfectures, mais il était au mieux avec le premier président et il avait imaginé un moyen fort original de témoigner sa rancune contre l'un et sa sympathie pour l'autre. Dans les premiers temps qui suivirent le Concordat, Bonaparte multipliait les cérémonies publiques et envoyait volontiers les fonctionnaires dans les cathédrales nouvellement rouvertes. Bernier ne manquait pas une occasion de monter en chaire et de faire l'éloge du Premier consul. « Puis avec un art diabolique, il trouvait moyen d'arranger la suite de son discours au gré de ses antipathies ou de ses prédilections et devenait aussi embarrassant pour ceux à qui

---

[1] *Mémoires* du général Thiébaut, t. III, p. 346.

il prodiguait ses flatteries que mortifiant pour ceux à propos desquels il affectait de se taire. Détestant le préfet, il laissait peser sur lui et sur l'administration tout le dédain de son silence ; puis à propos du salut de l'Église et du législateur dont Dieu s'était servi pour rétablir le culte, il faisait l'apologie de la justice et disait des choses flatteuses pour M. Chabrol[1]... Et lorsqu'il en arrivait à la gloire de nos armées, il ne tarissait plus... Il reprenait nos plus mémorables campagnes, s'arrêtait avec affectation à celles que j'avais faites ; et dès ce moment me fixait, ne jetant plus que des regards sardoniques sur M. Maret[2] et renchérissant d'autant plus en allusions louangeuses à mon égard que le préfet se montrait plus exaspéré... Tel était l'homme. Ne blessant les uns que pour mieux accabler les autres, il y avait du venin dans ses plus suaves paroles... »

Après avoir ainsi accommodé son ami, Thiébaut l'achève en quelques lignes qui peuvent être citées comme un modèle d'oraison funèbre courte et méchante. « Observerai-je qu'il fut sa propre victime? Car n'ayant pas obtenu le chapeau de cardinal qu'il disait lui avoir été promis alors qu'il travaillait au Concordat, le dépit et la colère, qui chez lui ne pouvaient avoir de mesure, réagirent tellement sur lui-même qu'il étouffa en vomissant une partie du sang dont il s'était gorgé[3]. »

A la fin de 1800, il était dans sa lune de miel avec

[1] Le président.
[2] Le préfet.
[3] Bernier mourut en octobre 1806.

Bonaparte, en pleine possession de son prestige et de ses moyens de séduction. Il en usa pour s'emparer de Spina de manière à le soustraire à tout autre influence et à le dominer. Bernier, qui avait été obligé tant de fois de se cacher et de fuir, avait gardé de sa vie d'insurgé des habitudes de mystère et de secret. Il s'était logé rue des Petits-Augustins, à un troisième étage, avec une vieille Vendéenne pour tout serviteur et un chien qui aboyait avec rage contre d'Hauterive, secrétaire de Talleyrand. « C'est votre habit bleu qui en est la cause, disait Bernier : cette bête veillait constamment à la porte de mes cachettes contre les bleus [1]. »

C'est là que Spina venait et dînait quelquefois ; mais, habituellement, c'est Bernier qui se rendait à l'*hôtel de Rome*, où les conférences étaient fréquentes et duraient longtemps, indépendamment de notes écrites qui furent échangées en grand nombre. Caselli n'était même pas admis en tiers, et il s'en plaint : « Je n'ai jamais assisté à un *congresso* et, par conséquent, je n'ai jamais ni approuvé ni désapprouvé ce qui s'y traitait. L'abbé Bernier se montra dès le commencement extrêmement réservé, et il semblait vouloir, tant il était jaloux, que l'air lui-même n'entendît point ses discours. » Le P. Caselli ne pouvait que s'éloigner et n'a su que ce que lui communiquait Mgr Spina, qui a toujours eu pour lui les plus grands égards. Que se disait-il dans ces conférences entourées de tant de mystère ? Le représentant du Pape et celui du Premier consul y discutaient les propositions renfermées

[1] *Papiers inédits du château de la Jonchère*. J'en dois communication à l'extrême obligeance de M. Hilaire de Lacombe.

dans la lettre du cardinal Martiniana, et nous sommes très renseignés sur les idées qu'ils échangèrent.

Spina arrivait à Paris, muni d'instructions amples et détaillées que je ne crains pas de signaler aux jeunes attachés du quai d'Orsay comme un modèle à étudier et un chef-d'œuvre de diplomatie honnête et avisée[1]. C'était le coup d'essai du jeune et brillant secrétaire d'État que le nouveau Pontife avait choisi, le cardinal Consalvi, qui commençait, par la plus importante des négociations, une carrière où l'attendaient des épreuves glorieuses et d'éclatants succès que rien ne présageait alors. L'attitude générale que devait prendre Spina, le langage qu'il devait tenir suivant les situations où il pouvait se trouver, les concessions qu'il pouvait promettre lui étaient indiquées avec une prévoyance et un sens politique d'autant plus remarquables que Consalvi avait été réduit à conjecturer beaucoup, Rome ne sachant presque rien des vraies dispositions de Bonaparte et de l'état réel de la France.

Avant tout, il faudra que le délégué pontifical étudie le terrain et ne fasse pas un pas en avant s'il n'entrevoit une espérance fondée de succès. S'il peut soupçonner que, sous le manteau de la religion, on veut seulement jeter de la poudre aux yeux des bons

---

[1] Spina reçut deux sortes d'instructions. Les premières lui furent remises dans la supposition où il négocierait à Verceil, et elles se rapportent à la discussion des propositions renfermées dans la lettre du cardinal Martiniana.

Il en reçut de nouvelles au moment de partir pour Paris, où sa situation devenait plus compliquée et exigeait des directions particulières.

Français[1], il se tiendra sur la réserve et ne laissera rien deviner des concessions auxquelles Sa Sainteté est disposée. Il devra donc s'imposer une grande réserve dans ses discours. Beaucoup d'yeux seront fixés sur lui dans des intérêts opposés. Les jacobins lui feront la guerre et les philosophes ne manqueront pas de répéter leur calomnie habituelle, que le culte catholique est une superstition. Les évêques constitutionnels l'assiégeront pour tirer de lui quelque acte ou quelque parole en faveur de leur prétendue communion avec le Pape. Les méchants et les ennemis du Saint-Siège répandront les fausses accusations d'ambition, d'intérêt, de domination universelle par lesquelles ils s'efforcent de discréditer le pontificat romain. Il faut que l'archevêque de Corinthe impose silence aux malveillants par une attitude franche, libre, généreuse et loyale, qu'il se montre poli avec tous, mais sans admettre aucune discussion avec les apostats et les intrus, à moins qu'ils ne donnent des marques certaines de repentir.

Le délégué apostolique sera surveillé par d'autres que par les méchants. Les ministres des cours étrangères et particulièrement de celles qui sont en guerre avec la France verront de mauvais œil sa présence à Paris. Qu'il s'efface, qu'il ne paraisse pas aux cercles diplomatiques, qu'il refuse tous les honneurs qu'on voudrait lui rendre, qu'il montre bien que le Saint-Père ne pouvait repousser les ouvertures qui lui ont été faites. Plus tard, au moment opportun, il témoi-

---

[1] Cette analyse sommaire des instructions est faite avec des extraits du texte complet qui est imprimé au troisième volume du recueil de M. Boulay de la Meurthe.

gnera une certaine confiance aux ministres qui porteront intérêt à sa mission, comme celui du roi d'Espagne, et celui de l'Empereur, si la paix se signe entre l'Empire et la France.

Les plus graves difficultés lui viendront du Gouvernement actuel, des amis de Louis XVIII et des évêques eux-mêmes. On ne peut douter que le Gouvernement républicain ne triomphe de voir un délégué du Pape dans la capitale. En lui supposant même le désir le plus sincère de rétablir la religion catholique, il tirera parti de cette mission pour faire voir au monde que le Pape est en plein accord avec la République française, qu'il en reconnaît pleinement la souveraineté et qu'il est disposé à traiter avec elle. Cette attitude triomphante du gouvernement français donnera une jalousie énorme à Louis XVIII, qui entretient à Paris des agents par lesquels il est minutieusement renseigné. Les évêques français, de leur côté, seront mal impressionnés qu'on traite sans eux des affaires religieuses de France. Ils sont, de leur naturel, très attachés à leur juridiction, imbus des maximes gallicanes, et il y en a qui sont peu affectionnés au Saint-Siège. Comment se conduire dans un chemin si tortueux et si épineux ? *È bene scabroso !* La grâce de Dieu qu'implorent les prières du Saint-Père et que sollicitera le délégué lui-même lui ouvrira la voie. Il se tirera de tous ces périls à force de sincérité, de bonne foi et d'obligeance.

Il évitera autant que possible toute démarche, toute parole, tout écrit surtout d'où résulterait une reconnaissance solennelle et formelle de la République française. « Tant qu'il s'agit d'affaires spirituelles et religieuses, on ne peut introduire les discussions politiques sur les principautés et les gouvernements. Le délégué n'est point chargé de celles-ci, mais de celles-là, et le Siège apostolique, dans le renversement des trônes et le changement des royaumes, a pour maxime de chercher toujours le bien de la religion. Il ne prononce, il ne décide ni sur les titres de ceux qui règnent, ni sur la légalité des républiques, mais il traite avec quiconque possède la puissance de commander, laquelle peut tant contribuer à la félicité spirituelle des peuples, et le salut éternel des peuples l'emporte à ses yeux sur toute considération relative au caractère temporel des gouvernements, dont il respecte les droits sans les juger, se bornant à former des vœux pour la paix et pour le repos public, et avant tout préoccupé de sauver la foi et la religion des sujets au milieu des bouleversements politiques. »

Telles sont les considérations dont le délégué s'inspirera pour expliquer sa mission soit aux ministres républicains, soit aux partisans de la monarchie.

Il rencontrera peut-être des évêques qui seront très curieux de renseignements sur une négociation qui a été entreprise sans leur participation. Le Saint-Père professe pour les évêques une estime parfaite ; il les aime tendrement et ne désire rien tant que de défendre leurs prérogatives et de les rétablir sur leurs sièges ; mais il ne peut correspondre avec eux, soit pour les informer, soit pour prendre leurs conseils au sujet d'une affaire aussi compliquée. La difficulté des communications, l'éloignement, la diversité des caractères et des sentiments, s'opposent absolument à ces échanges de vues, et le délégué répondra avec la plus grande réserve aux questions qui pourraient lui être posées.

S'il lui est interdit d'entrer en relations avec les évêques jureurs et apostats, il y en a un pourtant qu'il ne saurait se dispenser de voir et avec lequel il sera probablement forcé de traiter : l'évêque d'Autun. Refuser d'entrer en relations avec lui, ce serait le pousser à bout et indisposer le Premier consul. D'ailleurs, il vaut peut-être mieux traiter avec un évêque même apostat qu'avec un philosophe incrédule. Si l'évêque d'Autun a rompu avec les maximes et avec les lois de l'Église, du moins, il les connaît : elles sont restées dans son esprit, sinon dans son cœur, et il ne niera point qu'elles soient la base même de la religion. Il ne faudra pas discuter avec lui sur sa conduite privée, mais seulement sur les affaires générales de l'Église et, s'il parle de se réconcilier, lui déclarer que la chose regarde le Souverain Pontife seul.

Il y a beaucoup de prêtres et de laïques fidèles qui recourront au délégué. Il évitera de donner ombrage au gouvernement en en recevant un grand nombre à la fois, mais il ne sera pas assez timide pour les repousser. Un délégué du Saint-Siège doit s'inspirer de la paternelle charité du chef suprême de l'Eglise et porter secours à tant d'âmes qui, abandonnées de leurs pasteurs, recourront à lui dans leurs besoins spirituels [1].

---

[1] Spina avait reçu des pouvoirs étendus pour l'absolution des cas réservés, la concession des chapelles privées et la réhabilitation des mariages. Il est impossible de se faire une idée du nombre et de la

Jusqu'à présent, le gouvernement français ne s'est pas plaint que le Saint-Père ait reconnu Louis XVIII. S'il continue à se taire, tant mieux ; s'il se plaint, Mgr Spina pourra raconter franchement comment la chose s'est passée. Pendant que Pie VI était en France, Louis XVIII, en l'absence du Saint-Père, écrivit au cardinal doyen du sacré collège, à Padoue, pour lui faire part officiellement du mariage de sa nièce, Madame Royale, avec son cousin, le duc d'Angoulême. Le doyen, dans sa réponse, donna au prince le titre de « Roi très chrétien ». A la mort de Pie VI, quand il s'agit de faire part, le même cardinal, fidèle à ce précédent, engagea le Sacré Collège à écrire à Louis XVIII avec le même titre. Lorsque le nouveau Pape fut élu, et qu'il annonça son élévation aux souverains, il n'entrevit pas, au milieu des soucis et de l'accablement de cette première journée, la possibilité de révoquer la reconnaissance faite par le Sacré Collège et de laisser le prince de côté. Il lui écrivit donc aussi. Il n'y a pas à revenir sur ce fait et le Saint-Père ne le contestera jamais. D'ailleurs, le roi de Prusse, le tsar de Russie et l'Empereur ne reconnaissaient-ils pas le titre de roi à Stanislas, le feu roi de Pologne, qui était retiré à Grodno, comme Louis XVIII à Mittau ? Mgr Spina se servira de ces renseignements et, à l'occasion, insinuera ces explications comme étant ses idées personnelles pour dissiper toute mauvaise impression.

Il importe aussi que la négociation ne compro-

---

variété des cas de conscience que Rome eut à traiter dès qu'elle put communiquer avec les fidèles de France. La casuistique du Concordat donnerait lieu à un travail très intéressant.

mette pas le Saint-Siège avec les puissances qui pourraient en prendre ombrage. Le marquis de Labrador, arrivé récemment à Rome, annonce que le gouvernement français donnera beaucoup d'éclat à la mission du délégué et songe à envoyer un ambassadeur à Rome. Cette démarche serait prématurée et il faut tâcher qu'elle soit différée.

Quoique toute l'activité du délégué doive être consacrée aux affaires spirituelles et qu'il n'ait pas qualité pour traiter du temporel, il ne manquera pas pourtant de renseigner le Premier consul sur la situation très malheureuse à laquelle la guerre a réduit l'Etat romain, et sur la modération dont le Saint-Père a usé envers ses sujets, dont aucun n'a été poursuivi pour ses opinions politiques. Le gouvernement pontifical manque d'argent et il est accablé de dettes, le peuple manque de pain, le pays est sillonné par des troupes qui l'épuisent, et le Pape gémit sur la perte des territoires qui lui sont nécessaires pour soutenir sa dignité. La paix que l'on annonce comme prochaine entre la maison d'Autriche et la France peut changer tout le système politique de l'Europe. Mgr Spina jugera dans sa prudence, de ce qu'il peut dire et faire dans l'intérêt du Saint-Siège. Qu'il écoute, qu'il voie, qu'il explore, qu'il insinue habilement ! *Ascolti, vegga, esplori e destramente insinui !*

Pendant tout son séjour à Paris, Spina fit de son mieux pour conformer son attitude à ces directions prudentes, et sur deux points importants il fut bientôt dispensé des ménagements que lui prescrivait le cardinal Consalvi. Il s'aperçut, en effet, dès le mois de décembre 1800, que Louis XVIII ne comptait guère devant la diplomatie européenne, et le Saint-Siège ne craignit plus d'offenser les puissances en traitant avec une république que le Saint-Empire reconnut solennellement au traité de Lunéville. « Dans ce bouleversement universel, écrivait l'archevêque de Corinthe, ce dont on parle le moins, c'est de la maison de Bourbon, et il ne paraît pas qu'aucune puissance songe à la rétablir sur le trône. On ne peut donc que prendre en pitié les menaces faites par le cardinal Maury. Si l'on conclut la paix même avec l'Empereur seul, ce sera pour nous un avantage, et Sa Sainteté sera encouragée à reconnaître le gouvernement français, ce qui est indispensable dans la conclusion d'un traité, même s'il ne regarde que les choses spirituelles [1]. »

Après toutes ces remarques générales, passons, suivant l'expression de Consalvi, « à la substance de l'affaire » [2].

Le Premier consul, par l'intermédiaire de Martiniana, avait beaucoup demandé, mais fort peu promis. Le Saint-Siège voulait la réciprocité de concessions qui est l'essence même d'une négociation diplomatique, et, avant de stipuler quoi que ce fût, il

---

[1] « In questo generale sconvolgimento, il meno di cui si parla è della casa di Borbone; e non pare che alcuna potenza prenda ora parte per ristabilirla sul trono. In tal caso non possono che ascoltarsi con compassione le minaccie fatte dal Cardinale Maury. Convengo però che se si facesse una pace anco dal solo Imperatore sarebbe per noi un vantaggio, e sua Santità potrebbe con più coraggio riconoscere il governo francese, il che è indispensabile nella conclusione di un trattato, benchè non riguardi che cose spirituali. » — Spina à Consalvi. Paris, 10 décembre 1800.

[2] Premesse queste generali avvertenze si passa ora alla sostanza dell' affare.

avait besoin de savoir authentiquement quelle mesure de protection et de liberté le gouvernement français accorderait à l'Église. Ce que Spina était chargé de solliciter d'abord, c'était une protection efficace pour les catholiques et l'abolition des lois contraires à la religion. « La France est déchirée en cent factions opposées qui sont, pour la plupart incrédules et irréligieuses. Celles qui se disent tolérantes sont les plus intolérantes à l'égard du catholicisme, tandis que l'intolérance des catholiques se borne à ne pas communiquer avec les sectaires dans les choses sacrées et à ne pas les admettre aux sacrements. Leur doctrine n'enseigne que charité. Qui est catholique fuit l'erreur, mais ne hait pas celui qui se trompe, et il souffre la persécution sans se venger du persécuteur. C'est ce que démontre jusqu'à l'évidence l'histoire des premières années de la République. Les catholiques seraient donc exposés à la férocité de leurs ennemis si le gouvernement ne les prenait pas sous sa protection expresse et par un édit public. »

De plus une partie de la législation française était dirigée contre la discipline de l'Église comme la loi sur le divorce, l'abolition des vœux et des corporations religieuses, la faculté du mariage donnée aux prêtres. Il faudra ou bien que ces lois soient abolies ou bien qu'elles ne soient pas obligatoires pour les catholiques et que les pasteurs puissent user de leur autorité pour empêcher les fidèles de profiter des libertés condamnées par la religion et autorisées par la loi civile.

Cette question se rattache à une autre plus générale que Consalvi traite avec la pénétration d'un homme d'État chrétien : quelle sera désormais la situation de la religion catholique en France ? Trois réponses peuvent être faites. Ou bien la religion catholique sera rétablie dans son ancienne splendeur et déclarée dominante. Le Saint-Siège, en ce cas, usera de la plus grande condescendance et ouvrira la main toute large. Il n'y aura qu'à restaurer le passé, sauf ce qui a péri irrévocablement, sauf les droits et les privilèges dont la restitution immédiate troublerait la tranquillité publique. Mais qui pourrait se bercer d'une pareille espérance ? Qui peut penser que l'étendard de la foi va être arboré de nouveau dans ce Paris aux mœurs corrompues, dans cette France gouvernée par tant de philosophes orgueilleux ? « Le mal s'y est fait en peu d'années, mais il était préparé de longue date et pour rebâtir le sanctuaire abattu il faudra des siècles [1]. »

Ou bien la religion catholique sera simplement tolérée et mise au même niveau que toutes les autres. Un catholique alors sera traité sur le même pied qu'un païen, un athée, un déiste, un juif. Dans ce cas, il n'y aura guère lieu de conclure un traité, mais seulement d'accepter ce qu'on donnera, en se résignant à l'humiliation. « Je confesse ingénument que mon cœur se refuse à prévoir un tel malheur. Quoique la France ait mérité la colère de Dieu et qu'elle ait été frappée du plus grand des fléaux qui est la perte de la foi, il y a encore dans ce royaume un grand nombre de catholiques dont les prières

---

[1] « Il male si è fatto in pochi anni, ma era preparato da più decadi e lustri, e per rifabbricare l'edificio del santuario gettato a terra vi vogliono secoli. »

s'élevant vers le Très-Haut en odeur de suavité obtiendront la miséricorde de Dieu pour leurs frères égarés, et les cendres de Pie VI, qui sont restées sur le sol français par un inscrutable dessein de la Providence, deviendront ce *sanguis martyrum* qui est toujours *semen christianorum*.

« Je crois donc à une troisième hypothèse, à savoir que la religion catholique sera une religion privilégiée et plus favorisée que les autres et qu'il y aura lieu de traiter... »

Dans ce langage, ne reconnaît-on pas cette confiance dans les destinées religieuses de la France que les grands Papes et leurs secrétaires d'État se transmettent, même dans les circonstances les plus ingrates et les milieux les moins propices, comme une sorte d'inspiration providentielle et comme une tradition dont nous devons leur savoir gré, puisque nos ennemis ne cessent de la leur reprocher ?

Consalvi ne se trompait pas, et c'est la troisième hypothèse qui s'est réalisée, mais non pas suivant tous ses désirs. Le but qu'il poursuivait avec un zèle et une activité incroyables, c'était d'obtenir, en faveur de la religion catholique, des déclarations précises qui figureraient dans le traité comme sa raison d'être et comme la justification des sacrifices consentis par le Pape. Sa diplomatie habile consistait à dire au Premier consul : Vous voulez la succession des rois très chrétiens et vous exigez de nous des concessions que nous aurions hésité à leur faire. Pourquoi refuser de professer leur foi, puisque vous réclamez leurs privilèges ? Si vous ne rétablissez pas l'union intime qu'ils avaient contractée avec l'Église, ren-

LES PREMIÈRES DISCUSSIONS

dez au moins à l'Église sa liberté pleine et entière. Consalvi ne réussit qu'imparfaitement, comme nous le verrons. Cette question de déclarations et de garanties fut la plus épineuse de toute la négociation, celle qui tint tout en suspens jusqu'à la dernière minute, celle qui fut discutée avec acharnement pendant deux nuits et un jour et qui finit par une transaction que plusieurs cardinaux importants considérèrent comme un obstacle à la ratification du Concordat.

Ces instructions si sages et si précises préparaient Mgr Spina à traiter les questions qui faisaient le fond de la négociation, c'est-à-dire les propositions de Bonaparte transmises à Rome par le cardinal Martiniana. Elles avaient été discutées dans une congrégation extraordinaire de cardinaux, dont le secrétaire, Mgr di Pietro, archevêque d'Isaurie[1], a été le théologien du Concordat comme Consalvi en a été le diplomate. Ce fut lui qui rédigea l'avis ou *votum* qui devait servir de direction au délégué pontifical.

Rome a traité avec tant de gouvernements et vu passer tant de révolutions que les difficultés les plus graves ne la prennent point absolument au dépourvu, car les siècles, qui comptent dans ses souvenirs comme les années dans ceux des particuliers, fournissent à sa diplomatie des précédents qui la guident dans les situations les plus nouvelles en apparence.

---

[1] Il devint cardinal dès l'année 1801.

Les théologiens consultés par Pie VII se rappelèrent que déjà un Pape avait traité avec un pays bouleversé par le schisme et par l'hérésie. En effet, après la mort de Henry VIII, sa fille, la reine Marie, avait entrepris de rétablir le catholicisme et Jules III lui avait envoyé le cardinal Polus avec des pouvoirs étendus pour réconcilier les apostats, concéder les revenus des biens d'Église aliénés et ménager, sans trop de secousses, la restauration de l'ancienne religion. On chercha, dans les archives, les papiers qui concernaient la mission du cardinal Polus. Que de différences pourtant entre les deux pays, et que le Premier consul ressemblait peu à la reine Marie ! Spina s'en aperçut bientôt dès qu'il discuta avec Bernier la première et la plus importante des questions en litige, le renouvellement total de l'épiscopat français. *Bonaparte adunque desiderebbe di far caso vergine della Chiesa gallicana !* Il voulait faire table rase de l'Église gallicane, accusant les évêques d'avoir émigré dans des vues politiques et se plaignant du spectacle peu édifiant qu'un grand nombre d'entre eux avaient donné en résidant à la cour. Bonaparte exagérait singulièrement, et l'histoire, mieux informée que lui, est aujourd'hui plus clémente pour notre ancien clergé.

S'il y a, en effet, un fait bien démontré pour l'épiscopat en particulier, c'est qu'il n'avait pas mérité ses malheurs, qu'il n'était, pris en masse, ni scandaleux, ni incroyant, ni ennemi des réformes, mais dévoué au bien public, charitable avec une nuance de philanthropie, naïf et confiant, partageant l'optimisme de toutes les classes éclairées et qu'il avait été frappé par la Révolution, sans en soupçonner l'imminence ni la profondeur. Il n'avait pas échappé aux défauts de son temps, mais il s'était préservé de ses vices. En effet, quand on a nommé Talleyrand, Loménie de Brienne et le cardinal de Rohan, on a épuisé la liste des sujets scandaleux, et encore Rohan vient-il d'être presque réhabilité par un des hommes qui connaissent le mieux notre ancien régime : M. Frunck-Brentano.

Les quarante-cinq évêques qui faisaient partie de la Constituante poussèrent la conciliation jusqu'à ses dernières limites. Ils montrèrent la meilleure volonté du monde pour corriger les abus dans l'Église comme dans l'État, acceptèrent la constitution nouvelle en ce qui touchait la politique, et pour aplanir, si c'était possible, les difficultés produites par les articles qui concernaient l'Église, ils offrirent leur démission collective. Enfin, acculés au schisme, ils refusèrent le serment avec un accent de foi, une noblesse de langage et une simplicité dans le sacrifice qui font de la séance du 4 janvier 1791 un des grands triomphes de la conscience chrétienne et un des spectacles réconfortants de l'histoire [1].

L'évêque d'Agen, Mgr de Bonnac, appelé le premier, s'écria : « Je ne donne aucun regret à ma place, aucun regret à ma fortune, mais j'en donnerais à la perte de votre estime. Je vous prie donc d'agréer le témoignage de la peine que j'ai de ne pouvoir prêter le serment. » Le vieil évêque de Poitiers, Mgr de Saint-Aulaire, émut toute l'assemblée par sa déclaration : « J'ai soixante-dix ans ; j'en ai passé

---

[1] Voy. sur ce sujet les belles études publiées dans le *Correspondant* par M. l'abbé Sicard.

vingt-cinq dans l'épiscopat où j'ai fait tout le bien que je pouvais faire. Accablé d'années et d'infirmités, je ne veux pas déshonorer ma vieillesse, je ne veux pas prêter le serment; je prendrai mon sort en esprit de pénitence [1]. »

Leur exemple fut imité par tous leurs confrères de France, à part le peu d'exceptions que l'on connaît.

Après la ruine vint l'exil, car leurs personnes ne furent bientôt plus en sûreté, et l'émigration s'imposa comme une nécessité de salut pour le plus grand nombre des ecclésiastiques qui s'y décidèrent. Une dizaine d'évêques seulement partirent trop tôt, espérant revenir bien vite et partageant les sentiments de ceux que Chateaubriand, toujours cruel pour son propre parti, a plaisamment caricaturés dans ses *Mémoires* :

« Deux vieux évêques qui avaient un faux air de la mort se promenaient dans le parc de Saint-James. « Monseigneur, disait l'un, croyez-vous que nous « soyons en France au mois de juin? — Mais, Monsei-« gneur, répondait l'autre, après avoir mûrement « réfléchi, je n'y vois pas d'inconvénient. » Comment reprocher à ces pauvres gens des illusions communes à tous les exilés et qui les soutenaient? Le coup d'œil de Joseph de Maistre n'est pas donné à tout le monde. Il nous est facile de nous moquer d'eux après coup, mais qui prévoyait alors d'irréparables ruines et une catastrophe sans retour ? Le succès de la Révolution a été un défi éclatant jeté à toute la sagesse des politiques ordinaires et une sorte de

---

[1] Sicard.

jugement de Dieu dont personne, au commencement, ne prévoyait les rigueurs.

Quand Spina arrivait à Paris, il y avait près de dix ans que les émigrés du clergé attendaient des jours meilleurs, partout estimés pour leurs vertus, mais en beaucoup d'endroits redoutés comme un fardeau ou un péril, chassés de pays en pays par les victoires de l'armée française et recevant dans les couvents, les presbytères ou chez les particuliers une hospitalité précaire qui variait depuis la courtoisie la plus aimable et l'abondance jusqu'à la froideur et à la parcimonie la plus chiche. L'épiscopat avait partagé toutes ces vicissitudes, et il honorait son exil par une attitude qui lui valait un respect profond partout où il promenait sa pauvreté, son austérité de mœurs, ses grandes manières et ses espérances toujours trompées dans la restauration commune de la monarchie et de la religion.

C'est en Angleterre que le clergé français avait trouvé le plus de sécurité, le meilleur accueil et les secours les mieux organisés. C'est là aussi qu'il avait le plus édifié, car les Anglais, en voyant des papistes aussi pieux et aussi résignés dans leurs malheurs, s'étaient mis à les vénérer, malgré leurs préjugés tenaces, et l'on vit alors se dessiner en faveur du catholicisme le mouvement d'opinion qui aboutit plus tard à l'acte d'émancipation. Mais les vertus d'émigrés touchaient peu le Premier consul, qui considérait comme des ennemis particuliers les prélats qui s'étaient réfugiés en Angleterre, et qui, en effet, se montrèrent les plus réfractaires à toute entente avec le gouvernement républicain. Il entendait renouveler l'épiscopat tout entier pour le détacher du parti royaliste et se faire un obligé de chaque évêque qui lui devrait sa nomination. Cette pensée perce clairement sous le style onctueux et l'appareil théologique de Bernier, dans la première note qu'il remit à Spina, le 8 novembre 1800 : « Les Français sollicitent, en ce moment, le retour de la religion de leurs pères, non seulement avec l'intégrité de ses dogmes, mais encore avec la pureté de sa discipline et la légitimité de son sacerdoce.

« Le gouvernement français... ne veut pas, en protégeant la religion, se créer des ennemis redoutables, ni rappeler au milieu de la France, après de si longues et de si cruelles secousses, de nouveaux germes de division.

« Il est des prélats sortis de France depuis longtemps, contre lesquels une foule de préventions militent et qui ne pourraient opérer le bien dans leurs diocèses respectifs sans secousse et sans agitation. Leur retour aux fonctions épiscopales plongerait la France dans de nouveaux troubles et deviendrait, vu l'irritation des esprits, une source nouvelle de calamités. Le gouvernement français ne veut pas ce retour. Essentiellement ami de la paix, il prétend éloigner tout ce qui tendrait à la troubler. Partisan de l'unité, il veut la rétablir de telle manière qu'aucun de ceux qui peuvent, par leur caractère, influer sur l'opinion publique, ne devienne un objet de scission et de discorde.

« Les évêques expatriés doivent partager ces mêmes sentiments ; ils doivent, en étudiant les préventions qui les éloignent, se dire à eux-mêmes, à l'exemple de saint Augustin, d'Aurèle évêque de Carthage, et des trois cents évêques réunis à eux : Il « nous suffit, pour ce qui nous concerne, d'être des « chrétiens fidèles et obéissants ; nous ne cesserons « jamais de l'être ; mais c'est pour le peuple de Jésus- « Christ que nous avons été ordonnés évêques. Soyons « donc prêts à abandonner l'épiscopat, si cet abandon « peut servir à donner la paix au peuple chrétien. « Nous tirerons plus de fruit de l'épiscopat en l'abdi- « quant, si par là le troupeau de Jésus-Christ se « réunit, que nous n'en tirerions en le conservant, « si par cette conservation nous empêchons qu'il ne « se réunisse. »

« Il est donc des circonstances, Monseigneur, où le bien de la paix exige que des évêques, canoniquement institués, offrent leur démission ou qu'on la leur commande. Ce cas est celui, où, comme aujourd'hui, leur persévérance dans l'exercice de leurs fonctions deviendrait un obstacle invincible au rétablissement de l'unité parmi les chrétiens.

« C'est au Saint-Siège qu'il appartient, lorsque l'Église ne peut s'assembler, d'intimer aux évêques cette impérieuse nécessité. Ce n'est pas alors les destituer ou les déposer de leurs sièges, mais leur commander, pour le bien de la paix, le sacrifice indispensable et méritoire de leur dignité...

. . . .

« Daignez donc, Monseigneur, admettre, au nom du chef de l'Église, ce moyen de conciliation, que le gouvernement regarde comme seul efficace et seul capable de mettre un terme aux dissensions cruelles qui nous ont si longtemps agités. Il fut celui qu'employa l'Église pour terminer le grand schisme d'Occident. Les mêmes maux paraissent au gouvernement indiquer les mêmes remèdes, et ce que l'on fit alors à l'égard de ceux qui se disputaient la chaire de Pierre, l'Église a le droit de l'effectuer, pour le bien de la paix, à l'égard d'une partie de ses ministres. »

Les instructions de Spina lui prescrivaient de repousser cette proposition. L'accepter, c'est-à-dire déposséder en bloc tous les évêques d'un grand pays, c'était une mesure inouïe et dont l'histoire ecclésiastique n'offrait aucun exemple [1].

Un évêque est inamovible et il ne peut être privé de sa juridiction que pour des motifs très graves, prévus par les canons et à la suite d'un jugement formel du Saint-Siège. « La requête de Bonaparte, disait Mgr di Pietro, est d'autant plus étrange qu'en France court la maxime que les évêques tiennent immédiatement leur juridiction de Dieu [2]. » En effet, comme l'a fait remarquer de nos jours M. Emile Ollivier, le Premier consul, en sollicitant du Pape cette sorte de coup d'État, lui reconnaissait une autorité qui n'était point admise par les théologiens français, et portait ainsi au gallicanisme une atteinte mortelle.

Cette contradiction s'est renouvelée. De temps en temps, même sous la troisième République, notre gouvernement fait un appel discret à l'intervention pontificale, puis il déclare solennellement devant les

---

[1] Si legga quanto si vuole la storia ecclesiastica, non si troverà un esempio simile. » Boulay, t. III, p. 569.

[2] Les théologiens qu'on appelait ultramontains soutenaient communément l'opinion que les évêques tiennent leur juridiction de Dieu, mais par l'intermédiaire du Pape.

Chambres que le Pape n'a point à se mêler de nos affaires.

Spina répondit à Bernier, le 11 novembre, par une note qui, pour un début dans la langue française, n'est vraiment point mal écrite :

« Un ministre du sanctuaire, quoique le plus indigne, ne peut pas, sans verser des larmes de consolation, entendre répéter par vous que les vœux des Français sollicitent le retour de la religion de leurs pères, non seulement avec l'intégrité de ses dogmes, mais encore avec la pureté de sa discipline et la légitimité de son sacerdoce; et que le gouvernement actuel, partageant ce désir, veut bien protéger la religion catholique comme une institution sainte et divine, digne de tous nos hommages...

. . . .

« Cette démission générale, que le gouvernement désire être commandée par le Chef de l'Église à tous les évêques émigrés, a été annoncée à Sa Sainteté par le cardinal de Verceil, au nom du Premier consul.

« Organe des intentions et des avis de Sa Sainteté sur cet objet, qui est de la plus grande importance, je ne dois pas vous dissimuler combien son cœur paternel a été affecté par cette demande : il s'agit d'inviter à donner la démission de leurs sièges épiscopaux quatre-vingts évêques émigrés, s'ils ne sont pas en plus grand nombre. Quelle qu'ait été leur opinion sur la nouvelle forme de gouvernement établie en France, dans son commencement, il est bien sûr que l'abandon de leurs diocèses a été occasionné par une persécution affreuse contre la religion catholique et ses ministres, et qu'ayant souffert dans leur émigration tous les malheurs possibles, ils ont mérité l'estime et la vénération de tous les peuples, et la plus grande considération du Siège apostolique. Vous comprendrez donc, Monsieur, combien d'égards Sa Sainteté doit avoir pour une classe de personnes aussi respectable par ses vertus et ses malheurs, et pour laquelle les bons catholiques qui sont en France et tous ceux qui sont au dehors, prennent sûrement le plus grand intérêt...

. . . .

« Vous conviendrez, Monsieur, que le gouvernement, persistant dans son avis d'une démission générale à donner par tous les évêques émigrés, le Souverain Pontife ne devrait jamais le leur commander, ni substituer d'autres évêques en déposant les anciens en cas de refus. Vous ne trouverez pas de pareils exemples dans l'histoire ecclésiastique. Quoique l'objet de cette destitution et substitution de nouveaux évêques fût le précieux rétablissement de la religion catholique en France, il serait bien étrange de voir arborer de nouveau, dans ses provinces, l'étendard de notre sainte religion sur les ruines de quatre-vingts colonnes de la foi, renversées et anéanties par le même bras de Pierre qui doit les soutenir et les protéger...

. . . .

« Vous me rappelez la décision du concile de Constance pour terminer le schisme d'Occident; mais vous n'ignorez pas que la légitimité des pontifes qui se disputèrent le siège de Pierre était pour les trois également incertaine. Vous êtes trop instruit pour ignorer quelles furent les conséquences et que le seul concile de Bâle put mettre un terme à ce malheureux schisme.

« Au nom de la paix, au nom de l'Église universelle qui doit s'intéresser pour le bonheur de ses pasteurs, au nom de sa Sainteté, je vous conjure, Monsieur, de vouloir bien éclairer la religion du gouvernement sur cet objet; et je ne doute pas que dans sa haute sagesse, il remarquera la justice et la force des réflexions qu'au même nom de Sa Sainteté, je viens de vous tracer. »

Il fallait pourtant donner une satisfaction à Bonaparte, d'autant plus que sa défiance ne manquait point de quelque fondement[1]. Comment donc arranger l'affaire ? *In quale guisa potrebbe conciliarsi l'affare ?* La diplomatie romaine est la plus ingénieuse de toutes à découvrir les procédés conciliants qui adoucissent les refus et tournent les difficultés. Di Pietro savait le droit canon et l'histoire ecclésiastique encore mieux que Bernier. On pourrait, pensait-il, laisser leurs titres à tous les évêques ; puis, pour ceux dont le gouvernement refuserait absolument le retour, leur interdire l'administration de leurs diocèses et la confier à des vicaires apostoliques. Cela n'était, certes, nullement impraticable, mais obligeait le gouvernement à une enquête détaillée et délicate sur les personnes. Si Bonaparte ne voulait point de ce projet, il y aurait lieu d'engager les évêques à un sacrifice généreux par un bref où le Saint-Père leur ouvrirait son cœur, leur rappel-

---

[1] « Sarà difficile che Bonaparte deponga l'idea concepita tanto più che non manca di qualche fondamento. »

lerait l'exemple des trois cents Pères du concile africain et leur demanderait l'abandon volontaire de leurs sièges. Si les évêques refusent, il sera impossible de passer outre, car il ne convient pas de les dépouiller violemment par un acte d'autorité absolue qui, sans doute, ne dépasse pas, en cas de nécessité, le pouvoir du Pontife romain, mais qu'il n'a jamais exercé dans le cours des siècles, qui serait d'un exemple funeste et qui étonnerait ou même scandaliserait les fidèles.

Tels étaient les arguments de Spina et les tempéraments qu'il suggéra. Tels étaient les sentiments que Pie VII lui-même exprima de la manière la plus touchante, dans une lettre italienne qu'il écrivit au Premier consul, le 12 mai 1801 :

« Quelle douleur, ô très cher fils, quelle amertune pour le cœur du chef de l'Église d'être obligé d'enlever leurs sièges à tant de ses frères vénérables, recommandables par leurs vertus, par les maux qu'ils ont soufferts et par la constance invincible avec laquelle ils ont défendu la religion quand elle était si terriblement persécutée ! De quel front, de quel cœur pourrions-nous abandonner leur cause et ne pas nous intéresser en leur faveur auprès de votre magnanimité et de votre justice (permettez que notre cœur paternel s'épanche avec vous en toute loyauté et confiance), quand ils se trouvent si malheureux précisément pour avoir défendu cette religion dont nous sommes le défenseur sur la terre ? Permettez que nous interrogions votre cœur. Que répondriez-vous si quelqu'un vous proposait d'abandonner la cause et la défense de ces vaillants généraux qui ont combattu à vos côtés pour vous obtenir la victoire ?... Nous vous faisons observer que leur rappel contribuera beaucoup à la paix intérieure et à la tranquillité des peuples et que leur démission peut y nuire. Vous connaissez trop le cœur humain pour ne pas voir que leur disgrâce même les rendra plus chers et plus vénérables à leurs peuples et que la paix pourra en être troublée... »

Bonaparte demeura inexorable. Dès le 22 novembre, Spina écrivait : « Pour les évêques émigrés, il n'y a pas de quartier à espérer, Bonaparte veut absolument leur démission générale. *Si vuole assolutamente da Bonaparte...* »

Il fallut céder. Pie VII se résigna au sacrifice qui coûtait le plus à son cœur parmi tous ceux qu'il dut subir, et l'article 3 du Concordat est ainsi rédigé :

« Sa Sainteté déclarera aux titulaires des évêchés français qu'elle attend d'eux avec une ferme confiance pour le bien de la paix et de l'unité toute espèce de sacrifice, même celui de leurs sièges. D'après cette exhortation, s'ils se refusaient à ce sacrifice commandé par le bien de l'Église (refus néanmoins auquel Sa Sainteté ne s'attend pas), il sera pourvu par de nouveaux titulaires au gouvernement des évêchés de la circonscription nouvelle, de la manière suivante. »

Malheureusement, les craintes exprimées par le vénérable Pontife ne se trouvèrent point vaines. C'est de cet article et du treizième concernant les biens ecclésiastiques qu'est né le schisme de la Petite-Église qui, en ce moment, achève de mourir, ayant perdu, il y a fort longtemps, son dernier prêtre et tout récemment ses derniers chefs laïques convertis par Léon XIII, — représenté seulement par une poignée de paysans dont les ancêtres ont obéi à un sentiment qu'il faut respecter jusque dans ses plus graves erreurs : la fidélité au malheur et à l'exil.

CHAPITRE IV

LES PREMIERS PROJETS. — ÉCHEC DE SPINA

Propositions du Premier consul relatives aux biens d'Église qui étaient devenus biens nationaux. — Origine et raison d'être de la propriété ecclésiastique. — Injustice et conséquences funestes de la spoliation. — Dispositions conciliantes de Rome. — Utilité d'une entente future. — Un capitole bien gardé.
Réduction du nombre des évêchés. — Les petites villes épiscopales d'autrefois. — D'un excès à l'autre. — Évêchés non concordataires.
La nomination aux évêchés. — Condition absolue mise par Rome au droit de patronage. — La promesse de fidélité. — Les quatre premiers projets. — Le cinquième, œuvre du Premier consul, amène la reprise des relations diplomatiques avec Rome et la nomination de Cacault. — La diplomatie française à Rome depuis un siècle.

La seconde note présentée à Spina par Bernier concernait les biens ecclésiastiques et développait une idée déjà exprimée par Bonaparte au cardinal Martiniana.

« Paris, 24 brumaire an IX (12 novembre 1800).

« L'immensité des sacrifices que la France a faits pendant la Révolution est connue de toute l'Europe. Il n'est pas une classe, pas une portion de citoyens quelconques qui n'ait été frappée : toutes ont subi cette nécessité, souvent fatale, qui fait des besoins de l'État la première de toutes les lois, toutes ont fait à la patrie l'offrande indispensable de leurs bras ou de leurs facultés.

« Dans ces moments de crise, il était impossible que le clergé français ne ressentît pas le malheur des circonstances et ne fût pas forcé par le torrent révolutionnaire à se soumettre à tous les sacrifices qu'elles lui commandaient. Ses biens immenses sont devenus l'hypothèque des créanciers de l'État. Les lois et la constitution l'en ont également privé. Cette expropriation, nécessitée par les besoins de l'État, est maintenant consommée. Ces biens ont passé des mains des possesseurs ou titulaires dans celles des acquéreurs. La loi donne à ceux-ci un titre et le gouvernement une garantie. Ce titre, cette garantie, reposent essentiellement sur la foi publique : vouloir les altérer ou les enfreindre, ce serait ouvrir la porte à de nouveaux troubles et appeler contre l'Église le mécontentement et la haine d'une partie des Français.

« Cette effrayante idée, Monseigneur, doit être la mesure du jugement que portera l'Église sur ces sortes d'acquisitions. La nécessité les commande, le besoin les exige, la loi de l'État les approuve, la constitution les garantit. Le bien de la paix, le repos de l'État, le rétablissement de la religion au milieu de nous, en un mot la réunion de la France avec l'Église de Rome dépendent essentiellement de la conservation de ces acquisitions. Ces motifs sont trop puissants pour ne pas faire sur l'esprit et le cœur de Sa Sainteté la plus vive impression.

« Nous lui proposons donc, par votre organe, Monseigneur, d'adopter, comme principe fondamental de toute réunion, que les acquisitions des biens ecclésiastiques dits nationaux, seront maintenues et ratifiées par l'Église, au nom de laquelle le Saint-Siège ordonnera, tant aux ecclésiastiques qu'aux fidèles, de ne troubler en aucune manière les possesseurs actuels de ces mêmes biens et de regarder l'acquisition qu'ils en ont faite comme un titre légal. »

Pour comprendre l'étendue du sacrifice demandé à l'Église, il faut se rappeler quelques notions essentielles qu'ignorent la plupart des écrivains qui ont traité cette question et dont l'opinion peut se résumer ainsi : Avant la Révolution, l'Église de France était fort riche, beaucoup plus qu'il ne fallait pour subvenir aux besoins du culte; cette richesse scandaleuse et mal répartie nuisait au pays, et l'Assemblée constituante a bien fait de la supprimer, en se chargeant de pourvoir à ce service du culte dont ces richesses formaient la rétribution abusive. Tel est le lieu commun qui figure dans presque tous les manuels d'histoire. Cette manière de voir est trop sommaire pour être juste et il convient de la rectifier.

Trois grands propriétaires[1] âgés de plus de mille ans se partageaient les biens de l'Église en France : le couvent, le chapitre, la cure. Or le plus riche des trois n'était nullement chargé de pourvoir aux besoins du culte dans le sens où l'on entend ces mots, et la propriété monastique reposait sur un dogme qui la rendait, en principe, légitime et sacrée aux yeux des fidèles. Tous les catholiques, en effet, reconnaissent

[1] J'ai développé ces idées plus longuement dans un chapitre de mon livre sur l'*Ancien Régime en Lorraine*.

qu'ils appartiennent à une immense famille dont Jésus-Christ est le chef et dont les biens spirituels peuvent se communiquer d'un membre à l'autre. Ils croient à la vertu des intercessions mutuelles, des expiations de l'innocent pour le coupable et pensent que la prière du juste peut aller, jusqu'au delà de la tombe, soulager et délivrer les âmes qui n'ont pas été trouvées assez pures pour entrer immédiatement en possession de la récompense éternelle. Les rois, les grands seigneurs, les grandes dames et les bourgeois d'autrefois qui ont fondé des couvents, étaient donc convaincus qu'ils faisaient une œuvre méritoire, utile à eux-mêmes et à toute la société chrétienne, en élevant à Dieu des sanctuaires où sa louange retentirait nuit et jour, en assurant aux moines, par des donations, le loisir de la psalmodie sainte et des exercices spirituels, et en obtenant ainsi leur intercession pour cette vie et pour l'autre. Reposer après la mort sous les voûtes consacrées par tant de prières et de sacrifices était leur ambition suprême. Voilà pourquoi nous admirons encore tout un peuple de marbre et de bronze couché sur ces tombeaux qui intéressent à un si haut point notre art national et notre histoire.

Les ordres actifs et les congrégations récentes, surtout vouées à la charité, ont profité comme les contemplatifs de cette croyance au dogme de la communion des saints qui leur assure la persistante générosité des fidèles. C'est là un instinct profond de l'âme chrétienne qui inspirera toujours des donations pieuses et tendra à reformer le « milliard », longtemps après que le temps aura flétri les lauriers de ceux qui l'ont attaqué.

Le clergé séculier, lui aussi, évêques, chanoines et curés, était propriétaire de biens-fonds considérables et, comme le clergé régulier, il percevait sur les produits du sol un impôt qu'on appelait *la dîme*. Ces biens lui avaient été donnés pour les mêmes motifs que les biens de couvent : le désir de procurer la gloire de Dieu, d'obtenir des prières, de soulager les pauvres auprès desquels le clergé était considéré comme le principal représentant de la charité publique et, en plus, d'assurer l'exercice du ministère ecclésiastique, de manière que les serviteurs de l'autel pussent vivre de l'autel.

Voilà la raison d'être de la propriété ecclésiastique. Personne ne songea d'abord à la restreindre légalement. Pourquoi entraver la piété à l'égard de Dieu et la charité à l'égard des pauvres ? Est-ce un malheur qu'il y ait dans une société des propriétaires riches qui soient tenus, par une obligation de conscience essentielle, à dépenser tout leur superflu au service du prochain? C'était une propriété perpétuelle puisqu'elle répondait à des besoins permanents. L'Église, en effet, communique quelque chose de son immutabilité à tout ce qu'elle touche. Les fondateurs de couvents, en particulier, avaient lancé contre les spoliateurs de l'avenir des anathèmes qui demeurèrent efficaces pendant de longs siècles et qui, il y a cent ans, troublaient le sommeil de plus d'un acquéreur de biens nationaux : « Si quelqu'un ose s'élever contre ce que j'ai fait, qu'il sache que je lui en demanderai compte au jugement, et que saint Arnoul le traite en ennemi. Qu'il soit maudit par Celui qui a maudit Sodome et Gomorrhe !

Qu'il ait le sort de Judas qui a trahi Notre-Seigneur[1] ! »

Il faut pourtant le reconnaître, la propriété ecclésiastique était trop inégalement répartie et ne justifiait plus assez visiblement son étendue par ses bienfaits. Ce qui manquait, c'était un contrôle efficace pour assurer l'exécution des canons et le bon emploi du superflu. L'Église n'était point armée de pouvoirs suffisants pour faire respecter ses lois, surtout parce qu'elle était tenue en tutelle étroite par l'État qui trouvait son compte dans les abus les plus criants, comme celui de la *Commende*, au moyen duquel un chevalier de Boufflers qui n'appartenait au clergé que pour avoir reçu la tonsure à l'âge de sept ans, possédait plusieurs abbayes et gaspillait le bien des pauvres.

A la fin du dix-huitième siècle, il était possible de remédier au mal et d'opérer les réformes nécessaires, tout en obtenant du clergé des sacrifices qui eussent sauvé les finances. Les évêques le comprirent et offrirent les 400 millions nécessaires pour combler le déficit. Leur proposition ne fut même pas discutée. Une propriété fondée sur un dogme ne pouvait trouver grâce devant les ennemis du dogme, et il y avait, dans l'Assemblée constituante, un parti intelligent et puissant qui voulait ruiner le clergé pour l'exclure de toute influence dans l'État. La spoliation fut donc votée en principe dès la fin de 1789 et exécutée dans les années suivantes. Les volontés des morts furent méconnues, leurs anathèmes bravés,

---

[1] Charte lorraine du neuvième siècle.

la prière se tut dans les sanctuaires où elle avait retenti pendant des siècles et le vandalisme sévit contre les monuments qui formaient l'admirable parure du sol français. Les biens du clergé séculier furent vendus comme ceux des moines, et jusque sous l'Empire une immense opération financière se poursuivit sur tout le territoire, à la grande joie des spéculateurs, mais sans profit pour l'État qu'elle ne sauva point de la banqueroute. Cette mesure, suivant la forte parole de Tocqueville, a donné une mauvaise conscience à la France et préparé d'autres expropriations que rien n'arrêtera, la grande digue ayant été une fois renversée.

En effet, ce que Royer-Collard disait du scepticisme peut s'appliquer, dans l'ordre pratique, à la violence légale : on ne lui fait pas sa part, et le principe une fois admis finit par produire toutes ses conséquences. C'est la bourgeoisie qui s'est enrichie surtout des biens d'Église. Aujourd'hui, elle voit se retourner contre ses biens, à elle, les mêmes déclamations éloquentes auxquelles elle applaudissait il y a cent dix ans, et il se trouve que la prophétie de l'archevêque d'Aix se réalise : « Par haine contre une propriété particulière, on a ébranlé toutes les propriétés. »

A la fin de 1800, la volonté aussi bien que la puissance manquait au gouvernement consulaire pour revenir sur les faits accomplis. Les conseillers de Pie VII le comprirent. « Il faudra commencer, dit le *Votum* de Di Pietro, par chercher quelque arrangement pour qu'au moins chacun puisse restituer les biens ecclésiastiques aliénés, en faisant la remise entière des revenus. Si l'on ne veut point adopter ce parti, il sera inévitable d'aller non seulement jusqu'à l'absolution des censures, mais jusqu'à la sanction totale des contrats et à la condonation totale des fonds et des fruits. Ainsi l'ont pratiqué plus d'une fois les Pontifes romains, quand il s'est agi de ramener les peuples à la foi catholique ou les hérétiques à l'unité...

« Cependant l'envoyé pontifical ne devra pas se montrer trop libéral, sans une nécessité absolue, et il évitera d'engager le Saint-Père par des actes irréparables. »

L'envoyé pontifical n'observa pas les gradations prudentes qui lui étaient recommandées. Il était alors sous le charme de Bernier et sous l'influence des belles promesses du début. Il céda donc presque sans résistance.

Paris, 15 novembre 1800.

« ... Vous me dites que le bien de la paix, le repos de l'État, le rétablissement de la religion catholique au milieu de la France, dépendent essentiellement de la conservation des aliénations des biens ecclésiastiques. Eh bien, je m'en rapporte à vous, sur toutes les raisons que vous exposez à l'appui de votre demande ; et puisque le rétablissement de la religion catholique en France comme dominante, ce qui doit être le seul but vers lequel Sa Sainteté doit diriger toute sa condescendance, dépend du sacrifice des biens ecclésiastiques déjà aliénés, je vous promets de le proposer à Sa Sainteté et je me flatte qu'elle l'adoptera de la manière la plus convenable à son autorité apostolique.

« Mais Sa Sainteté, en faisant usage de toute son indulgence envers les acquéreurs des biens ecclésiastiques, vous conviendrez qu'elle ne doit, en aucune manière, perdre de vue les intérêts de la religion et la subsistance de ses ministres. Il faut donc que le gouvernement assure la subsistance, non seulement des évêques, mais encore des curés et de tous les autres ministres inférieurs. Je ne doute pas qu'il ne le fasse d'une manière digne de sa générosité, comme je ne doute pas aussi que l'on voudra bien rendre aux églises et aux ecclésiastiques tous les biens qui ne sont pas encore aliénés. Il n'y a aucune raison d'en faire le sacrifice, puisque les acquéreurs n'y ont aucun intérêt ; mais je me doute bien qu'ils sont réduits à une petite quantité. »

Ces paroles de Spina se traduisirent dans la suite par le célèbre article 13 du Concordat : « Sa Sainteté, pour le bien de la paix et l'heureux rétablissement de la religion catholique, déclare que ni elle ni ses successeurs ne troubleront en aucune manière les acquéreurs de biens ecclésiastiques aliénés, et qu'en conséquence, la propriété de ces mêmes biens, les droits et revenus y attachés demeureront incommutables entre leurs mains ou celles de leurs ayants cause. »

Il fallait pourtant assurer le sort des évêques et du clergé qu'on allait rétablir. Rome, comme nous venons de le voir, proposait de consacrer à cet usage les biens ecclésiastiques non aliénés. Le principe de cette restitution fut admis d'abord par le gouvernement et même inséré dans les premiers projets de

Concordat, mais il disparut des derniers, et Bonaparte ne donna plus sur ce point que de vagues promesses. Il ne voulait point se lier les mains et il avait son projet qui consistait à rendre les évêques et les curés dépendants de l'État en leur assignant un traitement annuel sur le trésor public.

Cette idée d'un clergé salarié, que la pratique nous a rendue familière, était alors une nouveauté qui bouleversait les traditions les plus anciennes. L'Église, en effet, s'était constituée avant les grands États modernes ; elle était plus riche qu'eux ; elle leur donnait au lieu de recevoir, et ses biens, qui consistaient principalement en immeubles, étaient partagés en portions déterminées appelées bénéfices, que les titulaires, tous inamovibles, administraient librement. On n'imaginait point alors un curé s'en allant chaque trois mois, un petit papier à la main, toucher une petite somme au guichet d'un percepteur des contributions.

C'est à la constitution civile du clergé que Bonaparte empruntait ce système, et cette origine ne le recommandait point en cour de Rome. « Sa Sainteté Pie VI le condamna, par le bref du 10 mars 1791, pour plusieurs motifs dont l'un était que, l'entretien des évêques dépendant du pouvoir laïque, le payement de leur pension pouvait être ou trop différé ou refusé dans le cas où les évêques feraient opposition à quelque ordre extravagant du gouvernement... Les évêques seraient trop exposés à devenir les hommes-liges du gouvernement. Cependant, si Bonaparte soutient sa proposition, on pourra l'admettre pour amener le rétablissement du catholicisme et éloigner du clergé tout soupçon de vues intéressées. Ce qui serait désirable pour garantir son indépendance, c'est que chaque église épiscopale fût dotée en immeubles. A défaut de la dîme dont on ne voudra pas entendre parler, l'Église doit être libre de recevoir les subventions volontaires des fidèles et de bénéficier des fondations perpétuelles qu'ils voudraient faire[1] ».

Finalement, l'article 14 fut, après diverses péripéties, adopté comme la compensation de l'article 13. « Le gouvernement assurera un traitement convenable aux évêques et aux curés... Le gouvernement prendra des mesures pour que les catholiques français puissent, s'ils le veulent, faire en faveur de l'Église des fondations. »

Cet article appelle deux observations. La première, c'est que la promesse relative au traitement convenable n'est point tenue, du moins en ce qui concerne les curés et desservants. Quand un homme d'État en France aura le plus rare de tous les courages, celui de braver l'épithète de clérical, il proposera aux Chambres de réparer une injustice criante en élevant notablement l'indemnité de ces milliers de prêtres de campagne qui sont les serviteurs les plus utiles du pays et dont les presbytères abritent le dénuement, les vertus incontestées et particulièrement le dévouement incomparable.

La seconde observation concerne les fondations. La liberté promise n'a jamais été accordée qu'avec des restrictions qui la rendent précaire et presque illusoire. Le fantôme de la mainmorte n'a cessé de

[1] *Votum* de di Pietro et Instructions de Consalvi.

hanter l'esprit de nos jurisconsultes, et, au sujet de la propriété ecclésiastique, la législation canonique et la législation civile se trouvent dans un désaccord qui crée beaucoup de difficultés et de cas de conscience épineux.

Cet antagonisme est-il inévitable? Qu'arriverait-il si, à la suite d'événements extraordinaires, il se produisait en France un mouvement d'opinion qui dissiperait des préjugés séculaires et rendrait possible l'abolition de toutes les restrictions régaliennes et gallicanes ? J'imagine alors un futur président de la République ou un futur Premier consul, s'adressant au successeur de Pie VII et lui disant : « Vous revendiquez pour l'Église le droit absolu de posséder ; nous sommes prêts à le reconnaître ; vous réclamez notre protection pour jouir paisiblement de vos biens, nous sommes prêts à vous l'accorder, mais à une condition : nous voulons intervenir pour en assurer le bon usage. Organisons ensemble le contrôle efficace qui vous a toujours manqué. Que le peuple, le souverain d'aujourd'hui, hérite de l'aristocratie des bénéficiers qui confisquait vos richesses à son profit, malgré la justice et malgré les canons, et qu'il devienne, à son tour, le grand commendataire ! Fondons et administrons à son profit le budget du royaume de Dieu sur la terre ! » Je ne crois pas que le Pape répondît par un refus à une telle proposition.

Est-il absurde en soi de concevoir une Église riche qui s'entendrait avec l'État pour servir de trésorière à la démocratie, supprimer la misère, résoudre la question sociale autant qu'elle peut l'être en ce monde, et produire ainsi quelque chose du communisme pacifique du premier siècle chrétien ? Si c'est un rêve, il est beau, comme disait Platon, de s'en enchanter soi-même, plutôt que de songer à réformer la société par le fer et par le feu.

J'avoue qu'il n'est pas tout près de se réaliser. Notre droit administratif est tout imprégné de défiance contre la propriété ecclésiastique, tout hérissé de précautions et de défenses qui la restreignent. On dirait un outillage de guerre qui va toujours se perfectionnant et dont une section de notre Conseil d'Etat est l'arsenal. Il y a là des fils de Calvin, des fils de Jacob, des fils de la veuve pleins de science juridique qui s'appliquent à rationner sévèrement l'Eglise, à réprimer les fantaisies déréglées des mourants et à protéger la société civile contre les envahissements de la générosité cléricale. Tout le monde reconnaît qu'ils s'acquittent supérieurement de cette tâche et qu'ils n'abandonneront pas la place de sitôt : ce Capitole est bien gardé.

La question qui, avec l'aliénation des biens ecclésiastiques, souleva le moins de difficultés fut celle de la réduction du nombre des diocèses. L'ancienne France en comptait 136 d'une importance fort inégale, les uns étant immenses et les autres très bornés dans leur étendue. Un diocèse appelé Bethléem existait dans un faubourg de Nevers. Saint-Pons n'avait que 45 paroisses, Saint-Paul-Trois-Châteaux que 31, Orange que 20, pendant qu'Amiens en comptait 800,

Limoges 868 et Rouen 1,388[1]. Cette diversité tenait, pour chaque diocèse, aux circonstances historiques de sa fondation et à des initiatives particulières que l'Église avait respectées, car elle ne considère point comme un idéal nécessaire l'uniformité et la symétrie parfaites de nos circonscriptions administratives. Les Italiens, surtout ceux du Centre et du Sud, sont habitués aux petits diocèses, et dernièrement Léon XIII, recevant plusieurs curés de Paris et apprenant que la paroisse de l'un d'eux comptait 60,000 âmes, s'écriait : « Cela ferait trois évêchés d'Italie. » Bonaparte, lui, voulait la réduction, surtout par économie.

Déjà, au mois d'août 1790, le cardinal de Bernis, ambassadeur de France, avait présenté, au nom de Louis XVI, une proposition dans ce sens, pour obéir à la Constituante qui avait voté qu'il y aurait un évêché par département. Une congrégation de cardinaux avait été nommée pour examiner le projet et plusieurs inclinaient à accorder la concession, quand le roi, en sanctionnant la constitution civile du clergé, rendit la négociation impossible.

Quoique les conseillers du Saint-Père n'admissent point que la mesure fût nécessaire, ils s'y résignèrent immédiatement. « Il vaut mieux rétablir un certain nombre d'évêques que de n'en point avoir du tout. Si de cet article dépend le rétablissement de la religion, il convient que le Souverain Pontife y adhère[2]. » L'article fut donc inséré, du consentement de Spina,

---

[1] Observation de Bernier, Boulay, t. Ier, p. 307.
[2] *Votum* de Di Pietro.

dans le premier projet de convention, d'où il passa sans difficulté dans tous les autres, et la nouvelle circonscription fut effectuée, en 1802, avec une rigueur dont plus de la moitié des diocèses de France furent victimes. Soixante-dix villes subirent de ce chef une déchéance morale et matérielle, dont beaucoup ne se sont pas relevées. En effet, à chacun de ces sièges supprimés se rattachaient des souvenirs d'apostolat et de sainteté, des monuments, des établissements religieux de toute sorte qui donnaient à ces cités épiscopales une importance supérieure à celle de leur population et en faisaient autant de petites capitales intéressantes, où se cachaient souvent des hommes de grand mérite. Les dignitaires du clergé séculier et régulier, quelques familles de gentilshommes pauvres et de bourgeois aisés, les gens de robe, y formaient une société aimable qui entretenait jusque dans les provinces les plus reculées les meilleures traditions de l'ancien régime, la politesse, le goût des lettres et le souci des pauvres. Tous ces petits foyers de vie intellectuelle et morale se sont éteints, et le Concordat n'a fait que sanctionner les destructions déjà faites par la Révolution.

J'ai vu plusieurs de ces vieilles cités découronnées. Habituellement une administration publique s'est installée dans les bâtiments de l'évêché et, çà et là, la sous-préfète reçoit dans la salle synodale : compensation insuffisante qui n'a pas même été accordée à toutes les anciennes villes ecclésiastiques, dont plusieurs sont devenues de véritables villages et ont tout perdu avec leur siège épicospal. J'en connais une, dans le Midi, que je ne visitais jamais sans quelque mélancolie. Elle a eu ses grands jours, elle fait bonne figure dans l'histoire du Languedoc et elle possède la tombe d'un saint illustre qui attire encore les pèlerins. Sur la gracieuse colline où elle est assise, elle garde intacts son imposante basilique du XIIe siècle, son cloître merveilleux, le palais de son évêque et les maisons de ses chanoines. En été, les baigneurs d'une station balnéaire voisine viennent s'ébattre autour de ces monuments et semblent les admirer. Et pourtant c'est une ville morte qui, de 1.800 habitants qu'elle avait en 1789, est descendue à 500. L'herbe croît autour du sanctuaire, les prélats, les chanoines et les seigneurs qui dorment sous les voûtes sacrées ne sont plus bercés dans leur dernier sommeil par le chant des psaumes, et la vieille cathédrale, encore belle dans son délabrement et sa nudité, porte pour toujours le deuil de sa gloire passée. Les honnêtes habitants du lieu se plaignent même qu'on leur ait enlevé le juge de paix et les gendarmes qu'ils ont eus pendant longtemps, mais, malgré cela, ils croient probablement qu'ils ont gagné quelque chose à la Révolution, car, en bons Méridionaux et en citoyens éclairés, ils viennent de voter en majorité, aux dernières élections législatives, pour un ennemi du culte auquel leur commune doit son existence et tout ce qu'elle a jamais eu de prospérité.

Bonaparte, en réduisant les sièges épiscopaux à soixante, était passé d'un excès à l'autre, car, au lieu de trop petits diocèses, il y en eut de trop grands, comme celui de Nancy qui comprenait les trois départements de la Meurthe, de la Meuse et des Vosges. Cet inconvénient fut senti sous la Restauration et, en 1823, trente sièges nouveaux furent érigés à la suite d'un accord entre le Saint-Père et le gouvernement de Louis XVIII. Ce sont les évêchés que, de temps en temps, les fortes têtes du Parlement veulent supprimer, et qu'ils appellent non-concordataires, sans vouloir comprendre qu'ils existent au même titre que les autres et en vertu d'une convention toute pareille, dont la date seule est différente.

De ces évêques nouveaux et payés par l'État, Bonaparte entendait se réserver le choix et, après lui, à ceux qui exerceraient la souveraineté dans la nation. « Quant à la nomination aux évêchés conservés, écrivait Bernier, elle suit, d'après le Concordat, le pouvoir suprême. Elle appartient donc de plein droit aux mains habiles qui dirigent maintenant les rênes de l'État. Qui d'ailleurs aura mieux mérité cette glorieuse prérogative que le gouvernement paternel qui rend tout à la fois aux Français malheureux la paix, le bonheur et la foi ? »

Le privilège que Bonaparte revendiquait s'appelle, en termes canoniques, le patronage.

Le Pape et les évêques seuls ont le droit de conférer les pouvoirs spirituels et les emplois ecclésiastiques, mais ils peuvent abandonner à d'autres le choix des personnes qui en seront investies. Ce droit, distinct de l'institution canonique, était exercé avant la Révolution sur tous les bénéfices par des patrons ecclésiastiques ou laïcs tels que le roi, les seigneurs, les grands dignitaires de l'Église, quelquefois même, à la fin de l'ancien régime, par de simples paysans qui nommaient, par exemple, des chanoines et des chapelains sous la réserve de l'approbation et de l'institution données par l'autorité religieuse. Il n'était même pas rare que le seigneur d'un village choisît son propre curé. Le patronage était devenu la récompense de ceux qui avaient fondé un bénéfice, bâti ou doté une église ou rendu quelque service à la religion. On conçoit l'influence qu'il donnait à ceux qui l'exerçaient et le péril toujours présent que les choix fussent mal faits, beaucoup de patrons se préoccupant moins de nommer un bon curé que de placer un ami. Or, c'était un vrai patronage, et le plus important de tous, que Bonaparte réclamait pour un gouvernement bien peu digne jusqu'alors de la confiance de l'Église.

Le danger était trop évident pour n'être pas aperçu immédiatement par la sagacité romaine et Mgr di Pietro le signalait dans son *Votum*. « Ce droit de nomination, si les choses continuent comme dans le système actuel, serait extrêmement périlleux parce qu'on pourrait nommer des indignes, ou même des incrédules, et qu'une fois la nomination publiée, il serait difficile de la faire changer, car une longue expérience nous apprend que plusieurs fois des princes catholiques et craignant Dieu ont refusé de pareils changements. Jamais la nomination aux évêchés n'a été accordée qu'à ceux qui font profession de la religion catholique, apostolique et romaine et elle a toujours été refusée aux hérétiques et aux schismatiques. »

Cette question se rattachait donc à celle dont

PREMIERS PROJETS. — ÉCHEC DE SPINA

nous avons parlé plus haut, c'est-à-dire à la situation qui serait faite à la religion dans la société nouvelle. En cas de nécessité absolue, et s'il fallait conclure avant d'avoir réglé ce point, Consalvi suggérait un expédient qui, depuis, a été pratiqué par le Saint-Siège avec les princes hérétiques, celui de l'entente amiable au sujet des candidats et d'une sorte de présentation qui, sans constituer un droit pour les gouvernements, assure cependant le choix des personnes qu'ils agréent [1]. Spina traduisit fidèlement les instructions qui lui avaient été remises sur ce point et il allégua les exemples les plus concluants : « Vous n'ignorez pas, Monsieur, que le privilège de nommer aux évêchés indiquant une espèce de patronat, n'a jamais été accordé par le Saint-Siège qu'aux souverains catholiques d'une nation également catholique ; de manière que si le souverain d'une nation ou d'une province n'est pas catholique, quoique la religion catholique de la nation ou province par lui dominée soit dominante, jamais on n'a accordé au souverain le droit de nommer aux évêchés. Par cette raison, ni le roi de Prusse, ni l'empereur de Russie ne jouissent du droit de nommer aux évêchés dans ces États, quoiqu'une partie professe la religion catholique ; ni le roi d'Angleterre n'a le droit de les nommer dans ses États, même dans le Canada, où, d'après la cession faite à l'Angleterre de cette province, la religion catholique y a été conservée toujours dominante.

« D'après cette remarque, vous conviendrez que Sa

---

[1] C'est de cette manière que, depuis 1871, sont nommés les évêques de Metz et de Strasbourg.

Sainteté, pour ce qui regarde la nomination aux évêchés, pourra bien avoir tous les égards à la personne du Premier consul Bonaparte, comme à celui à qui l'on devra le rétablissement de la religion catholique en France ; mais il ne pourra pas accorder ce privilège de la nomination à tous ceux qui successivement occuperont sa place, à moins que l'on n'établisse que, constitutionnellement et essentiellement, cette place soit toujours occupée par des catholiques. Remarquez bien que ce n'est pas à la personne, c'est à la dignité que l'on accorde le privilège de nommer aux évêchés, et que par conséquent il ne suffit pas que la personne qui en est revêtue soit catholique, mais il faut qu'à la dignité même soit attachée, essentiellement et constitutionnellement, la qualification de catholique, de manière que les seuls catholiques puissent en être revêtus. »

La qualification de catholique ne fut point attachée essentiellement et constitutionnellement à la dignité suprême en France, mais le Saint-Siège se contenta de prendre acte officiellement de la profession de catholicisme des consuls pour accorder le patronage qui, depuis un siècle, a été toujours exercé par les chefs de l'État sous la forme d'une nomination contresignée par le ministre des cultes et insérée au *Journal Officiel*. Aux craintes qui lui furent exprimées pour l'avenir, Bonaparte répondit que jamais en France le souverain ne pouvait être autre chose que catholique ; puis, sur l'insistance de Consalvi, il admit l'article 17 et dernier du Concordat : « Il est convenu entre les parties contractantes que, dans le cas où quelqu'un des successeurs du Premier consul actuel ne serait pas catholique, les droits et prérogatives mentionnés dans l'article ci-dessus et la nomination aux évêchés seront réglés par rapport à lui par une nouvelle convention. »

On ne prévoyait pas alors le cas d'un chef d'État libre-penseur.

La Providence a voulu que ce patronage laïc donnât à la France un épiscopat digne de tout respect, qui ne s'est trouvé inférieur à aucun autre ni pour le caractère ni pour le talent. Elle ne permettra pas que l'article 14 devienne un péril pour l'Église et une arme entre les mains de ses ennemis.

La dernière question qui, avant la rédaction du premier projet de convention, fut discutée entre les deux délégués avait donné lieu entre les ecclésiastiques français à des controverses passionnées ; c'était la promesse de fidélité à la constitution de l'an VIII que le gouvernement exigeait des ecclésiastiques avant de leur permettre l'exercice du ministère. Comme nous l'avons vu plus haut, M. Emery croyait qu'on pouvait le prêter. Les théologiens romains s'étaient montrés d'un avis opposé, voyant dans le serment une approbation illicite des lois contraires à la religion qui subsistaient dans la constitution. Le Pape avait adopté leur avis, mais n'avait point publié sa décision, et ce fait laissait à chacun la liberté de suivre sa conscience. Bernier voulait que la promesse fût imposée.

« Le gouvernement vous dit donc par mon organe qu'il ne prétend s'immiscer en rien, par cette promesse, dans ce qui concerne la religion ; qu'il la laisse intacte et en écarte essentiellement tout ce qui pourrait paraître la blesser ; qu'il n'exige pas que l'on promette, comme par le passé, de maintenir la constitution, qu'il y avait dans ce mot « maintenir », ou que du moins il paraissait y avoir une promesse d'action directe et positive pour soutenir, pour défendre un code qu'après tout on n'était pas tenu d'approuver ; que l'on conçoit qu'un tel engagement pouvait jeter une sorte d'inquiétude dans quelques âmes, qu'il était bien cruel de tourmenter pour une formule ; mais qu'aujourd'hui on promet uniquement d'être fidèle, c'est-à-dire de « se soumettre et de ne « point s'opposer ». Peut-on réduire un engagement aussi solennel à des termes plus modérés ? »

Spina déclarait d'abord qu'il ne pouvait se mêler d'une question dont le chef de l'Église s'était réservé la décision, puis, sur l'insistance de Bernier, promettait d'en référer au Saint-Père, laissant entendre que quelques changements dans la formule la rendraient acceptable. Le Saint-Siège voulait remplacer la soumission aux lois par la fidélité au gouvernement établi par la constitution. Le Premier consul y consentit d'abord, puis on finit par adopter la formule de serment usitée avant la Révolution à l'égard du roi. Elle fut insérée dans le Concordat et cessa d'être exigée quand le serment politique fut aboli.

Dès la fin de novembre 1800, Spina et Bernier se voyant ou s'écrivant chaque jour avaient achevé d'échanger leurs vues sur les propositions faites au cardinal Martiniana, et Spina ayant cédé en principe sur presque tous les points, le succès de la négociation parut assuré et prochain.

Le prélat avait été conquis par la parole ardente et séduisante du prêtre vendéen, par ses protestations de dévouement au Saint-Siège et les promesses rassurantes qu'il apportait de la part du Premier consul dont il se flattait de posséder la confiance absolue. « Je suis persuadé, écrivait-il le 22[1], que presque tous les évêques seront renommés par Bonaparte..., mais il veut les renommer lui-même, croyant qu'il se les attachera. Les constitutionnels et les intrus seront absolument exclus... Il est établi que la religion catholique sera déclarée dominante et nationale. » Comment ce pauvre Spina se serait-il défendu ?

Les diplomates ordinaires trouvent un point d'appui et un soutien pour leurs revendications dans les collègues qui leur sont unis par des alliances ou des intérêts communs. Il n'est pas douteux, par exemple, qu'aujourd'hui un ambassadeur italien ne puisse parler sur un ton qu'il ne prendrait point sans la *Triplice*. Spina, lui, ne voyait à Paris que le ministre d'Espagne, qui était un ami et point un auxiliaire, car, poussant à l'excès la discrétion qui lui avait été recommandée, il se laissait à peine aborder par des hommes comme M. Emery qui auraient pu lui donner d'utiles conseils. Abandonné à lui-même et d'une nature plus douce que résistante, il subit sans contrepoids la pression de Bernier, qui lui arracha bientôt le secret de toutes les conces-

[1] Boulay, t. 1er, p. 136.

sions qu'il avait été chargé de laisser entrevoir en les mesurant à celles qui lui seraient faites. Il protesta bien qu'il manquait de pouvoirs pour signer quoi que ce fût et il s'y refusa toujours, mais le gouvernement français le voyant de si bonne composition affecta de le considérer comme un vrai plénipotentiaire et s'appliqua à le maintenir dans un isolement qui le livrait tout désarmé à son influence. C'est ainsi que Caselli ne fut point admis aux conférences et que, par une *combinazione*[1] qui n'a rien de très mystérieux, Consalvi ne reçut pas un mot de Spina avant la seconde moitié de janvier 1801.

Le secrétaire d'État s'en plaint à chaque courrier. « Il ne m'est pas arrivé de lettres de vous depuis celle du 28 octobre datée de Lyon... Je manque toujours de vos lettres. Les journaux disent que vous êtes à Paris, et il m'est bien désagréable de n'avoir pas reçu une ligne de vous. Cela me fait craindre que mes lettres à moi aussi ne soient perdues... Comment ne pas croire que les vôtres ne soient arrêtées, puisque celles que vous avez écrites à Lavaggi et à votre mère sont arrivées ?... Si cela continue, toute négociation deviendra inutile puisque nous ne pouvons pas communiquer... Le Saint-Père vous recommande de vous montrer réservé avec Bernier, car il y a deux voix sur son compte, les uns le louant beaucoup et les autres le peignant sous de noires couleurs [2]. »

Les lettres et les recommandations égarées se retrouvèrent lorsqu'elles ne servaient plus à rien et que Spina avait, avec les meilleures intentions, en-

---

[1] *Qualche combinazione che ignoro*, dit Consalvi.
[2] Dépêches de Consalvi de décembre 1800 et janvier 1801, Boulay, t. Ier.

gagé le Saint-Siège plus qu'on n'aurait voulu à Rome. Le 26 novembre, Bernier proposa à sa signature un premier traité qui comprend neuf titres en trente-sept articles.

« Ce projet contient les vœux du gouvernement. Il désire vivement qu'il soit accepté. Ce désir vient de la conviction intime où il est, qu'il n'y a que ces dispositions qui puissent rétablir la religion en France sans secousse et sans agitation. Daignez donc, Monseigneur, accorder au nom de Sa Sainteté, pour leur acceptation, tout ce que la sagesse et la prudence de l'Église doivent accorder, en pareil cas, pour le bien de la paix. Vous aurez sauvé la religion dans le plus puissant des États de l'Europe, et préparé à la foi catholique le plus beau de ses triomphes. »

PROJET DE CONCORDAT PROPOSÉ A SA SAINTETÉ PAR LE GOUVERNEMENT FRANÇAIS

Nous soussignés, réunis et avoués par nos gouvernements respectifs, pour aviser aux moyens de rétablir en France la religion catholique et l'union du clergé français avec l'Église de Rome, centre de l'Unité ;

Considérant que cet heureux établissement, si nécessaire pour le bien de l'État, la pureté des mœurs, la paix et la tranquillité de tous les Français, ne peut s'effectuer que par des sacrifices mutuels ;

Sommes convenus de ce qui suit, sauf la ratification du Premier consul et de Sa Sainteté le Pape Pie VII :

TITRE PREMIER

DES ÉVÊCHÉS ET MÉTROPOLES

Article premier. — Il y aura en France une nouvelle circonscription de métropoles et d'évêchés.

Art. 2. — Cette circonscription nouvelle sera désignée par le Premier consul et ratifiée par le Saint-Siège.

Art. 3. — Elle se fera de telle manière que le nombre des métropoles et des évêchés soit proportionné au besoin spirituel des fidèles.

Art. 4. — Aucun des évêchés français conservés ne dépendra ni en totalité ni en partie, d'un diocèse étranger.

TITRE SECOND

DES ANCIENS ÉVÊQUES

Article premier. — Les anciens évêques non réélus par le gouvernement, d'accord avec le Saint-Siège, seront réputés démissionnaires.

Art. 2. — Sa Sainteté leur intimera l'ordre d'abandonner leurs sièges, pour le bien de la paix et de la religion, par voie de cession et d'abdication.

Art. 3. — Le Premier consul se réserve de statuer sur la rentrée en France desdits évêques non réélus et sur ce qui convient à leur état et à leur subsistance, d'après la déférence qu'ils témoigneront eux-mêmes pour les ordres du Saint-Siège relatifs à leur démission.

Les titres et articles suivants déterminent le nombre des évêchés conservés, la nomination des nouveaux évêques par le Premier consul et ses successeurs *professant la religion catholique*, leur institution canonique par le Pape ; puis ils règlent qu'en principe les ecclésiastiques de tout ordre recevront un traitement de l'État ; que les biens ecclésiastiques non aliénés seront affectés à l'exercice du culte et à l'entretien de ses ministres, et que, pour les biens dits nationaux, Sa Sainteté déclare qu'elle ratifie, au nom de l'Église et comme son chef, l'aliénation faite et consommée, en interdisant tant aux ecclésiastiques qu'aux catholiques toute réclamation contraire.

La concession importante du gouvernement français, celle qui avait certainement rendu Spina si accommodant, se trouve au titre neuvième, article 1ᵉʳ : « Aux conditions ci-dessus et vu leur acceptation par le Saint-Siège, le gouvernement français déclare que la religion catholique, apostolique et romaine est la religion de l'État. »

Cette formule ne reparut plus dans les projets suivants. Elle marque donc dans la négociation un point extrême et un moment unique. On ne peut douter pourtant que Bonaparte ne l'ait acceptée, car le projet remis à Spina porte la mention : « Pour copie officielle, BERNIER. »

Il ne suffisait point au gouvernement français que le Pape acceptât toutes ces clauses; il entendait que l'autorité pontificale s'exerçât à son profit pour prêcher le ralliement aux fidèles. Bernier, qui ne doutait de rien, devançant les temps et la littérature qui fleurit quelques années plus tard, rédigea un bref où il faisait parler Pie VII comme un chapelain éloquent du Charlemagne qui s'annonçait. Pour la première fois (décembre 1800), Cyrus et Zorobabel venaient faire leur service d'honneur autour de Bonaparte. « Le Premier consul veut établir l'ordre et la paix sur le retour si désiré de la foi dans le cœur des Français, sur les vertus que la religion inspire, et la garantie qu'elle offre à tous les gouvernements qui la respectent et qui l'honorent. A ces nobles traits, nous avons reconnu ce conquérant célèbre qui, prêt à s'emparer de la ville sainte, suspendit tout à coup, à la voix du successeur de Pierre, sa marche victorieuse et consentit à lui donner la paix. Élevé par un changement subit, qui tient du prodige, au rang suprême qu'il occupe aujourd'hui, il ne s'est servi de l'ascendant que lui donnent ses éclatants succès, que pour en rendre publiquement hommage au Dieu des armées, pour protéger son culte et relever ses autels.

« Grâces vous soient rendues, ô Dieu immortel, qui n'abandonnez jamais ceux qui espèrent en vous! Vous faites jaillir la lumière au sein des ténèbres, et confondez, par les voies inouïes de votre adorable Providence, l'iniquité des hommes, l'orgueil insensé d'une fausse philosophie et les mesures de l'impie. Vous montrez aux regards de l'univers étonné que le même bras, qui suscita les Cyrus et les Zorobabel pour délivrer son peuple, sait encore tirer des trésors inépuisables de sa toute-puissance, des conquérants qu'il arme de la foudre, soit pour châtier les peuples dans sa justice, soit pour les délivrer dans sa miséricorde. La terre effrayée se tait en leur présence et quand, saturés de gloire ils semblent parvenus au faîte des grandeurs humaines, c'est alors que, pour montrer aux peuples qu'ils n'ont été que les instruments de son immense pouvoir, l'Eternel les appelle au pied de ses autels, pour s'y dépouiller d'un vain éclat, l'anéantir en sa présence et rétablir ses sacrifices...

. . . .

« Nous avons invoqué, par la ferveur de nos prières et l'abondance de nos larmes, le Père des lumières, d'où vient tout don céleste et toute inspiration; et, après en avoir conféré avec nos vénérables frères les cardinaux de la sainte Église romaine les plus éclairés, considérant que, dans les temps malheureux où nous vivons, il est impossible de réunir en concile les évêques dispersés, et que, dans les cas extrêmes, c'est au chef de l'Église qu'il appartient de prononcer dans les causes majeures, et sur tous les objets qui intéressent essentiellement le bien de la religion, nous avons dit, déclaré et statué; disons, déclarons et statuons ce qui suit :

« Le Concordat, annexé à notre présente bulle, est et demeure à jamais le gage sacré de la réunion des Français à l'Église de Rome. Nous l'approuvons au nom de l'Église et de nos successeurs; et, de l'autorité des bienheureux apôtres Pierre et Paul, nous le ratifions et ordonnons qu'il soit exécuté, comme loi de l'Église, en toutes ses parties.

« Nous défendons à qui que ce soit d'élever, sur les articles qui en sont l'objet, aucune discussion; leur enjoignant à tous de garder à cet égard, pour le bien de la paix, un silence absolu.

« Notre intention est que le même silence soit religieusement observé sur ce qui a précédé ou suivi la vente des biens ecclésiastiques...

. . . .

Note marginale.

« Il est convenu qu'avant la publication de la bulle, elle sera envoyée au gouvernement français pour qu'il l'approuve ou indique les changements à faire.

« Il n'y aura que trois cardinaux pour l'examen, savoir : Antonelli, La Somaglia et Gerdil. »

Cette belle rhétorique, qui ne nous paraît pas inférieure à celle où Fontanes se distingua sous l'Empire, ne fut point adoptée par le Pape. Spina remarque qu'elle n'est point dans le style des bulles et insinue qu'elle manque d'onction et de dignité.

Le bon prélat, qui était plein d'espérance, répondit à la communication de Bernier, en proposant, dans le texte de la convention, quelques additions et modifications qui ne l'altéraient point en substance, mais qui la rendaient plus conforme à ses instructions. Il plaçait en tête le titre concernant la religion de l'État, en y ajoutant l'article suivant :

« L'exercice de la dite religion sera libre et public en France. Elle y sera conservée dans toute la pureté de ses dogmes et l'intégrité de sa discipline, et toutes les lois, arrêtés ou jugements contraires à son exercice ou à la liberté de ses ministres et à leur rentrée dans le sein de la république, sont considérés comme révolutionnaires et entièrement abolis. »

C'est alors que Talleyrand intervient et inaugure sa manière de discuter le Concordat. Il réplique à Spina en retirant le premier projet et en en commandant à Bernier un second qui diminue les concessions promises et augmente les exigences. Le même procédé se renouvelle quatre fois de suite, Bernier ne se lassant pas d'être désavoué et soutenant ses rédactions successives avec la même conviction, tandis que Spina discute toujours avec la même douceur, en déclarant qu'il ne peut rien signer, et en attendant de Rome des directions qui ne viennent pas. Jamais le ministre des relations extérieures ne se considère comme lié par les textes qui ont été rédigés et acceptés en son nom, et, jusqu'à la dernière minute, il émet la prétention de les modifier pour insérer de nouveau des formules qu'il avait abandonnées, ou reprendre des concessions qu'il avait faites. On peut ainsi compter jusqu'à huit projets différents, dont quatre furent présentés à Spina qui fut mis à de rudes épreuves. Il n'est pas étonnant qu'il y ait perdu quelques illusions sur Bernier dont ses premières dépêches font un éloge sans réserves, tandis qu'une des dernières, écrite quand tout est signé et ratifié, lui décoche cette jolie épigramme :

« Je vous envoie la liste des reliques que désire Bernier. Vous pouvez les faire mettre en coffrets séparés. Sanctifiez-moi cet homme pour qu'il devienne naïf et n'aspire pas tant à plaire au gouvernement, et il sera excellent [1]. »

Pour ne pas entrer dans un détail fastidieux, je me contenterai d'exposer très sommairement en quoi différaient les quatre premiers projets. Le second modifiait ainsi l'article sur la religion : « Le gouvernement de la République française reconnaît que la grande majorité de la nation professe le catholicisme romain et déclare qu'en conséquence il protégera la publicité de son exercice d'une manière spéciale et que tous les actes du gouvernement contraires au libre exercice de son culte sont annulés. »

Au titre III, il est dit que les titulaires actuels tant de l'ancienne circonscription que ceux du clergé dit constitutionnel qui ne seront pas portés dans la liste de nomination aux diocèses de la circonscription nouvelle, seront exhortés par Sa Sainteté à se démettre de leurs sièges pour le bien de la paix et l'intérêt bien entendu de la religion. C'était introduire les

[1] Spina à Consalvi, 11 septembre 1801.

schismatiques dans la négociation au même titre que les orthodoxes, et obliger le Pape à entrer en relation avec des évêques qu'il ne connaissait ni reconnaissait. Grégoire avait passé par là. Suivant l'article 3 du titre IX, les ecclésiastiques qui, dans les derniers temps, sont entrés dans les liens du mariage seront, conformément aux anciens canons, réduits à la communion laïque. C'était la clause particulièrement chère au ministre des relations extérieures et sur laquelle il insista toujours. On pourrait l'appeler la clause de Mme Grand. D'Hauterive, secrétaire de Talleyrand et ancien ecclésiatique comme lui, la recommandait comme un moyen de montrer « que les doctrines ultramontaines avaient perdu leur ancienne rigueur et que la théologie même avait fait son profit du grand nombre de vérités philosophiques répandues en Europe par le bienfait de la Révolution française ».

Il n'est point difficile de deviner les observations que suggèrent à Spina ces changements de rédaction et ces nouveautés. Ses raisons valent mieux que son style : « Sa Sainteté ne reconnaît aucune juridiction dans les évêques du clergé dit constitutionnel. Aucune démission donc il faut leur demander... Il n'y a pas de canons qui réduisent à la communion laïque les prêtres qui entrent dans les liens du mariage... Sa Sainteté ouvrira sûrement toutes les voies de la miséricorde..., mais tout cela doit dépendre des différentes circonstances de chacun en particulier. C'est une affaire de conscience et elle ne peut pas être l'objet d'un concordat. »

Dans l'intervalle, entre le second et le troisième

projet, 24 décembre 1800, éclata le complot de la machine infernale, et Spina s'empressa d'écrire au Premier consul pour le féliciter d'avoir échappé à la mort. Bernier affirma que sa lettre avait fait merveille et bientôt obtint pour le prélat une seconde audience où Bonaparte, aimable comme la première fois, parla surtout de l'Italie et protesta, en termes vagues, de sa bonne volonté en faveur du Pape. L'attentat dont il accusait les jacobins semblait l'avoir rendu plus accommodant au sujet de la convention religieuse. Le troisième projet, le plus modéré de tous, le plus acceptable pour Rome, ne parlait plus ni des schismatiques ni des prêtres mariés, et il renfermait, en matière de fondations, des clauses plus larges que celles qui ont prévalu. Ce ne fut qu'une fausse joie. Les articles contestés et les restrictions reparurent dans un quatrième projet qui fut présenté à Spina au mois de janvier 1801, et que Talleyrand lui demanda, en termes impérieux, de signer immédiatement et d'envoyer ensuite au Souverain Pontife pour la ratification.

Le vent avait tourné, les royalistes avaient été convaincus du complot, et Georges Cadoudal portait malheur à Spina qui passa par une série d'angoisses et d'alertes cruelles. Après avoir trop espéré, il voyait tout en noir. « Il paraît qu'on veut faire une guerre aux Vendéens, puis aux émigrés, pour finir, ce qu'à Dieu ne plaise, par les pauvres ecclésiastiques. Pour parler exactement, on veut faire la guerre à la religion et on cherche tous les prétextes pour la persécuter. Pour moi, sans dire que je désespère absolument, je crains beaucoup qu'on ne puisse rien conclure... Je sais que l'intrus Grégoire nous fait une guerre atroce[1]. »

A la demande impérieuse de signer, Spina répondit nettement et courageusement : « Je vous ai averti, Monsieur, par une note du 26 novembre, que je ne suis pas autorisé par Sa Sainteté à signer aucun traité... Il y a même dans le projet des articles qui ont été à Sa Sainteté tout à fait inconnus et pour lesquels, en conséquence, je n'ai aucune instruction. Je crois donc que je remplirai d'une manière plus satisfaisante les vœux du gouvernement en envoyant tout de suite, avec un courrier à Sa Sainteté, le projet que vous voudrez bien avoir la bonté de certifier comme rédaction définitive[2]. »

Il faut rendre à Bernier la justice qu'il appuya de son mieux auprès de Talleyrand une réclamation aussi raisonnable. Le ministre refusa net :

« Quand Mgr l'Archevêque de Corinthe a été autorisé à venir en France, le gouvernement était loin de prévoir que son caractère se réduirait à celui d'un simple témoin et que le résultat de son agence serait d'informer Sa Sainteté des sentiments du gouvernement de la République. Si Mgr Spina persistait dans de telles dispositions, le gouvernement serait fondé à penser que le but du gouvernement pontifical n'a été que de lui tendre un piège, d'éloigner la guerre de ses États et d'endormir la France dans une fausse sécurité. Dans ce cas, le refus de l'agent de Sa Sainteté, dont vous me faites part, nous avertirait encore

---

[1] Dépêche du 22 janvier à Consalvi. Boulay, t. I*er*, p. 350.
[2] Lettre à Bernier du 19 janvier, Boulay, t. I*er*, p. 294.

à temps du véritable motif de sa mission, et vous seriez aussitôt autorisé à l'informer que sa présence ici deviendrait désormais inutile. J'aime à croire que Mgr Spina sera ramené, par de plus mûres réflexions, au sentiment de ce que le gouvernement de la République a droit d'attendre de lui, et à la détermination que les intérêts du Saint-Siège et ceux de la religion lui recommandent. Je vous invite à lui demander sur cet objet une réponse prompte, précise et définitive[1]. »

Bernier transmit cette sommation en engageant de la façon la plus pressante le prélat à y céder et à signer : « Couronnez, Monseigneur, par un consentement dont la nécessité, la plus impérieuse de toutes les instructions, semble vous faire une loi, un ouvrage sublime qui doit éterniser votre nom. Souffrez que le projet de traité, signé par vous, parvienne jusqu'à Rome, et je suis persuadé que Sa Sainteté, instruite par vous et par nous des circonstances qui vous pressent, vous applaudira. »

Ainsi poussé à bout, Spina en appela au Premier consul dans un langage dont il est impossible de méconnaître l'élévation pathétique. Cet Italien a été éloquent une fois :

« Je reçois à l'instant votre lettre d'aujourd'hui, à laquelle vous me demandez de suite une réponse précise. Il m'est impossible de répondre sur-le-champ catégoriquement à tout ce que contient votre lettre. Je le ferai sûrement demain. Mais en attendant, Monsieur, est-il possible que la magnanimité

---

[1] Boulay, t. Ier, p. 297.

du Premier consul veuille me refuser ce que l'on accorderait, en pareil cas, à tout ministre d'une puissance quelconque, c'est-à-dire de dépêcher sur-le-champ un courrier pour demander des instructions et des facultés précises, pour un traité qui, par soi-même, est de la plus grande importance et d'autant plus qu'il contient des articles qui, à une des puissances contractantes, sont tout à fait inconnus?

« Au nom donc du droit des gens, au nom de la religion, au nom de Sa Sainteté, au nom enfin de Dieu, je vous conjure, employez tous les moyens qui vous sont possibles pour engager le Premier consul à vouloir m'accorder ce bref délai et le ministre des relations extérieures à me fournir le passe-port nécessaire pour que mon courrier soit bientôt dépêché. J'aime encore à me flatter que la justice, la magnanimité et la religion du Premier consul voudra bien m'accorder la grâce que je réclame. »

On se demande ce que pensait Bonaparte au milieu de toutes ces contradictions, et jusqu'à quel point il était engagé personnellement dans cet *imbroglio*. Il semble qu'au commencement il n'était pas très pressé de conclure. Voyant bien que ce qu'il avait demandé à Martiniana lui était accordé en principe, il laissait Bernier faire et Talleyrand défaire, n'attachant point beaucoup d'importance à ces variations de détail et donnant plutôt raison à son ministre qu'à son agent subalterne dont, pourtant, lui aussi, paraît avoir subi le charme. Nous avons parlé plus haut de la pression qui s'exerça sur lui contre la cour de Rome et en faveur des schismatiques. Il se réservait d'intervenir de sa personne à l'heure opportune. Il sentait que chaque jour augmentait son prestige et que, bientôt redevenu maître absolu de l'Italie par la paix avec l'Autriche, il tiendrait le Pape à sa discrétion. Au commencement de 1801, le traité de Lunéville allant être signé, il estima que le moment était venu de renouer les relations diplomatiques avec Rome, d'enlever à l'Autriche l'espèce de protectorat qu'elle exerçait sur le Saint-Siège depuis la mort de Pie VI, et en même temps de conclure avec Pie VII une paix religieuse qui enlèverait aux royalistes leur dernière arme, et isolerait de plus en plus les conspirateurs de la masse des honnêtes gens. Devenu plus fort, il se montra naturellement plus exigeant et plus impatient, suivant une remarque très juste d'un historien récent, M. Aulard ; mais il entendit l'appel désespéré de Spina et consentit à le sortir de l'impasse où il gémissait, donnant tort pour une fois à Talleyrand.

« J'ai vu le Premier consul ; il consent à votre demande ; vous pouvez adresser à Rome un courrier extraordinaire. Qu'il parte le plus tôt possible. Tout délai serait préjudiciable. Le gouvernement veut terminer une négociation déjà trop prolongée. Il demande que Sa Sainteté ne se borne pas à vous adresser le pouvoir de signer, mais encore d'échanger les ratifications ici, sans être obligé de recourir à Rome ; ce qui, très certainement, ne serait pas accordé une seconde fois par le consul. Avisez donc, Monseigneur, aux moyens d'obtenir de Sa Sainteté une réponse secrète, prompte et précise, qui ne laisse rien à désirer. L'état actuel de la France lui en fait une loi, et Sa Sainteté le sentira comme lui. Je suis flatté en particulier que le consul ait daigné condescendre à vos désirs. Ces égards de sa part pour le premier Siège, dans un moment où l'armée française est maîtresse d'une grande partie de l'Italie, prouveront de plus en plus sa sagesse, sa modération et le prix qu'il attache à la paix religieuse de la France.

« Le ministre des relations extérieures, qui partage les sentiments du consul, vous verra avant le départ de votre courrier, et vous dira, de la part du consul, ce qu'il croira devoir communiquer à Sa Sainteté.

« Recevez, Monseigneur, l'assurance constante du respect que j'ai voué au Saint-Siège et à vous en particulier [1]. »

Les ennuis de Spina ne finirent point immédiatement. Ce courrier dont Bonaparte déclarait l'envoi urgent, Talleyrand le retint plus d'un mois encore et il ne partit que dans la nuit du 26 au 27 février. Il y avait près de quatre mois qu'il attendait à Paris le moment d'être expédié, car le trésor pontifical était si pauvre que Spina n'avait pas le moyen de lui payer plus d'un voyage et qu'il ne voulait l'envoyer que quand tout serait conclu [2]. Ce messager nommé Livio

---

[1] Bernier à Spina. Boulay, t. III, p. 692.

[2] Quand Spina eut remis à Palmoni l'argent du voyage, il se trouva sans le sou et, comme il en avait bien le droit, il confia sa détresse à Consalvi. C'est la seule mention pécuniaire que je trouve dans sa correspondance et je ne sais pourquoi M. Thiers l'accuse de harceler continuellement son gouvernement de demandes d'argent.

Palmoni était un de ces serviteurs dévoués à toute épreuve, comme toutes les chancelleries en ont connu dans ces temps reculés où le métier exposait à toutes sortes de fatigues et de périls. Palmoni est resté célèbre à Rome. En 1800, les Français ayant occupé Pesaro, le délégué pontifical le chargea d'une protestation pour le général Monnier. Le général le reçut avec colère et lui dit : « Tu seras fusillé si tu reviens encore avec un pareil papier. » Le brave homme répondit tranquillement : « Je reviendrai chaque fois que mon maître me chargera d'une commission. » Il fallait au moins dix jours pour le trajet de Paris à Rome, et Palmoni, que le Concordat obligea à plusieurs voyages, faillit se noyer dans la Scrivia et, une autre fois, rester enseveli sous la neige avec ses précieuses dépêches. Il atteignit Rome dans la matinée du 10 mars, apportant, comme gage des bonnes dispositions du Premier consul, un objet très précieux que Pie VII accueillit avec une grande joie : la célèbre Madonne de Lorette qui, depuis quelque temps déjà, avait été enlevée du musée et ne figurait plus à côté de la momie égyptienne.

L'objet propre de la mission de Palmoni, c'était de remettre au Pape le projet de Concordat. Ce n'était déjà plus le quatrième qui avait causé tant d'ennuis à Spina, mais un cinquième, rédigé tout entier de la main même du Premier consul. Nous le reproduisons, parce qu'il a servi de base au travail qui a été fait par les cardinaux, et que c'est le premier texte qui a été soumis officiellement au Pape.

CONVENTION ENTRE LE GOUVERNEMENT FRANÇAIS ET SA SAINTETÉ LE PAPE PIE VII

TITRE PREMIER

Article premier. — Le gouvernement de la République française, reconnaissant que la religion catholique, apostolique et romaine est la religion de la grande majorité des citoyens français, il sera fait de concert, par le gouvernement de la République et le Saint-Siège, une nouvelle circonscription des diocèses français.

Art. 2. — Les titulaires actuels, à quelque titre que ce soit, des évêchés français, seront invités par Sa Sainteté à se démettre. Les sièges de ceux qui se refuseraient à cette mesure que commande le bien de l'Église seront déclarés vacants par l'autorité du Chef suprême de l'Église.

TITRE II

Article premier. — Le Premier consul nommera dans les trois mois qui suivront la publication de la Bulle de Sa Sainteté aux archevêchés et évêchés de la nouvelle circonscription. Sa Sainteté s'engage à conférer l'institution canonique dans les formes accoutumées, aussitôt que les nominations lui seront notifiées.

Art. 2. — Les nominations aux évêchés vacants seront également faites par le Premier consul.

TITRE III

Article premier. — Les évêques, avant d'entrer en fonctions, prêteront directement entre les mains du Premier consul le serment de soumission aux lois et d'obéissance au gouvernement institué par la Constitution de la République.

Art. 2. — Les ecclésiastiques du second ordre prêteront le même serment entre les mains des autorités civiles qui seront désignées par le gouvernement.

Art. 3. — La formule de prière qui suit sera récitée à la fin de l'office divin dans les églises catholiques de France :

Domine salvam fac Rem Gallicam et exaudi Nos, ou celle-ci : *Domine salva Galliæ Consules*.

TITRE IV

Article premier. — Les évêques, de concert avec le gouvernement, feront une nouvelle circonscription des paroisses dans leurs diocèses respectifs.

Art. 2. — Ils nommeront à toutes les cures avec l'approbation du gouvernement.

TITRE V

Article premier. — Toutes les églises métropolitaines, cathédrales et paroissiales qui ne seraient pas aliénées seront remises à la disposition du culte catholique conformément à l'arrêté du 7 nivôse an VIII.

Art. 2. — Le Saint-Siège reconnaît les aliénations des domaines ecclésiastiques faites en vertu des lois de la République et la propriété incommutable de ces domaines dans les mains des acquéreurs.

Art. 3. — Le gouvernement prendra les mesures nécessaires pour assurer un traitement convenable aux évêques dont les diocèses sont compris dans la nouvelle circonscription, ainsi qu'aux curés de leurs diocèses.

Art. 4. — Le gouvernement de la République prendra des mesures pour qu'il soit permis aux catholiques français de faire des fondations en rentes sur l'État en faveur des églises, lesquelles dans cette jouissance, ainsi que dans celle indiquée dans l'article premier du titre V, seront soumises à toutes les charges de l'État.

TITRE VI

Article premier. — Les ecclésiastiques qui sont entrés depuis leur consécration dans les liens du mariage, ou qui par d'autres actes ont notoirement renoncé à l'état ecclésiastique, rentreront dans la classe des simples citoyens et seront admis comme tels à la communion laïque.

Art. 2. — Sa Sainteté reconnaît dans le gouvernement français actuel les mêmes droits et privilèges dont jouissaient les rois de France avant la Révolution et le changement du gouvernement.

En même temps qu'il s'occupait de rédiger ce texte, Bonaparte cherchait quelqu'un pour le défendre à Rome et y représenter de nouveau la France. Il jeta les yeux sur un vieux Breton loyal, modéré et habile qu'il avait connu en Italie où il avait rempli d'importantes missions. François Cacault, signataire du traité de Tolentino et chargé d'en faire exécuter les clauses à Rome, avait trouvé le moyen, à force d'honnêteté et de tact, d'y conquérir beaucoup d'estime et de sympathie dans l'accomplissement d'une mission odieuse par elle-même. Il s'intitulait révolutionnaire corrigé, mais il n'avait jamais eu ni les manières, ni la violence de langage, ni l'impiété de la Révolution, et la vieille foi bretonne n'était pas éteinte dans son âme. Quand, après le traité, les relations diplomatiques furent reprises entre la cour romaine et la France, Bonaparte l'avait désigné, en même temps que son frère Joseph, comme très digne d'occuper l'ambassade. Le Directoire n'en voulait point parce qu'il était accusé et à peu près convaincu d'un crime irrémissible : d'avoir baisé la main du Pape. C'était le temps où ce gouvernement inepte, préoccupé du conclave à cause de la mauvaise santé de Pie VI, se demandait s'il n'y aurait pas lieu de pousser à la nomination de plusieurs Papes à la fois, un pour chaque parti.

Cacault avait soixante ans et il était membre du Corps législatif, quand Bonaparte fit appel à sa bonne volonté. Il désirait le repos et il lui en coûtait de quitter la France, mais le Premier consul triompha de sa résistance, comme en témoigne la lettre suivante écrite à Lucien Bonaparte :

« Je m'empresse de vous annoncer, très cher ambassadeur, que le général vient de me nommer ministre plénipotentiaire à Rome. Je n'ai pas encore mes expéditions écrites, mais l'affaire est faite : j'ai accepté. Le général m'a ordonné de me préparer à partir sous peu de jours. Je ne songeais plus à servir; mais, rappelé dans ma carrière au même poste où j'avais réussi, mon apathie s'est dissipée. J'ai le plus ardent désir de contenter le général. Ne dois-je pas l'adorer de s'être souvenu à ce point du peu que j'ai fait sous lui en Italie ? »

Cacault arrivait à Rome le 8 avril et racontait immédiatement les premières impressions :

« J'arrivai hier au soir à Rome. J'ai eu ce matin une longue conversation avec le secrétaire d'État, et j'ai eu ce soir une audience du Pape, qui a duré plus de deux heures. Je n'ai parlé au Saint-Père et à son ministre que de l'affaire du Concordat et du beau gouvernement actuel de la France; l'un et l'autre m'ont expliqué de la même manière comment l'affaire du Concordat, qu'ils ont à cœur de terminer à la satisfaction du Premier consul et de finir au plus vite, n'avait pu l'être encore. L'importance d'un Concordat qui fera époque dans les fastes de l'Église et de l'histoire exige des consultations et un examen dans les formes solennelles.

. . . .

« Le Pape me paraît décidé à accorder tous les articles proposés, en changeant seulement des expressions. Il assure que vous trouverez en substance l'acte entier tel qu'il est nécessaire ; il veut donner au gouvernement français, en se plaçant lui-même dans la situation du Premier consul, la facilité et les moyens d'accomplir ses vues bienfaisantes... »

. . . .

« On voit dans toute la personne du Pape, en causant comme je l'ai fait longtemps avec lui, de la bonté de cœur, de la droiture d'esprit et de caractère. J'espère qu'il contentera le Premier consul. Je vais suivre cette affaire avec zèle ; car je vois qu'il s'agit de mettre la clé de la voûte à l'édifice de notre gouvernement. »

Des instructions que Cacault emportait, je ne citerai que les lignes suivantes dont l'intérêt n'est pas épuisé :

« Vous êtes chargé par le gouvernement de la République d'accomplir le rapprochement déjà heureusement négocié entre la France et la cour de Rome, et de rétablir l'ancienne harmonie qui existait entre les deux États. Le choix que le Premier consul a fait de vous pour remplir cette mission, est tout à la fois pour vous un témoignage d'estime et une preuve de sa confiance...

. . . .

« Le gouvernement de la République a dû se convaincre, par la rapidité et l'étendue de l'insurrection de l'Ouest, que l'attachement de la grande masse de la population française aux idées religieuses n'était pas une chimère. Il a sagement compris que, de ce sentiment bien constaté, naissaient des intérêts et des droits que les institutions politiques devraient respecter et avec lesquels la prudence et la justice voulaient qu'il se fît une transaction qui laissât aux uns la liberté dont ils ont besoin pour se garantir, et aux autres tous les moyens qui leur sont nécessaires pour maintenir leur indépendance.

« C'est de ce principe que sont nées toutes les mesures d'indulgence et de tolérance qui ont tant contribué à affermir le pouvoir du gouvernement actuel de la République, à le faire chérir au dedans et considérer au dehors. Mais le bien qu'il a fait n'eût été que passager, s'il n'avait en même temps conçu le projet de donner au système qu'il avait adopté un caractère de permanence et de publicité qui ne laissât aucun doute sur la pureté et la sincérité de ses vues. Le gouvernement de la République a voulu mettre un terme aux discussions religieuses. Il a voulu que des opinions théologiques ne fussent plus un sujet de discorde entre les ministres du même culte, ni un principe d'aliénation entre les citoyens et les autorités civiles ; et il a compris que le seul moyen d'atteindre à ce but était de rétablir, tout à la fois, entre la République et le Saint-Siège, les liens religieux et politiques qui unissaient autrefois la France et la cour de Rome. »

Ainsi le dix-neuvième siècle commençait en France par rétablir avec Rome des relations diplomatiques qu'au vingtième, on parle de supprimer. Cacault a été le premier et peut-être le plus apprécié d'une série de trente personnages, tous remarquables à des titres divers, prélats, écrivains, grands seigneurs ou diplomates de carrière, qui ont porté le titre envié d'ambassadeur de France auprès du Saint-Siège et se sont acquittés fidèlement d'une mission dont l'importance n'a jamais été contestée par un homme politique de quelque valeur. Ils ont plaidé pour notre pays auprès des Souverains Pontifes, et quelquefois pour les Souverains Pontifes auprès de notre pays, avec le sentiment qu'ils défendaient notre intérêt national et notre prestige au dehors. Ils ont réussi, jusqu'à présent, à nous garder à Rome la place d'honneur qui convient à la fille aînée de l'Eglise dans la maison de sa mère. Grâce à eux et aux secrétaires d'Etat avec lesquels ils ont traité, jamais les divergences de vue n'ont abouti à une rupture qui n'est désirée que par nos ennemis. Tous ont compris ce que nous y perdrions et ont eu l'intuition que les deux grandes puissances que l'on voudrait mettre aux prises ont besoin l'une de l'autre pour accomplir leur mission dans le monde. En même temps, nos ambassadeurs ont protégé efficacement une foule d'œuvres qui ajoutent à notre renom de charité ou à notre réputation dans les sciences, les lettres et les arts. Depuis deux ou trois cents ans, suivant le mot piquant de Bernis, ils tiennent le salon[1] de France au carrefour de l'Europe avec une bonne grâce hospitalière, à laquelle rendent hommage la société romaine et les nombreux étrangers qui en profitent.

« C'était une situation en Europe que d'être Français sous le Premier Empire », a écrit Beugnot au commencement de ses Mémoires. Quand la France

---

[1] Bernis, qui donnait beaucoup de dîners, disait l'*auberge*.

le veut, c'est une situation à Rome que d'être Français. Puisse la France le vouloir toujours! Il faut pourtant bien constater que, pour des raisons qu'il est trop facile d'apercevoir et trop pénible de développer, ce prestige, cette situation privilégiée de notre pays, cette influence acquise par des siècles de sage politique, sont aujourd'hui menacés et que le ministère de la place Beauveau travaille inconsciemment contre celui du quai d'Orsay. C'est à nous, je le crains, que pensait un diplomate spirituel qui disait dernièrement dans un salon du Corso : « On prétend qu'un peuple a toujours le gouvernement qu'il mérite. Je ne le crois pas; mais il y a certainement en Europe des gouvernements qui ont des ambassadeurs qu'ils ne méritent pas. »

CHAPITRE V

L'ULTIMATUM ET LE DÉPART DE CONSALVI POUR PARIS

Continuation de la guerre en Italie et changement de procédés de la France à l'égard du Pape. — Le projet de Bonaparte devant les cardinaux. — Le Sacré Collège et les Congrégations romaines. — Discussions du projet dans la congrégation particulière. — Le projet romain. — Procédés et explications en vue de le faire agréer. — Retards forcés. — Impatience du Premier consul. — Envoi de l'*ultimatum*. — Erreur des hommes d'État. — Refus et courage du Pape. — Rôle honorable de Cacault. — Il obtient le départ de Consalvi pour Paris.

Tandis que Spina négociait à Paris, la guerre continuait en Italie, où la France, victorieuse à Marengo, poursuivait ses succès contre les Autrichiens et les Napolitains. Pendant les derniers mois de l'année 1800, l'Etat pontifical, ruiné par les passages de troupes et par des réquisitions de toutes sortes, souffrit d'une horrible misère, et la cour de Rome fut livrée à des angoisses continuelles. « Le blé et l'argent nous manquent également, écrivait Consalvi à Spina, et on ne sait où les trouver... Il n'y a pas de force publique. Les vols et les assassinats sont si fréquents que c'est une horreur et une honte... Dans le palais pontifical, même dans la chambre du Saint-

Père, on brûle de l'huile, faute de pouvoir payer des chandelles en cire. »

Les ennemis de la France exploitaient contre elle cette situation lamentable en la lui attribuant. Pour eux, le Français c'était nécessairement l'impie, le jacobin, le spoliateur, et il ne fallait voir que duplicité et mauvaise foi dans les assurances pacifiques de Bonaparte et ses offres de négociations. Nos soldats justifiaient parfois ces craintes par des inconvenances et des manifestations du vieil esprit révolutionnaire dont beaucoup étaient encore animés, Bonaparte n'ayant pas eu le temps de les en guérir. C'est ainsi que, pendant un armistice, deux officiers, mal stylés par le général Dupont, vinrent à Rome réclamer en termes menaçants l'expulsion de plusieurs émigrés : Willot et quelques Corses, qu'ils prétendaient être enrôlés dans l'armée pontificale. Or Willot n'avait jamais mis le pied à Rome, et le Pape n'avait à sa solde aucun Corse, pour l'excellente raison qu'il n'avait pas encore d'armée. Consalvi se justifia donc sans peine, mais les deux officiers, His et Dupin, n'avaient pas pris le vent et manquèrent de tact.

« Ils exagèrent beaucoup, écrivait le ministre d'Autriche Ghislieri, la force et l'invincibilité de leur armée. Ils disent sans mystère que l'armée française viendra elle-même chasser les émigrés français et corses, si le Pape ne le fait pas. Ils reçoivent chez eux et traitent familièrement les patriotes romains ; ils affectent de faire voir au spectacle et aux promenades leurs uniformes et leurs panaches, malgré tout ce que le secrétaire d'Etat leur a représenté sur la mauvaise impression que la cocarde tricolore pouvait faire sur l'esprit des Romains. Ils suivent enfin le système de Basseville, de Duphot, pour exciter une révolte et avoir par là un prétexte pour traiter hostilement l'Etat du Pape. » Pie VII avait déjà pris la résolution de s'enfuir devant une seconde invasion française, ne fût-elle, en apparence, qu'une occupation pacifique. Même quand cette crainte fut dissipée, il était navré de voir son peuple épuisé par les réquisitions au point, dit Consalvi, « que, dans son désespoir, il déclara un jour qu'il allait mettre la clé sous la porte plutôt que de se faire le bourreau de ses sujets et de leur sucer le sang jusqu'à la dernière goutte ». Cependant l'incident des deux officiers n'eut pas de suites et les événements ultérieurs démontrèrent que Ghislieri nous calomniait. Bonaparte ne cessait de recommander à ses généraux de respecter le territoire pontifical. « Paix et considération pour le Pape », écrivait-il le 9 octobre 1800 à Brune.

Au commencement de 1801, Murat reçut l'ordre d'exiger des Napolitains l'évacuation de l'État romain pour laisser le *Pape maître chez lui*, et de marcher contre eux en cas de refus. Mais le général « doit traiter la cour de Rome comme une puissance amie. Il doit témoigner dans toutes les occasions que le gouvernement a beaucoup d'estime pour le Pape ». Les Napolitains ne se hasardèrent point à la lutte et s'empressèrent de conclure un armistice qui se changea bientôt en paix provisoire. Murat avait compris. Il allégea de son mieux les charges du passage des troupes, traita les prélats avec affabilité et vint à

Rome, où sa belle prestance et ses manières séduisantes lui conquirent des sympathies durables. Les dépêches de Consalvi le qualifient alors d'*ottimo generale Murat*. A la même époque, Bonaparte disait à Lucchesini, ministre de Prusse à Paris : « La République française est la seule puissance qui prenne quelque intérêt à l'existence politique du chef de l'Église catholique. » Tout le monde sait enfin que, dans son audience de congé, Cacault lui ayant demandé comment il fallait agir avec le Pape, il répondit par ce mot superbe : « Traitez-le comme s'il avait deux cent mille hommes ! »

Au printemps de 1801, la France avait donc accentué, dans sa politique extérieure, l'attitude nouvelle qu'elle avait prise, après la bataille de Marengo, vis-à-vis du Pape, auquel, de son côté, ses devoirs de pontife et ses intérêts de prince temporel commandaient également de traiter avec elle. Cacault avait toute chance d'être écouté en négociant au nom de l'homme extraordinaire dont le prestige grandissait chaque jour, qui venait de conclure la paix avec l'Autriche, qui tenait dans ses mains le sort de l'Italie et déjà parlait en maître dans une grande partie de l'Europe.

A la fin du xvie siècle, saint François de Sales écrivait de Rome : « Rien ne se fait ici qui n'ait été pesé et contre-pesé par MM. les Cardinaux. » L'observation est restée juste, et le Sacré Collège forme toujours le grand conseil d'État de l'Église, mais un conseil d'Etat dont la jurisprudence n'est point contingente, suspecte et soumise aux fluctuations de la politique, parce qu'il se compose de membres inamovibles et choisis pour leur compétence, et parce qu'il obéit à des traditions séculaires et à des principes fixes : corps délibérant qui est aujourd'hui le plus ancien du monde et dont les lumières, l'indépendance et le désintéressement n'ont jamais été contestés par quiconque a traité une affaire sérieuse en cour de Rome. Personne n'ignore que ce conseil est divisé en sections particulières qu'on appelle *Congrégations* et qui répondent aux diverses nécessités du gouvernement de l'Église. Les graves difficultés qui surgirent au moment de la Révolution française exigèrent des délibérations spéciales et plus solennelles, et Pie VI prit l'habitude de consulter une élite de cardinaux choisis à son gré parmi les plus versés dans les questions importantes qu'il fallait résoudre. Ainsi naquit la *Congrégation des affaires extraordinaires*, qui n'a point cessé de fonctionner depuis la fin du xviiie siècle, l'Église n'ayant point cessé de passer par des épreuves extraordinaires. Pour examiner le projet de convention rédigé par Bonaparte, Pie VII désigna d'abord trois cardinaux, Antonelli, Carandini et Gerdil, chargés d'étudier le texte et de proposer les additions ou les changements qu'il fallait y introduire. Leur travail devait être soumis ensuite à douze cardinaux présidés par le Pape, qui déciderait. C'est ce qu'on appela la *Petite congrégation* et la *Congrégation particulière*. Di Pietro fut l'âme de l'une et de l'autre.

Les cardinaux appelés à se prononcer sur les propositions de Bonaparte avaient tous été victimes des Français, et de la République romaine de 1798 qui leur avait infligé la ruine, l'exil ou la prison. Huit, par ordre de Berthier, avaient été, pendant un mois, détenus dans un couvent du Corso, puis chassés du territoire de la République, avec défense d'y rentrer sous peine de mort. Le doyen du Sacré Collège, Albani[1], âgé de plus de quatre-vingts ans, avait joué un rôle important dans deux conclaves. Il avait réussi à faire nommer Pie VI contre les candidats de la maison de Bourbon et du *Pacte de famille,* malgré Bernis, auquel il lança un mot cruel au cours d'une altercation célèbre. Il ôta sa barrette et la montrant à main tendue au protégé de Mme de Pompadour, lui cria : « Sache Votre Éminence que ce n'est pas une courtisane qui m'a mis cela sur la tête à moi ! » C'est lui qui, cédant aux habiles suggestions de Maury et de Consalvi[2], avait décidé l'élection du cardinal Chiaramonti, après plusieurs semaines de scrutins stériles. Il causait beaucoup et passait pour ne pas garder les secrets. Aussi Pie VII avait-il songé à le laisser en dehors de la négociation. Il ne l'osa point à cause de sa qualité de doyen. Il paraît que cette fois il tint sa langue.

Braschi, neveu de Pie VI (ce qu'on appelait alors cardinal-neveu), camerlingue et secrétaire des brefs, possédait, à défaut de talents remarquables, une longue expérience des affaires et une intégrité parfaite.

Carandini, oncle de Consalvi, jurisconsulte renommé, chargé de la haute direction de la justice,

---

[1] J'ai emprunté ces détails sur les cardinaux au P. Rinieri.
[2] Consalvi était secrétaire du conclave.

s'était rendu célèbre pour avoir terminé sept mille procès en trois ans.

Doria Pamphili était surnommé le *bref* du Pape, à cause de sa petite taille. Secrétaire d'État au moment de l'invasion française, il avait montré quelque faiblesse ; mais il connaissait l'Europe pour avoir été nonce à Madrid et à Paris.

Le célèbre Gerdil, le plus âgé de tous les cardinaux, touchait à la fin d'une carrière illustrée par une science, une piété et une modestie profondes. Il mourut en 1802, après avoir eu le temps de donner son avis et d'aider à rédiger les articles de la convention dans notre langue, qu'en sa qualité de Savoyard il avait parlée dès son enfance.

Roverella, bel esprit et versé dans le droit, était connu pour son opposition aux réformes administratives, pourtant excellentes, de Consalvi. Comme Doria, il plia plus tard devant Napoléon et fut de ceux qui, ayant assisté au mariage impérial, obtinrent de garder la couleur cardinalice, laquelle, cette fois, suivant la remarque spirituelle du P. Rinieri, n'était point le rouge romain.

Della Somaglia, préfet de la Congrégation des Rites, était estimé de tout le Sacré Collège pour son intelligence et sa fermeté de caractère.

Ces qualités brillaient à un plus haut degré encore dans un homonyme du célèbre ministre de Pie IX, par lequel il ne méritait point d'être éclipsé, Antonelli qui, chef de l'opposition sous Clément XIV, avait défendu les Jésuites avec courage et combattu avec science les préventions régaliennes des petits souverains d'Italie. On citait sa réponse à l'officier français qui lui avait enjoint de quitter la pourpre : « Un soldat se déshonore en abandonnant et en souillant son uniforme. Un cardinal se déshonore en renonçant par peur à porter la livrée du chef de l'Église. » Devenu, à cause de cette attitude, très populaire auprès des Romains, connu et estimé de divers souverains, Antonelli était le personnage le plus en vue du Sacré Collège et peut-être celui dont l'opinion comptait le plus. Malgré sa défiance de la France, il désirait passionnément la voir réconciliée avec le Saint-Siège, et il écrivait à Bernier qu'une fois la chose faite, il chanterait de bon cœur son *Nunc dimittis*, comme le vieillard Siméon.

Deux cardinaux de moindre importance, Caraffa et Borgia, complétaient, avec Consalvi et Di Pietro, le nombre des membres de la *Congrégation particulière*.

Comme au début de la négociation, le secret du *Saint-Office* fut imposé à tous et prescrit plus rigoureusement encore. « La moindre révélation produirait des conséquences très funestes. Chaque cardinal étudiera les questions par lui-même, sans consulter ni théologien ni secrétaire. Chacun apportera son vote écrit de sa propre main et veillera scrupuleusement à ce qu'aucun familier ne puisse, ni le jour ni la nuit, se procurer le moindre renseignement sur cette affaire, qui est certainement une des plus graves que le Saint-Siège ait jamais eues à traiter [1]. »

Le Premier consul entendait que tout fût terminé très rapidement, et il avait parlé de célébrer, dans une même cérémonie, la paix avec l'Église et la ratifica-

---

[1] Avis de Consalvi aux cardinaux de la *Congrégation particulière*.

tion de la paix avec l'Autriche : « On a mis immédiatement la main à l'œuvre, écrivait Consalvi à Spina, et nous ferons tous nos efforts pour que tout aille très vite. Cependant, qu'on réfléchisse que vous avez discuté pendant cinq mois à Paris et qu'il n'y a pas moyen d'en finir en très peu de jours, et à plus forte raison d'être prêt pour la ratification de la paix avec l'empereur. Nous ferons plus que marcher : nous volerons, et c'est tout ce qu'on peut nous demander. La nécessité de quelque délai ressort de la gravité même de la matière la plus importante qu'on ait jamais discutée et qui autrefois eût été l'œuvre d'un concile général. »

Et vraiment, pour quiconque connaît les habitudes romaines, il est évident que jamais délibération plus considérable ne fut menée plus activement et plus rapidement. Discussions multipliées, approfondies et minutieuses de chaque article et de chaque expression, séances de jour et séances de nuit, intervention personnelle du Pape, efforts sincères pour concilier les exigences de Bonaparte avec les principes et les formes auxquels l'Église ne saurait renoncer, rien ne fut négligé de ce qui pouvait amener un résultat prompt et décisif. « Chaque parole coûte des sueurs de sang », ajoutait Consalvi, et Cacault lui-même constate, en assaisonnant son jugement de quelque épigramme, que ces pauvres cardinaux surmenés agissaient vraiment en toute conscience, ne s'inspirant que des motifs les plus élevés : « J'ai eu hier une audience du Pape : l'effusion de ses sentiments pour la France, pour le Premier consul, a été tout ce qu'on peut désirer ; mais le dogme lui impose une loi qu'il n'est pas en son pouvoir d'outrepasser... On est croyant plus véritablement ici qu'on ne l'imagine en France, et les vieux cardinaux qui ont passé leur vie dans les plaisirs n'en ont pas moins nourri dans leur âme la foi dont ils se consolent à la fin de leur carrière. Ces hommes-là doivent être poussés délicatement en pareille matière.

« Les douze cardinaux appelés par le Pape à l'examen de notre affaire sont les plus graves et savants, et revêtus des premières dignités. Le cardinal Gerdil, qui est de Turin, homme savant et fort pieux, a travaillé dans cette affaire avec un bon esprit, ainsi que le cardinal Doria, autrefois nonce à Paris. »

Naturellement, tous les cardinaux n'étaient pas aussi bien disposés que Gerdil et Doria, et le vieux tenant de la maison d'Autriche, Albani, adressait au Pape un mémoire en forme de questionnaire tout imprégné de défiance contre nous : « Qui fait les concessions ? Le Pape, le Vicaire de Jésus-Christ, qui ne doit pas oublier, en négociant, l'éclat et la grandeu de la dignité pontificale. A qui les fait-il ? A un ramassis d'athées, d'incrédules et de sectaires. Pourquoi les fait-il ? Pour rétablir la religion. Il faut alors un acte public et solennel qui répare tous les scandales donnés par la République française. Quelles concessions fait-il ? D'inouïes, les plus considérables qu'on ait jamais demandées à l'Église. Le Saint-Père ne saurait donc prendre trop de précautions pour assurer d'une manière durable le bien spirituel de la nation. »

Les collègues d'Albani ne croyaient pas à la possibilité d'exiger un acte *public et solennel* de réparation, mais ils furent unanimes à décider que le texte de Bonaparte ne pouvait être admis sans additions et sans modifications. L'exposé que nous avons fait plus haut de la négociation de Spina nous dispense d'explications détaillées qui seraient des redites. La principale difficulté portait sur l'article premier du titre premier qui constituait aux yeux de Rome la base même du traité, sa seule raison d'être et le principe d'où découlaient toutes les autres stipulations. « Le gouvernement de la République française, reconnaissant que la religion catholique, apostolique et romaine est la religion de la grande majorité des citoyens français... » Cet énoncé sec et stérile [1] d'un fait historique avait remplacé les déclarations rassurantes et les garanties des premiers projets. A cette Église qui, après avoir régné et dominé pendant des siècles, avait été persécutée si violemment, et dont les croyances et la morale étaient encore contredites par toute une législation impie ; à ce culte longtemps proscrit qui ne jouissait que d'une tolérance précaire, encore refusée à beaucoup de prêtres émigrés, le gouvernement français n'assurait explicitement ni protection ni liberté complète. Il demandait les privilèges des gouvernements catholiques sans adhérer au catholicisme, et ses exigences étaient hors de toute proportion avec ses engagements.

Le second point qui souleva de longues discussions fut la nomination des évêques. Le renouvellement intégral de l'épiscopat, la démission imposée aux titulaires de tous les sièges existants causaient au Pape

[1] *Articolo sterile*, c'est ainsi que le qualifie Pie VII dans sa lettre à Bonaparte.

une peine et une anxiété dont nous avons déjà parlé. La force manquait à sa main pour frapper un coup si douloureux, *per vibrare un colpo si doloroso.* Il aurait voulu que le gouvernement conservât tous ceux dont il n'avait pas de raison de se défier et ne remplaçât que les royalistes trop avérés. Si enfin, malgré toutes les supplications, le Premier consul s'obstinait à les renvoyer tous, on estimait à Rome qu'il fallait y mettre plus de formes, le dire en termes plus doux, chercher les moyens d'éviter les clameurs et le scandale, et ne point irriter la plaie au lieu de la guérir.

Le Premier consul avait dit : « Le Saint-Siège *reconnaît* l'aliénation des biens ecclésiastiques. » Il parut aux cardinaux que ce verbe impliquait une sorte de ratification et d'approbation des spoliations accomplies, et le mot *reconnaît* fut remplacé par l'engagement de ne point inquiéter la conscience des acquéreurs et de ne point exiger d'eux la restitution.

On jugea aussi que le serment d'obéissance aux lois ne pouvait être prêté sans distinction, à cause de lois comme celle du divorce. D'autres changements et additions de détail furent introduits dans les formules de Bonaparte ; et pour qui accuserait les Romains de minutie et de prudence exagérée, je cite un exemple qui les justifie. Le projet de Bonaparte renfermait l'article suivant : « Sa Sainteté reconnaît dans le gouvernement français actuel les mêmes droits et privilèges dont jouissaient les rois de France avant la Révolution et le changement de gouvernement. » A Rome, on modifia ainsi la phrase : Le gouvernement de la République française jouira des mêmes privilèges, *reconnus par le Saint-Siège*, dont jouissaient les rois de France avant la Révolution. » La phrase manquait d'élégance, et, à Paris, Consalvi consentit à la suppression des mots *reconnus par le Saint-Siège*, estimant que le sens restait absolument le même. L'article ainsi allégé est devenu le seizième du Concordat. Or, le 23 avril 1883, le Conseil d'État, appelé à donner son avis sur le droit revendiqué par le gouvernement de suspendre les traitements ecclésiastiques, s'exprime ainsi : « Considérant que ce droit a existé à toute époque et s'est exercé dans l'ancien régime par voie de saisie du temporel... ; qu'il n'a pas été abrogé par la législation concordataire et que son maintien résulte de l'article 16 de la convention du 26 messidor an IX qui a formellement reconnu au chef d'État les droits et prérogatives autrefois exercés par les rois de France... »

Ainsi le Saint-Siège a reconnu au gouvernement le droit de saisir le temporel ecclésiastique et de supprimer le traitement des pauvres curés ! J'estime que les conseillers d'État qui ont fait cette surprenante découverte afin de sanctionner par l'autorité de l'Église une iniquité qu'elle réprouve, ont rendu un service et non point un arrêt.

Voici le texte français du projet de convention qui sortit des longues délibérations des cardinaux et qui fut aussi rédigé en latin.

PROJET DE CONVENTION APPROUVÉ PAR SA SAINTETÉ ET TRANSMIS A PARIS

CONVENTION ENTRE SA SAINTETÉ LE PAPE PIE VII ET LE GOUVERNEMENT FRANÇAIS

I

Le gouvernement de la République française reconnnaît que la religion catholique, apostolique, romaine est la religion de la grande majorité des citoyens français. Animé par les mêmes sentiments et professant la même religion, il protégera la liberté et la publicité de son culte ; il la conservera dans toute la pureté de ses dogmes et dans l'exercice de sa discipline. Les lois et décrets contraires à la pureté de ses dogmes et au libre exercice de sa discipline seront annulés.

II

Il sera fait par le Saint-Siège, de concert avec le gouvernement, une nouvelle circonscription des diocèses français ; leur nombre sera réduit, de telle manière, néanmoins, qu'il suffise aux besoins spirituels des fidèles.

III

Sa Sainteté témoignera aux évêques légitimes la juste et ferme persuasion où Elle est de leur disposition à se prêter à tout sacrifice que pourra exiger d'eux la paix et l'unité de l'Église. D'après cette exhortation, le Saint-Père, pour ne point retarder davantage le rétablissement de la religion catholique, apostolique et romaine en France, prendra les mesures convenables pour le bien de la religion et pour le plein effet de la nouvelle circonscription conformément à l'objet qu'il s'est proposé en l'approuvant.

IV

Le Premier consul, professant la religion catholique, nommera aux archevêchés et évêchés de la nouvelle circonscription dans les premiers trois mois qui suivront la publication de la Bulle de Sa Sainteté, concernant la circonscription susdite, et Sa Sainteté, donnera à ceux qui seront ainsi nommés l'institution canonique dans les formes établies dans le Concordat entre Léon X et François Ier.

V

Les nominations aux évêchés qui viendront à vaquer se feront également par le Premier consul, et l'institution sera donnée par le Saint-Siège, en conformité de l'article précédent.

VI

Les archevêques, avant d'entrer en fonctions, prêteront directement, entre les mains du Premier consul, le serment de fidélité.

VII

La formule du serment sera celle-ci : « Je promets obéissance et fidélité au gouvernement établi par la Constitution de la République française. »

VIII

Les ecclésiastiques de second ordre prêteront le même serment entre les mains des autorités civiles désignées par le gouvernement.

IX

La prière suivante sera récitée dans toutes les églises catholiques de France, à la fin de l'office divin : *Domine, salvam fac Rem Gallicanam et exaudi nos in die qua invocaverimus Te.* Ou celle-ci : *Domine, salva Galliæ consules et exaudi nos in die qua invocaverimus Te.*

X

Les évêques, de concert avec le gouvernement, feront une nouvelle circonscription des paroisses dans leurs diocèses respectifs, bien entendu qu'il soit pourvu aux besoins spirituels des fidèles.

XI

Ils nommeront à toutes les cures et choisiront des pasteurs doués des qualités requises par les lois de l'Église pour le bien spirituel de leurs troupeaux pacifiques, et qui n'auront pas démérité la confiance du gouvernement.

XII

Ils pourront avoir des séminaires et conserver à volonté des chapitres, mais sans obligation de dotation de la part du gouvernement.

XIII

Toutes les églises métropolitaines, cathédrales, paroissiales et les autres, non aliénées, seront remises à la disposition du culte catholique.

XIV

Le Saint-Père, afin de coopérer autant qu'il est en lui à la tranquillité de la France, qui serait entièrement troublée par la répétition des biens ecclésiastiques aliénés par la République, et particulièrement pour ne point retarder le rétablissement de la religion catholique, eu égard à l'importance de l'objet et à la multitude des acquéreurs, dispense, à l'exemple de ses prédécesseurs, les acquéreurs catholiques, ou qui s'étant éloignés de l'unité de l'Église y feront retour, de toute restitution, soit des biens-fonds, soit des fruits perçus ou à percevoir. Il déclare aussi que les autres ne seront pas inquiétés dans leur possession des dits biens, ni par Lui, ni par ses successeurs.

XV

Le gouvernement se charge d'un traitement convenable aux évêques dont les diocèses sont compris dans la nouvelle circonscription, ainsi qu'aux curés de leurs diocèses.

XVI

Il prendra des mesures pour que les catholiques français puissent, s'ils le veulent, faire en faveur des églises des fondations assujetties aux charges de l'État.

XVII

Le gouvernement de la République française jouira des mêmes privilèges, reconnus par le Saint-Siège, dont jouissaient les rois de France avant la Révolution et le changement du gouvernement.

Quelques variantes étaient indiquées comme des concessions auxquelles le plénipotentiaire pourrait souscrire en cas de nécessité. Ainsi dans le premier article, « *étant dans la même religion* » était substitué à « *professant la même religion* ». *Tous les obstacles* remplaçaient les *lois et décrets*. Dans l'article VII il y avait seulement : « *Je promets obéissance au gouvernement.* » L'article XII sur les séminaires et chapitres pouvait être omis dans la convention pour être inséré dans la Bulle.

En résumé, si l'on veut bien comparer ce texte à la lettre du cardinal Martiniana, on verra que le Premier consul obtenait en substance tout ce qu'il avait demandé et que Pie VII avait bien quelque raison d'espérer. « Le Pape, écrivait Cacault le 26 avril 1801, est dans la persuasion que le Premier consul sera content. Nous ne différons, dit-il, que par les tournures et les expressions. Je lui donne tout ce qu'il m'a demandé, mais à l'égard des formes dont je ne puis me départir, il est juste qu'il me laisse parler à ma manière. Sa Sainteté est persuadée que dans une heure de conversation avec le Premier consul, Elle serait parfaitement d'accord avec lui. »

Le projet officiel destiné au gouvernement français fut accompagné de diverses pièces qui le complétaient et devaient en faciliter l'acceptation : un mémoire exposant pour quelles raisons Rome n'avait pu se contenter purement et simplement du texte français, des pouvoirs de plénipotentiaire pour Spina et de nouvelles instructions pour le guider, un bref laudatif à Bernier pour stimuler sa bonne volonté, un projet de bulle de ratification et enfin une lettre en italien adressée au Premier consul et écrite en partie de la main même du Pape. Il était recommandé à Spina de faire tous ses efforts pour que la convention ne fût pas signée par le ministre des relations extérieures et pour qu'elle ne portât point la date républicaine. « Il serait inconvenant qu'au bas d'un traité religieux conclu avec le Saint-Siège figurât, à côté de la signature du plénipotentiaire pontifical, celle d'un évêque qui a été le premier à consommer le schisme en France et qui a dévié du droit chemin avec tant de scandale pour s'abandonner aux plus graves excès[1]. Il faudra aussi que Mgr l'Archevêque ait l'œil ouvert pour éviter un autre inconvénient très grave, celui de la date républicaine. Le nouveau calendrier est une invention diabolique tendant à faire oublier les dimanches et les fêtes du christianisme et il est opposé à la division du temps par semaines, laquelle a été prescrite par Dieu lui-même lorsqu'il a sanctifié le septième jour. »

La lettre à Bonaparte soulevait une question d'étiquette intéressante. Comment fallait-il qualifier le Premier consul ? Les titres que le Pape donne aux

---

[1] L'inconvénient que l'on redoutait à Rome ne put être évité. Talleyrand n'a point signé la convention du 15 juillet 1801 parce qu'il ne se trouvait pas à Paris, mais son nom figure au-dessous de celui de Bonaparte dans l'acte de ratification du mois de septembre.

princes catholiques varient suivant leur dignité. Les empereurs et rois sont nommés *Carissimi in Christo filii nostri*; les princes appartenant aux familles royales ou gouvernant des territoires de moindre importance : *Dilectissimi in Christo filii nostri*; les princes romains et autrefois les doges de Venise : *Dilecti filii* ou *Nobiles viri*. Pie VII, qui avait facilement deviné Napoléon dans Bonaparte, le traita comme les grands souverains, et Spina fut invité à faire ressortir la signification du « *Carissime in Christo fili noster* ». La lettre elle-même dont nous allons donner le texte que nous croyons encore inédit était écrite dans un langage dont il est impossible de méconnaître l'élévation, l'accent de loyauté cordiale et la modération parfaite. Je n'y vois pas trace de la manière *vétilleuse*, *malveillante* et *dissimulée* que Talleyrand reprochait à la cour de Rome, en attribuant au gouvernement français seul le mérite d'avoir discuté avec *franchise*, avec *générosité*, avec la plus *libérale justice*[1].

« La souveraine importance de l'objet dont il s'agit n'a point échappé à la perspicacité dont Dieu vous a doué. C'est la raison qui nous oblige à vous ouvrir tout notre cœur paternel avec la confiance que nous inspirent vos déclarations réitérées, ne doutant pas que vous ne vouliez éterniser votre nom par la plus éclatante de toutes les gloires, en rendant aux Français la religion de leurs pères et en établissant sur cette base assurée le vrai bonheur et le prestige d'une nation si puissante. Nous vous parlerons avec

---

[1] Lettre de Talleyrand à Cacault du 19 mai 1801.

cette loyauté, avec cette candeur qui nous est propre et qui doit être le langage d'un père s'adressant à son fils. »

Le Pape insiste sur la nécessité d'une déclaration explicite en faveur de la religion, sur les ménagements dus aux évêques, sur la nécessité des séminaires et des chapitres. Il demande le retour des ecclésiastiques émigrés et promet toute son indulgence en faveur des prêtres mariés dont il avait jugé qu'il valait mieux ne pas parler dans la convention officielle.

Il voulut écrire la fin de la lettre de sa propre main et il y mit toute son âme de Pontife à la fois très doux et très ferme, prêt à toutes les concessions que lui permettait sa conscience, mais décidé à ne pas franchir les limites qu'elle traçait devant lui : « Arrivé à la fin de cette lettre que nous avons dictée jusqu'ici, nous croyons nécessaire de vous protester de notre main, ô notre très cher Fils, en présence de Notre-Seigneur Jésus-Christ dont nous sommes le Vicaire sur la terre, que, dans la convention remise à l'archevêque de Corinthe, nous avons porté notre condescendance apostolique jusqu'où elle pouvait aller et que nous vous avons accordé tout ce que la conscience pouvait nous permettre. Nous devons vous dire avec la liberté apostolique que, quoi qu'il puisse nous en coûter, nous ne pouvons absolument pas accorder plus. A bien considérer nos concessions, vous remarquerez que ce qui nous a été demandé est accordé en substance. Mais quant aux formes des concessions, aux manières de les exprimer et à quelques circonstances qui les accompagnent, nous n'avons pas pu nous dispenser de quelques modifications auxquelles nous ne pouvions renoncer sans fouler aux pieds les lois les plus vénérables et les usages les plus constants de l'Église catholique...

« Vous comprendrez bien vous-même que ce ne serait pas la religion catholique qui se rétablirait en France (et c'est celle que vous voulez rétablir), mais une autre religion différente, si nous en venions à sanctionner par nos concessions quelqu'une des maximes qu'elle réprouve, ce dont Dieu nous garde et ce que nous ne ferons jamais, dût-il nous en coûter la vie...

« Ce langage franc et loyal que la liberté apostolique nous dicte, vous montrera la confiance que nous plaçons en vous et nous voulons espérer dans le Dieu des miséricordes que nous ne la plaçons pas en vain. Il ne nous reste plus qu'à obtenir de lui par nos larmes [1] ininterrompues que, pour le bien de la sainte Église qu'il a acquise de son sang, il bénisse nos intentions qui sont certainement pures de toutes vues humaines et qui ne tendent qu'à sa sainte gloire.

« Nous finissons cette lettre en vous rappelant avec une affection paternelle comment Dieu accorde une prospérité stable aux nations et à leurs gouvernants quand, en se soumettant à sa religion sainte, ils se reconnaissent pour ses sujets et défendent l'honneur de sa cause. Nous vous prions, par les entrailles de la miséricorde du Seigneur, d'achever l'œuvre de bon augure que pour votre louange immortelle vous avez commencée, et de rendre libéralement à une nation si

---

[1] Ceci n'était point une simple métaphore et Pie VII était souvent ému jusqu'à pleurer, soit en priant, soit en causant, dans les conjonctures graves où la religion était intéressée.

illustre et si grande la religion de ses pères qu'en grande majorité elle vous demande à grands cris. Et pour que vous puissiez réussir heureusement dans une entreprise si sainte et si glorieuse, en implorant pour vous du Ciel son secours suprême dans l'effusion de notre cœur, nous vous donnons, ô notre Très Cher Fils, notre apostolique bénédiction paternelle.

« Donné à Rome, auprès de Sainte-Marie-Majeure, le 12 mai 1801[1]. »

Ce message de paix, avec la convention et toutes les autres pièces dont nous avons parlé, partait pour Paris le 13 mai, confié au célèbre Livio Palmoni. Palmoni arriva trop tard et se croisa en route avec le courrier de France qui apportait la tempête.

Les congrégations romaines avaient donc travaillé pendant deux mois. Ce délai ne parut pas excessif à Cacault qui en fut la cause, comme nous le verrons ; mais, dès la seconde quinzaine d'avril, le Premier consul s'impatiente. Le télégraphe, même aérien, n'existait pas alors entre les chancelleries, la poste était lente et peu exacte, et à Rome, on ne soupçonna pas l'orage qui grondait du côté de la Malmaison.

Spina est harcelé de questions et de reproches sur le retard de Livio, après lequel il soupire : *Sospirato Livio*, et qu'il appelle de tous ses vœux : *Per carità*

---

[1] Les actes pontificaux qui partent du Vatican portent la mention : *donné auprès de Saint-Pierre*. Ceux qui partaient du Quirinal, aujourd'hui occupé par le roi d'Italie, étaient donnés : *auprès de Sainte-Marie-Majeure*.

venga Livio! Bernier se plaint et presse autant que Talleyrand. Il a vu la mission de Cacault avec déplaisir et n'entend point que ce laïque lui confisque la gloire de conclure le Concordat. Aussi le dessert-il de son mieux : « Qu'on le connaisse bien ! Il faut à Rome avoir des égards pour lui et répondre par de la politesse à ses manières affables, mais ne jamais s'y fier, *ma non fidar se ne mai*[1]... Le citoyen Cacault disait lui-même, avant son départ, à Mgr Spina qu'il n'entendait rien aux affaires de l'Église. Je l'en crois sur parole[2]. »

Le retard de Livio donne lieu à toutes sortes de mauvais soupçons, les ennemis de la religion font feu de toutes leurs batteries et le pauvre Spina tremble : « J'attends de jour en jour une scène du Premier consul, et si nous rompons, nous ne rattellerons plus. *Se si rompe nonci attacchiamo più*[3]. » La scène que redoutait le prélat éclata le 12 mai à la Malmaison, où il fut appelé avec Bernier. « Ce matin, j'ai reçu du ministre des relations extérieures l'avis de me rendre immédiatement avec l'abbé Bernier à la campagne du Premier consul. A une intimation pareille, on n'hésite pas un instant à obéir. Arrivé en présence du Premier consul, j'ai dû, au milieu de toute l'urbanité avec laquelle il m'a reçu, l'entendre avec douleur m'annoncer qu'il est mécontent de la conduite de la cour de Rome, et pour la lenteur qu'elle met à renvoyer le projet de concordat qu'elle a reçu, et pour les changements qu'elle y a introduits

---

[1] Spina à Consalvi, 28 avril.
[2] Bernier à Talleyrand, 10 mai.
[3] Spina, lettre particulière à Consalvi, 5 mai.

et qui ont été annoncés par le ministre Cacault. »

Spina n'a point le style coloré, mais il est facile pourtant, avec son pâle récit, de reconstituer les grandes lignes de la conversation de Bonaparte, qui dura plus d'une heure, en présence de Talleyrand. « Rome veut tirer l'affaire en longueur dans l'espérance de quelque changement politique qui favorise ses prétentions. J'aime et j'estime beaucoup le Pape, mais je me défie beaucoup des cardinaux et en particulier du cardinal Consalvi, qui m'a manqué de parole et qui est un ennemi de la France. Il avait promis que le courrier arriverait à la fin d'avril; nous voilà au 12 mai et il n'est pas encore arrivé, peut-être même n'a-t-il pas quitté Rome. De plus, il a été fait à mon projet des changements auxquels je ne puis consentir. Cacault écrit que le Pape ne veut pas admettre l'article qui concerne les évêques, et il prétend que je lui envoie la note de ceux dont je ne veux pas avec mes raisons pour les exclure. Or je vous déclare que je ne veux aucun des anciens évêques et que je ne céderai pas sur ce point. Pourquoi la cour de Rome se laisse-t-elle mener par toutes les puissances non catholiques ? Elle s'adresse à la Russie, à la Prusse, à l'Angleterre. Est-ce que les affaires du catholicisme regardent les hérétiques et les schismatiques ? Il n'y a que moi, l'Empereur et le roi d'Espagne qui ayons droit de nous en mêler. Or vous venez de blesser l'Espagne et de commettre une maladresse insigne en rétablissant les Jésuites à la demande du tsar Paul Ier. Prenez bien garde ; il pourrait vous en coûter cher de vous mettre ainsi sous la protection de la Russie. Pour avoir fait cela, le roi de Sardaigne vient de perdre le Piémont.

« C'est avec moi qu'il faut vous arranger, c'est en moi qu'il faut avoir confiance, et c'est moi seul qui peux vous sauver. Vous réclamez les Légations ? Vous voulez être débarrassés des troupes ? Tout dépendra de la réponse que vous ferez à mes demandes, particulièrement au sujet des évêques. Je suis né catholique, je veux vivre et mourir catholique et je n'ai rien plus à cœur que de rétablir le catholicisme, mais le Pape s'y prend de manière à me donner la tentation de me faire luthérien ou calviniste, en entraînant avec moi toute la France. Qu'il change de conduite et qu'il m'écoute ! Sinon, je rétablis une religion quelconque, je rends au peuple un culte avec les cloches et les processions, je me passe du Saint-Père et il n'existera plus pour moi. Envoyez aujourd'hui même un courrier à Rome pour lui dire tout cela ! »

Spina pliait sous cette invective comme le roseau sous la tempête. « Je sentais bien, écrit-il, toute l'indécence de ce discours, mais comment répondre à un ton aussi menaçant et à un homme dont on peut tout craindre, sinon par la douceur, par les protestations, par les prières, par les moyens les plus doux et les plus propres à l'adoucir ? »

Le reproche relatif à la Russie lui apprit le changement d'attitude de Bonaparte à l'égard de cette puissance. « Le Premier consul m'a raconté en confidence tous les détails de l'assassinat de Paul Ier. Je vois par là que le nom russe qui, il y a deux mois, était si respecté de ce gouvernement, n'est plus mentionné aujourd'hui qu'avec dédain et horreur. » On sait que, dans les derniers mois de son règne, Paul Ier, qui s'était pris d'admiration pour Bonaparte, avait envoyé à Paris M. de Kolytchef pour traiter avec la France. Ce diplomate, au nom de son maître, avait pris en main la défense des princes italiens dépossédés ou menacés, et le délégué pontifical lui avait recommandé les intérêts temporels du Saint-Siège, sans l'initier le moins du monde à la négociation religieuse. La mort de Paul Ier et l'attitude du nouveau tsar avaient amené, entre la France et la Russie, un refroidissement qu'ignorait Spina, et la scène de la Malmaison le guérit de tout désir de retourner chez M. de Kolytchef. Elle eut des conséquences beaucoup plus graves. Dès le lendemain, 13 mai, Talleyrand, Bernier et Spina transmettaient à Rome, par le même courrier, la colère et les menaces du Premier consul, chacun avec son style et sa manière propre. Talleyrand parlait le langage dédaigneux, hautain et dur qu'il prenait avec les faibles :

Au citoyen Cacault.

« ... Le gouvernement de la République a fait pour Rome tout ce qu'il est possible de faire et n'entendra à aucune modification sur l'ensemble ou sur les détails du projet qui lui a été présenté et qui seul peut obtenir son approbation...

« ... Je ne puis me persuader que la cour de Rome s'abuse sur la force des circonstances et tienne encore à l'ancienne manière de gagner du temps. Cette manière est aujourd'hui au nombre de celles qui sont surannées et que la politique romaine doit abandonner. Le temps sert les institutions qui croissent et s'élèvent ; il dévore, quand on le laisse faire, toutes celles qui sont en décadence. La chose la plus prudente que puisse faire la cour de Rome est de profiter des dispositions du gouvernement de la République, qui fait preuve envers elle d'une libéralité dans laquelle il y a autant de courage que de bienveillance. Si elle laisse à ces dispositions le temps de se refroidir, rien ne sera capable de les ranimer et, elle doit en être assurée, rien encore ne sera capable de les remplacer à son avantage.

« Il serait utile à la cour de Rome qu'elle fût instruite que tout ce qu'elle fait pour chercher des appuis hors de la sphère de ses rapports religieux ne fait que la déconsidérer. Ses recours à la Russie et à l'Angleterre nuisent plus au pouvoir moral de la religion que toutes les petites pertes qu'elle déplore, et ne servent de rien à sa consistance politique. Le secret de sa force est tout entier dans le sentiment bien sincère de sa faiblesse réelle et dans une confiance que tout lui recommande de conserver à l'Espagne et à la bienveillance du gouvernement français[1]. »

Bernier était onctueux et ne se montrait touché que du salut des âmes :

Au cardinal Consalvi.

« Je vais, au nom du gouvernement français, parler à Votre Éminence le langage de la franchise. La politique est étrangère aux affaires du ciel ; la foi qui sauve les hommes est étrangère à ses calculs. La vérité seule préside aux discussions de l'Église...

. . . .

[1] Boulay, t. II, p. 400.

Irrité de ces détails et plus encore des promesses faites et restées sans effet, le Consul nous a mandés hier à sa maison de campagne. Il nous a témoigné, à Mgr Spina et à moi, de la manière la plus expressive, son mécontentement, non pas de notre conduite personnelle (Dieu nous est témoin que nous n'avons dit et annoncé que ce qu'on nous promettait), mais des inconcevables délais qu'on oppose aux succès d'une affaire plus importante qu'aucune de celles qui sont maintenant déférées au Saint-Siège.

« Il m'a chargé de dire à Votre Éminence « que
« tout délai ultérieur lui serait personnellement
« imputé ; qu'il l'envisagerait comme une rupture
« ouverte et ferait de suite occuper par les troupes
« françaises, à titre de conquête, les États du Saint-
« Siège ». Il a ajouté « que la France ne pouvait
« être sans religion, qu'il en voulait une, qu'il pré-
« férait la catholique romaine dans laquelle il était
« né et voulait mourir ; qu'il la protégerait spécia-
« lement, la professerait hautement, et assisterait
« en pompe à ses cérémonies ; qu'elle serait recon-
« nue comme religion de la grande majorité des
« citoyens français ; qu'elle serait, en ce sens, domi-
« nante et nationale parce que le vœu dominant et
« national est celui de la majorité ; mais qu'il vou-
« lait qu'on se contentât de la réalité de la chose,
« sans employer ces derniers mots qui produiraient,
« sur certains esprits, le plus mauvais effet ». Il a déclaré « qu'il voulait un clergé soumis et fidèle au
« gouvernement ; que son intention était que les
« acquéreurs des domaines nationaux fussent imper-
« turbables ; et que l'article qui concerne les nomi-

« nations aux nouveaux évêchés fût irrévocablement
« ainsi conçu : « *Sa Sainteté ne reconnaîtra d'autres
« titulaires des évêchés conservés en France que ceux
« qui lui seront désignés comme tels par le Premier
« consul Bonaparte.* » Toute autre rédaction serait rejetée comme ne pouvant s'accorder avec l'état actuel de la France et les vues du gouvernement. Il nous a enfin ajouté « que si ces vues ne pouvaient
« convenir au Saint-Siège, ou s'il en résultait de
« nouveaux délais, il finirait, quoique à regret, par
« prendre un parti quelconque en matière de reli-
« gion, et travaillerait à le faire adopter dans tous les
« endroits où la France étendait son influence ou sa
« domination ».

« S'il en coûte à mon cœur, pour faire à Votre Éminence une pareille déclaration, il ne nous a pas été moins pénible de l'entendre. Elle n'a été adoucie que par l'assurance que nous a donnée le Consul, qu'il était convaincu de nos efforts mutuels pour le bien de la religion et par l'espoir que nous concevons encore qu'un heureux succès viendra enfin les couronner.

« Des délais après des promesses peuvent quelquefois avoir lieu entre des particuliers, mais de puissance à puissance sur un objet majeur, ils sont impolitiques et toujours désastreux. On paraît ne vouloir autre chose que gagner du temps. Le soupçon naît du retard, les obstacles s'élèvent et le succès, que la célérité garantissait, devient impossible.

« Pesez donc ces réflexions, Monseigneur, et agissez, mais sans délai, sans ajournement quelconque. La France appelle sa religion, l'Italie veut la conserver, l'Allemagne désire la protéger. Les États du Saint-Siège réclament un soulagement ; le Souverain Pontife, un accroissement de territoire ; la Chambre apostolique, une décision sur les domaines acquis.

« Les prêtres français gémissent dans l'exil ; ils veulent tous rentrer dans le sein de leur patrie. Eh bien, Monseigneur, rien de tout cela ne pourra s'effectuer sans la décision du Saint-Siège, et elle n'arrive pas ! Que d'utiles occasions perdues ! Que d'âmes on eût sauvées, que de maux on eût évités, que de bien on eût fait, que d'obstacles on aurait vaincus avec plus de célérité !...

. . . .

« Je viens d'exposer à Votre Éminence tout ce que mon attachement à Dieu, à ma patrie, à ma religion et au premier Siège m'a inspiré. Je n'ai tracé ces caractères qu'avec un sentiment pénible de douleur, et ne me suis consolé qu'en pensant que j'avais acquitté, avec la franchise qui m'est naturelle, le devoir de ma conscience. Ma tâche est remplie : il ne me reste plus qu'à attendre, avec l'humilité d'un chrétien soumis et le vif désir d'un catholique zélé, la décision du successeur de Pierre, aux vertus duquel le Premier consul, la France et nous rendons le plus parfait hommage[1]. »

Après avoir écrit cela, il était content de lui, et se vantait auprès de Talleyrand et de Bonaparte de la pureté de son zèle et de son dévouement sans bornes : « J'espère qu'enfin le cardinal Consalvi, abjurant sa prétendue finesse ou sa paresse, nous enverra sans

---

[1] Boulay, t. II, p. 401.

délai et tout bonnement ce que nous demandons ; sinon le Consul avisera au moyen de sauver la religion par d'autres mesures. Mais, je le répète, j'ai tout lieu de croire que Rome ne balancera pas[1]. »
Ces lignes sont fâcheuses pour la mémoire de Bernier qui, pendant cette crise, a prêté docilement sa plume aux menaces et à la violence morale exercées contre le Saint-Siège. Quelles pouvaient être les *autres mesures* dont il acceptait la pensée, sinon un schisme ? Il se trompait sur Rome comme nous allons le voir et, en particulier, sur Consalvi qui n'avait été ni déloyal ni paresseux. Spina, qui le connaissait mieux, lui écrivait dans le même temps : « Vous travaillez comme une bête de somme, *come una bestia*. En devenant cardinal, vous avez promis d'aller jusqu'à l'effusion du sang, mais point jusqu'au suicide : *usque ad effusionem sanguinis, non usque ad internecionem.* » Il aimait le secrétaire d'État et, après les dépêches officielles, il lui envoyait, quand il trouvait des occasions propices, des lettres familières où il s'exprimait avec plus de liberté. En ce moment, les deux amis avaient une intermédiaire sûre dans une Génoise illustre qui habitait à Paris et avec laquelle Consalvi était lié, la marquise de Brignole. C'est elle qui transmit au cardinal les lignes suivantes où Spina exprime de nouveau ses craintes et ses instances.

« Paris, 13 mai 1801.

« ... Cher ami, je vous écris avec toute l'effusion de cœur que l'amitié autorise entre nous. Pourquoi

---

[1] Bernier à Talleyrand, 14 mai.

tant tarder à renvoyer Livio ? Je vous ai toujours recommandé de répondre promptement et d'une façon décisive. Je connais maintenant ces gens-là et je sais quels soupçons ils ont contre nous. Sachez-le, la conférence que j'ai eue hier avec le Premier consul et avec le premier ministre m'a épouvanté, et non pas tant pour l'affaire, mais pour votre personne elle-même qui m'est très chère. Vous ne vous figurez pas comment et par qui il a été insinué au Premier consul que vous avez toujours été l'ennemi des Français. Un rien suffit pour accroître ses soupçons, et ce retard de Livio l'a souverainement alarmé. J'ai dit tout ce que je savais pour le prévenir en votre faveur et pour l'assurer qu'il n'y avait aucun cardinal sur lequel on pût compter plus que sur vous. A la fin, il m'a répondu : « Nous verrons bien au résultat. » Je veux espérer que Livio est déjà en route et va nous arriver, mais croyez bien que chaque jour qui s'écoule nous cause un très grand préjudice...

« Je n'entends pas vous faire de reproche et j'ai pitié de vous, mais mettez-vous à ma place. Mon cœur se déchire quand j'entends qu'on vous attaque, qu'on attaque notre cour, quand on me menace et que je ne sais quoi répondre parce qu'on me ferme la bouche en me disant que j'ai promis l'arrivée du courrier pour les premiers jours de mai...

« Le délai ne dépend pas peut-être de vous ; il faut alors l'expliquer au ministre Cacault pour qu'il vous justifie...

« Je ne dois pas vous cacher ce que j'ai appris hier soir, c'est que l'ordre est donné à Cacault de quitter Rome, si l'expédition du courrier est encore retardée.

Tâchez que le même Cacault démente que le retard soit dû à l'influence des puissances étrangères. La mauvaise humeur du gouvernement et ses soupçons sont connus de beaucoup de monde, comme vous l'écrira votre amie, avec laquelle j'en ai longuement parlé. Tous les deux, nous nous intéressons à vous et nous voudrions qu'on ne pût rien vous attribuer des désastres dont nous sommes menacés. Je dois vous faire les compliments de Bernier, qui a dû vous écrire avec déplaisir la lettre qui est partie hier avec la mienne et qui, l'écrivant au nom du gouvernement, a dû la mettre sous les yeux du ministre. Nous sommes à quatre heures de l'après-midi du 14, et Livio n'est pas encore arrivé ! »

Livio avait quitté Rome le 13 et, il serait parti vingt quatre jours plutôt sans Cacault qui fut la principale cause du retard dont on s'irritait à Paris. En effet, le ministre français avait demandé à connaître en détail la négociation, au succès de laquelle il était chargé de travailler. Consalvi le trouvant au courant de tout et pourvu du texte sur lequel on discutait, crut bien faire de lui communiquer les changements qui avaient été jugés nécessaires. Cacault éleva des difficultés et insista pour qu'on s'en tînt aux termes du Premier consul. On essaya de le persuader et de le satisfaire en partie. Il fallut rassembler de nouveau la Congrégation; le Pape lui-même intervint, et tout cela prit environ trois semaines. Il avait été convenu que le secret le plus absolu serait gardé par les deux diplomates sur ces communications et sur les termes du traité. Consalvi ne prévint point Spina, mais Cacault, manquant de parole à bonne intention, écrivit à Paris qu'il y avait des changements et il n'exposa pas la question des évêques avec les nuances voulues.

En définitive, l'un n'était pas plus répréhensible que l'autre, et il n'y a pas lieu de leur reprocher ces combinaisons qui étaient plausibles, quoiqu'elles n'aient réussi qu'à irriter le Premier consul. En diplomatie comme en guerre, l'inconnu providentiel, ce que les hommes appellent le hasard ou la chance, joue son rôle dans les événements. Les heureux y remportent des succès dont on leur fait trop d'honneur et les autres, des échecs qu'on leur reproche trop sévèrement : ils ont eu affaire à l'imprévu. « Ce jeune homme, disait un vieil officier autrichien, a inventé une manière de faire la guerre à laquelle on ne comprend rien. » — « Le jeune homme » innovait aussi en diplomatie, et avec lui, selon la remarque de Spina, les ministres les plus expérimentés et les plus habitués aux grandes affaires perdaient la boussole : *fa perdere la bussola*.

Consalvi se défendit dans une lettre à Bernier, qui est une réfutation des griefs allégués et surtout une protestation d'honnête homme blessé au cœur par une accusation de déloyauté. C'est une des premières qu'il ait écrites en français, car il se servait de l'italien avec Cacault qui le savait.

« Je reçois presque dans le moment la lettre que vous venez de m'écrire, datée du 13 mois courant. Je l'avouerai, avec ma franchise assez connue, mon cœur n'a pu n'y être très sensible. Je croyais, Monsieur, d'être au-dessus de tout soupçon en matière de duplicité de caractère, soit pour ma conduite constante, soit pour les preuves que j'avais données, particulièrement à l'égard des affaires de France. Le fait a déjà répondu pour moi : le même jour que vous m'avez écrit, Monsieur, votre lettre (le 13 mai), le courrier Livio était parti de Rome; ainsi tout ce qu'il a apporté à Paris ne pourra pas être regardé comme l'effet de votre lettre. »

Il expose ensuite les raisons du délai et le rôle du ministre français. « Nous étions convenus ensemble que ni l'un ni l'autre aurait rien écrit pour ne pas donner des inquiétudes et laisser la chose dans son ensemble. Je tins avec scrupule ma parole. Mgr Spina n'en sut rien du tout; vous l'avez vu vous-même. M. Cacault a jugé de faire autrement. Je ne m'en plains point; il a cru faire le bien, car il est un très honnête homme. Mais je dois à moi-même de vous faire connaître la vérité exacte des choses...

. . . .

« J'en ai dit assez, à ce qu'il me semble, pour vous marquer, Monsieur, d'où la délation a été occasionnée. Il est inutile, j'espère, après tout ceci, de vous marquer combien la politique et le désir de gagner du temps n'y est entré pour rien. Mais je dois à mon honneur, je dois à celui du Saint-Père de vous en dire un mot. Oui, Monsieur, cette persuasion-là est bien éloignée de la vérité; c'est bien nous faire tort que de la soupçonner. Le caractère du Saint-Père est assez connu pour lui-même. Je m'étais flatté que Mgr Spina aurait donné une idée plus exacte du mien, qui m'aurait mis au-dessus de tout soupçon dans ce genre. J'en appelle aussi à tous les Français qui ont eu affaire avec moi. Je n'en dirai pas davantage. Le gouvernement français lui-même a vu si le Saint-Père a mêlé rien du temporel dans la trétative des affaires ecclésiastiques. Ainsi je ne puis ne pas être sensible à ce que je lis dans votre lettre que tout délai ultérieur « me serait personnellement imputé ». J'y suis sensible, Monsieur, parce que je ne puis me reprocher (je vous l'assure) de n'avoir rempli très exactement mon devoir, et de n'avoir tâché toujours de faire de mon côté tout mon possible pour le bien et pour conserver la bonne correspondance et les relations amicales entre les deux gouvernements. Mais si je suis soupçonné du contraire, le bien de la chose exige, Monsieur, que je ne reste pas dans la place que j'occupe. Un seul mot suffit pour m'en faire demander la démission.

« Permettez-moi, Monsieur, quoique je n'aie pas le plaisir de vous être connu personnellement, de vous en dire un mot en particulier. Je ne tiens nullement à ma place. Au contraire, je l'abhorre et la déteste plus que la mort. Je l'ai acceptée par obéissance, je la garde par reconnaissance ; j'ai pensé que j'aurais tous les torts vis-à-vis de mon souverain et de mon bienfaiteur si je refusais mes faibles services dans un temps périlleux, dans des circonstances si difficiles. Mais s'il y a une issue par laquelle je puisse marcher sans blesser lesdits devoirs, je me regarderai comme le plus heureux de tous les hommes. Cette issue serait celle, sans doute, de se démettre, si l'on ne jouissait pas de la confiance qui serait nécessaire au bien réciproque. Soyez bien assuré, Monsieur, que je n'en aurais aucun regret, et je ne cesserai pas pour cela de faire les vœux les plus ardents pour la conservation de la bonne intelligence entre les deux gouvernements, qui se trouve heureusement rétablie, et pour la paix et la tranquillité de la France, à laquelle est attachée celle de l'Europe. Vous voici, Monsieur, mes sentiments sincères.

« Je dois à la vérité une observation sur une expression de votre lettre. En nombrant les différentes choses dont il n'est pas possible de traiter jusqu'à la conclusion de l'arrangement sur la grande affaire, vous parlez d'un accroissement désiré par Sa Sainteté de son territoire. Le Saint-Père n'espère des bonnes dispositions du Premier consul que la restitution des États qui déjà appartenaient à l'Église romaine; il n'a aucune vue de s'agrandir.

« Je finirai, Monsieur, par vous témoigner ma reconnaissance pour tout l'intérêt que vous prenez à moi; je ne l'oublierai jamais. Je me ferai toujours un devoir de vous prouver, par des faits, l'estime et l'attachement que je vous conserverai constamment et j'attends que vous m'en fournissiez les occasions.

« *P. S.* — J'ajoute que mon honneur et le bien de la chose exigent que vous veuillez bien avoir la complaisance de chercher un moment favorable pour faire connaître au Premier consul les éclaircissements que j'ai donnés.

« J'avais oublié de parler de l'influence des autres cours, à laquelle on a attribué le délai. Mais lesquelles? Que l'on trouve un seul homme (à l'exception des cardinaux et du secrétaire de la Congrégation) qui en ait pénétré la moindre chose. Il est longtemps qu'un silence pareil était inconnu à Rome. Sa Sainteté a su le faire garder; il est encore ignoré tout à fait. Où est donc l'influence extérieure ? Je n'en dirai pas davantage. »

A Spina, comme à Bernier, il déclarait qu'il était tout prêt à quitter son poste. « Soyez assuré que s'ils font sentir qu'ils n'ont pas confiance en moi et qu'ils me fassent sauter, ils acquerraient un droit éternel à ma reconnaissance parce qu'ils m'ouvriraient la route pour sortir de ce maudit emploi sans manquer de reconnaissance au Pape. Je croirais être ingrat et vil en abandonnant son service dans un temps si périlleux et si orageux ; mais je serais très heureux de m'en aller, d'autant plus qu'étant fort sensible, je perds la santé par la fatigue et par les amertumes qui me déchirent le cœur. »

Le meilleur avocat de Consalvi et de Rome, ce fut Cacault, et il faut qu'il ait été bien convaincu, car il est rare qu'un diplomate réfute ainsi son propre gouvernement et prenne parti contre lui pour le gouvernement qu'il est chargé d'accuser et de menacer.

« Il n'y a de la part de cette cour aucun désir de traîner en longueur ; on est gauche, lent par nature et de plus théologiens de métier... Je vous certifie que tout ce qui nous contrarie et impatiente, ce qui nous surprend et donne de l'indignation est tout simplement dans la nature de l'affaire et dans l'esprit des congrégations. On peut anéantir la cour de Rome, on ne saurait changer sa marche ancienne ni ses dogmes.

« J'ai cherché à pénétrer si l'intrigue des Anglais ou celle des ci-devant Princes français avait agi contre nous. Le Pape lui-même m'a assuré qu'on l'avait laissé tranquille à l'égard du projet du Concordat : ce qu'il attribue au secret bien gardé et à la persuasion où sont nos ennemis que l'accord ne s'effectuera jamais. Je tiens aussi de la bouche du Pape qu'il n'a pas la moindre correspondance politique avec l'Angleterre. J'ai pensé que le nouvel empereur Alexandre pourrait se livrer aux Anglais, s'unir à eux pour nous empêcher de réussir avec Rome. Rien ne m'indique en la moindre chose que cela soit; et le Pape n'a à présent aucun rapport ou communication avec la nouvelle cour de Russie qui puisse donner de l'ombrage...

« On mande de Paris que le Premier consul a marqué l'intention de prier le Pape d'éloigner de lui douze personnes dont trois sont nommées savoir : le cardinal Consalvi, le cardinal Antonelli et l'abbé Bolgeni. Le pape est très attaché au cardinal Consalvi, sa créature, homme de quarante-quatre ans, actif, laborieux et qui a de la capacité. Ce ministre me paraît très bien voir qu'en servant la France, il acquerra le plus puissant appui et que c'est la seule manière de consolider le règne de son maître. Il me semble travailler dans cet esprit; il connaît parfaitement les affaires qui nous intéressent. Je ne crois pas qu'un autre secrétaire d'État valût mieux pour nous ».

Toutes ces justifications n'arrivèrent point à temps et ne servirent de rien. Du 12 au 19 mai, Spina subit un *crescendo* de reproches et de menaces, qui aboutit à un *ultimatum* net, impérieux et tranchant.

Talleyrand à Cacault.

« Paris, 29 floréal an IX (mai 1801). »

« Depuis la date de ma dernière lettre, les nouvelles données que le gouvernement de la République a recueillies sur les dispositions de la cour de Rome, le portent à se confier moins que jamais dans la sincérité de ses protestations apparentes. Ses délais, ses tergiversations, les arguties, enfin, qu'elle oppose à des considérations de la plus grave importance, tout lui fait croire qu'elle se laisse aller à la dangereuse entreprise de lutter contre les circonstances, de se jouer de la France et de marchander sur de frivoles accessoires, quand la question de son existence comme puissance temporelle n'est pas encore résolue, et quand celle même de son existence spirituelle n'est pas hors de toute contradiction.

« Je vous ai exprimé, dans ma dernière dépêche, l'intention positive du Premier consul de finir cette discussion dans les termes arrêtés à Paris. Il ne peut entendre à aucune modification, ni sur le fond, ni sur la forme, ni sur les expressions convenues. Le projet qui lui a été proposé a été discuté avec une égale attention de ne s'écarter ni des bornes que la religion a posées à l'étendue de la puissance du Saint-Siège, ni de celles que les droits politiques et la force des circonstances ont assignées au pouvoir du gouvernement.

« Il est reconnu ici que la cour de Rome peut ce qui lui est demandé, et que le gouvernement ne peut rien au delà de ce qu'il se propose de faire. Les observations qui vous ont été faites supposent que le Saint-Père ou ses ministres s'abusent sur leur position et sur la nôtre, et qu'ils n'ont pas su se faire une idée de la manière dont la question a été traitée à Paris. Il faut qu'ils se pénètrent bien de cette double vérité : 1° qu'ici les matières théologiques sont aussi connues qu'à Rome, et que des hommes aussi éminents dans la connaissance de ces objets que les conseillers actuels de Sa Sainteté peuvent l'être, ont trouvé que la religion, ni ses dogmes, ni ses maximes, ni sa discipline, ne pouvaient recevoir aucune altération des clauses imposées au Saint-Siège par les articles convenus; 2° que le gouvernement de la République est fermement décidé, soit à obtenir complètement et promptement ce qu'il désire, soit à rompre définitivement toute négociation sur des objets qu'il a discutés avec franchise, avec générosité, avec la plus libérale justice, et dans la discussion desquels la cour de Rome ne s'est montrée que vétilleuse, malveillante et dissimulée.

« En conséquence, citoyen, j'ai l'ordre formel du Premier consul de vous informer que votre première démarche auprès du Saint-Siège doit être de lui demander, dans le délai de cinq jours, une détermination définitive sur le projet de convention et sur celui de la bulle dans laquelle la convention doit être insérée, qui ont été proposés à son adoption. Si, dans le délai que vous êtes chargé d'offrir, les deux projets sont adoptés sans aucune modification, les deux États seront liés de fait par des rapports pacifiques, dont le Saint-Siège doit enfin sentir plus que jamais l'importance, et même la nécessité. La publicité de ces rapports se trouvera ensuite honorablement constatée par la proclamation des articles convenus et insérés dans le projet arrêté de la bulle du Saint-Père.

« Si des changements vous sont proposés et que le délai expire, vous annoncerez au Saint-Siège que votre présence à Rome devenant inutile à l'objet de votre mission, vous vous voyez obligé à regret de vous rendre auprès du général en chef ; et vous partirez, en effet, sur-le-champ pour Florence. Vous ne donnerez pas à cette déclaration les formes d'une menace, mais vous en laisserez tirer les conséquences qu'on voudra.

« Le Saint-Père est entouré de perfides conseils. Le gouvernement de la République n'ignore ni la source ni le but des instigations dont il est l'objet. Il désapprouve, et tout ce qu'il y a d'hommes sensés en Europe blâment les tentatives inconvenantes qu'une cour, qui est à la merci de tout le monde et qui devrait connaître ses vrais appuis, ne cesse de faire pour en mendier hors de la sphère de ses rapports religieux. Le gouvernement de la République enfin, ne peut être insensible à l'espèce d'ingratitude avec laquelle elle répond à tous les efforts qu'il a faits pour l'arrêter au bord de l'abîme, pour ralentir, s'il se peut, le cours progressif de la décadence de son pouvoir. Il y a lieu de s'étonner qu'elle s'aveugle au point de méconnaître que rien encore n'est canoniquement établi sur la nomination du Souverain Pontife ; que cette nomination, faite sous l'influence immédiate et directe d'une seule puissance, a besoin d'être reconnue par toutes les nations intéressées à sa légalité; qu'elle a été insolite quant au lieu, et que son appareil et ses formes ne l'ont pas consacrée peut-être avec une suffisante authenticité. »

C'était la première fois que la validité de l'élection pontificale était mise en question, et la prétention de la contester semblait étrange de la part du gouvernement qui avait emprisonné Pie VI et empêché le conclave de se tenir dans les conditions ordinaires.

« Dans une telle situation, y a-t-il de la prudence à épiloguer sur un mode de réconciliation politique et religieuse avec le gouvernement le plus puissant de l'Europe, et avec la nation la plus nombreuse de catholicisme chrétien.

« Je vous invite à faire entrer ces observations dans vos entretiens, soit avec le Saint-Père, soit avec ses ministres et dans les formes que vous croirez les plus propres à toucher la sensibilité de l'un et à éclairer l'aveuglement des autres. Je souhaite qu'elles aient l'effet que nous avons lieu d'en attendre. Si elles ne produisaient pas cet effet, vos dernières instructions sont, je vous le répète, de vous retirer à Florence, cinq jours après que vous aurez fait connaître les ordres que je suis chargé de vous adresser.

« Je vous observe encore, pour ne rien laisser d'incertain sur les intentions du Premier consul, que si, avant la réception de cette dépêche, il était parti de Rome un courrier, porteur d'un projet modifié à quelque degré que ce soit, vous ne devez laisser au Saint-Siège aucune espérance sur l'effet de pareilles dispositions, et les instructions que je vous adresse doivent être ponctuellement remplies, soit dans ce cas, soit dans tout autre.

« *P.-S.* — Mgr Spina, qui connaît parfaitement la question et les intentions du Premier consul, écrit par le courrier que je vous expédie, et dans le même sens que moi.

« Vous devez remarquer que l'article relatif à la démission des anciens évêques doit être rédigé de la manière suivante : « Sa Sainteté ne reconnaîtra « pour titulaires des évêchés conservés en France « que ceux qui lui seront désignés par le Premier « consul. »

Bernier, comme d'habitude, versait son eau bénite dans ce vinaigre distillé si habilement et si savamment.

Bernier à Consalvi.

« ... Qu'attendez-vous donc, Monseigneur ? Pourquoi tarder si longtemps à rendre au plus puissant des peuples de l'Europe le seul bien qu'il désire ? Ne le voyez-vous pas étendre son influence victorieuse en Espagne, en Allemagne, en Hollande, en Suisse, en Italie ? S'il n'est pas catholique, si l'unité rompue le sépare de Rome, quels dangers pour l'Eglise, le Saint-Siège et l'Europe ! Qui oserait les prévoir sans frémir ? Qui pourrait les connaître et posséder entre ses mains le préservatif sans l'appliquer de suite ?

« Hélas ! fallait-il donc attendre que les menaces suivissent les invitations ? N'était-ce pas assez de nos prières, de nos vœux et de nos larmes ? Deux mois ne suffisaient-ils pas pour l'examen sérieux du projet ? Ils sont écoulés ; et rien ne paraît, rien ne satisfait l'ardeur impatiente d'un peuple affamé de sa religion. Au nom de cette institution divine, au nom du Saint-Siège dont nous désirons tous de conserver l'éclat et les prérogatives, au nom même de vos propres intérêts, rompez un désastreux silence.

Envoyez sans délai cette Bulle, ce Concordat si long-temps désiré. Il n'existe plus que ce seul moyen de conserver en France, en Italie, la religion de nos pères, le pouvoir temporel du Saint-Siège à Rome, les électorats ecclésiastiques en Allemagne et peut-être la paix intérieure dans la majorité du continent européen. Je le dis à Votre Éminence avec autant de douleur que de vérité : encore cinq jours de délai ou un refus, et tout est rompu.

« Pardon mille fois, si j'emploie des expressions aussi fortes ; mais la conviction du danger, la crainte, la douleur, le salut de ma religion et celui de mon pays me les arrachent. Je sens l'impression qu'elles feront sur vous, et déjà mon cœur attristé se soulage, en pensant qu'il existe encore dans votre prudence et votre célérité un moyen de succès. Puissent mes pressentiments et mes vœux ne pas être trompés ! »

De nouveau, auprès de Talleyrand[1] et du Premier consul, il se vantait de l'activité de son zèle, puis il s'en allait cajoler et rassurer l'infortuné Spina, auquel il persuadait que, sans lui, tout serait allé bien plus mal, qu'il avait la pleine confiance du Premier consul et faisait tout pour le calmer. Il le chargeait de ses compliments pour Consalvi et déplorait la nécessité où il se trouvait de lui écrire des choses dures qui ne trahissaient point ses vrais sentiments.

Le courrier porteur de l'*ultimatum* arrivait à Rome le 28 mai et les terribles dépêches étaient immédiatement communiquées au cardinal.

---

[1] Nous avons cité son billet à Talleyrand.

Cacault à Talleyrand.

« Rome, 8 prairial an IX (28 mai 1801).

« J'ai reçu aujourd'hui votre lettre du 29 floréal (19 mai). Le secrétaire d'Etat est malade de la fièvre. Je lui ai envoyé sur-le-champ demander une audience. Il me l'a donnée ce soir dans son lit. Je lui avais transmis auparavant les lettres que Mgr Spina et le citoyen Bernier lui ont écrites ; elles l'avaient instruit de ce que j'avais à lui dire. Il en était dans la plus vive agitation ; il m'a dit que le Pape en mourrait si je partais. Sa Sainteté croit que les pièces envoyées par son courrier, sans être mot pour mot telles que les actes rédigés à Paris, seront approuvées et admises. Le cardinal m'a assuré qu'on avait changé la rédaction sur laquelle j'avais fait des observations ; que la lettre du Pape au Premier consul exprimait ses sentiments d'une manière satisfaisante. Il avait toujours la fièvre : je n'ai pu insister ce soir sur tous les points de votre lettre. J'ai rendez-vous demain avec lui ; je verrai Sa Sainteté, et tous les ordres que vous me transmettez seront ponctuellement exécutés. »

Une lettre familière de Consalvi à Spina nous rend ses impressions au vif :

« J'étais au lit avec la fièvre quand m'est arrivée votre dépêche du 19 et celle de l'abbé Bernier. Imaginez quelle médecine ! Oh ! Dieu bon ! Peut-on penser et repenser à un pareil fait sans en mourir ? Tant de réflexions, tant de fatigues, tant de soins, tout cela jeté au vent ! Nous voici à une rupture. Et comment ?

Après avoir tout accordé au fond, après avoir combiné les moyens de nous accommoder aux circonstances actuelles de la France. Grand malheur ! Il faut adorer les décrets de la Providence... Quel mal n'a pas fait M. Cacault sans mauvaise intention !... S'il s'obstine à partir, tout est perdu... Je lui ai dit que j'allais donner immédiatement ma démission. Je ne me suis pas laissé vaincre par ses répugnances pourtant très fortes. Ce matin, je l'ai offerte au Pape et je lui ai dit comme Jonas : *Si cette tempête est venue à cause de moi, jetez-moi à la mer.* Pauvre Pape ! Il a eu la bonté de s'en affliger. Pensez s'il m'en coûte d'ajouter à ses afflictions, mais le bien de l'Église l'exige... Voilà assez écrire. Je suis mort de fatigue et de sommeil, je n'en puis plus, je ne me trouve pas bien et voyez dans quel moment[1] ! »

A Bernier, Consalvi expose de nouveau sa justification et sa ferme volonté de se démettre avec un accent plus ému encore que précédemment. Il termine ainsi son apologie :

« Il me reste une grâce, Monsieur, à vous demander. Mon honneur et mon respect exigent que le Premier consul sache que j'ai été soupçonné à tort. Vous aurez bien la bonté de lui représenter la vérité ; je veux espérer qu'il la reconnaîtra ; je m'en flatte.

« Nous voilà après[2], Monsieur, une longue lettre, mal écrite dans une langue que je sais fort peu et faite très à la hâte. Ce n'est pas aux expressions que vous devez faire attention, elles ne seront pas

---

[1] Consalvi à Spina, 3o mai 1801.
[2] Cela veut dire *à la fin* d'une longue lettre.

exactes, mais quant aux sentiments qu'elle renferme, ils sont ceux d'un homme d'honneur et qui croit par là avoir des droits à votre estime. »

Le Pape, lui aussi, fut profondément ému du coup de foudre qui éclatait au moment même où il croyait toucher au succès et il répéta comme son ministre : « Tout est perdu si Cacault s'en va. » Il supplia donc dans les termes les plus pathétiques Cacault de demeurer. Ne le pouvait-il pas ? La situation n'était-elle pas changée depuis le départ du courrier français ? Livio était arrivé porteur des messages conciliants et des concessions accordées. Le Premier consul en était très probablement satisfait et peut-être qu'au moment même où Rome était agitée, Paris était rentré dans le calme. Il était possible, il était opportun d'attendre la réponse qui serait faite aux propositions envoyées et l'effet de la lettre du Pape au Premier consul. Cacault dut répondre que l'hypothèse avait été prévue par Talleyrand et que son ordre de départ restait absolu et irrévocable. Il envoya donc l'*ultimatum* qu'il comparait avec raison au cercle de Popilius. En voici le texte tel qu'il figure dans les pièces officielles qui furent communiquées aux cardinaux :

« LIBERTÉ ÉGALITÉ
« Rome, 9 prairial an IX (29 mai 1801).

A S. Em. le cardinal Consalvi, secrétaire d'Etat.

« Éminence,

« J'ai reçu l'ordre d'annoncer au Saint-Siège de la part du Premier consul :

1° « Que le gouvernement français ne peut entendre à aucune modification ni sur le fond ni sur la forme du projet de convention et sur celui de la bulle qui ont été proposés à l'adoption de Sa Sainteté ;

« 2° Que si le Pape n'a pas adopté dans le délai de cinq jours sans modification les deux projets susdits, ma présence à Rome devenant inutile à l'objet capital de ma mission, je me verrai obligé à regret, en vertu de mes ordres, à me retirer à Florence ;

« 3° Que si, dans le délai précité, les deux projets sont adoptés sans aucune modification, les deux États seront liés de fait par des rapports pacifiques. La publicité de ces rapports se trouvera ensuite honorablement constatée par la proclamation des articles convenus insérés dans le projet arrêté de la bulle du Saint-Père.

« Agréez l'assurance de ma haute considération.

« Cacault. »

On voit en présence de quelle douloureuse alternative se trouvait le Saint-Père. Se soumettre à l'*ultimatum*, accepter des expressions unanimement jugées contraires aux maximes et aux formes consacrées dans l'Église, ratifier des concessions énormes sans garantie et sans compensation, c'était abdiquer devant la violence, abaisser la dignité du Saint-Siège et compromettre son autorité pour toujours ; c'était vraiment se démettre. La résistance, c'était la conquête de Rome, la fuite ou la captivité, le renouvellement de tous les malheurs de Pie VI, peut-être avec un second schisme, un anti-pape et la persécution déchaînée dans une grande partie de l'Europe. Pie VII n'hésita pas.

C'est l'erreur des hommes d'État qui se trouvent en conflit avec l'Église de croire qu'on en obtient tout par la force. Voyant qu'elle est généralement gouvernée par des hommes âgés, doux et conciliants, et qu'elle a beaucoup cédé dans le cours de son histoire, ils s'imaginent qu'elle cédera toujours et ne mettra aucun terme à sa condescendance. Dès lors ils n'en mettent aucun à leurs exigences ; ils parlent haut, ils menacent, ils sévissent et, tout infatués d'eux-mêmes, ils chantent victoire à l'avance jusqu'à ce qu'ils rencontrent le granit, c'est-à-dire le *Non possumus* invincible de ces vieillards qui, poussés à bout, acculés à la violation d'un serment et à la trahison d'un devoir, finissent par tendre paisiblement les mains aux chaînes et la tête au glaive en disant : « Faites ce que vous voudrez, nous sommes prêts à mourir ! » Pie VII opposa donc un refus net et décisif à la sommation de la France, et il faut rendre cette justice aux cardinaux, que tous le soutinrent dans l'épreuve et l'encouragèrent à la résistance.

« Le Pape a réuni, au sujet de ma notification, la congrégation des douze cardinaux, afin de tenir conseil avec eux sur la déclaration que j'ai adressée au Saint-Siège. Le Pape et la congrégation ont persisté dans l'opinion qu'il n'était pas au pouvoir de Sa Sainteté de signer sans aucune modification le projet de convention et la bulle envoyés de Paris. Le Pape, élevé dans le cloître, a des sentiments d'anachorète, est homme de bon cœur et de bon caractère : mais il n'y a pas moyen de le décider, d'autorité, à signer *hic et nunc*. Il me répète sans cesse : « J'ai accordé au
« fond tout ce que l'on m'a demandé ; je ne refuse-

« rai rien de ce qu'il sera possible. Aucun intérêt
« temporel ne peut me faire parler autrement qu'il
« n'est prescrit par le dogme ; aucune influence ni
« considération n'a agi sur moi dans cette affaire. Je
« n'ai pas eu le mérite de résister à des insinua-
« tions des ennemis de la France ; il ne m'en a pas
« été fait. Je suis animé plus que le Premier consul
« du désir d'accomplir ses intentions vertueuses ;
« et qui ne voit ici que notre intérêt est de le con-
« tenter ?

« Son nom est respecté et chéri ; il n'y a personne,
« dans le Sacré Collège de Rome, qui ne souhaite la
« protection de la France pour cet État et l'accord
« entre les Français et le Pape. Les malveillants rou-
« giraient de marquer la moindre opposition à une
« œuvre sainte, qui sera utile à tous. Les modifica-
« tions que la religion nous fait une loi d'exiger
« peuvent être exprimées de diverses manières ;
« c'est sur quoi on s'entendra. Il ne s'agit que de
« s'expliquer. » Je n'ai pas manqué de représenter
au Pape qu'il avait le pouvoir d'accorder tout ce que
nous demandons, et que son extrême circonspection
à cet égard pouvait devenir une faiblesse ruineuse
pour la France, pour son État et pour la religion ;
que le pouvoir de lier et de délier était sans limites,
lorsqu'il s'agissait de prévenir des maux infinis. Je
ne l'ai pas seulement ébranlé[1]. »

Les épreuves futures du Pape, l'effraction du Quirinal, l'attentat du général Radet, tout le drame de
Savone et de Fontainebleau était contenu en germe

---

[1] Cacault à Talleyrand.

dans cette petite phrase : « Je ne l'ai pas seulement ébranlé. »

Pendant deux jours la cour de Rome fut livrée aux alarmes et les cardinaux tremblèrent[1]. Consalvi sonda le ministre d'Espagne pour savoir si le roi Charles IV consentirait à donner asile au Pontife. Il n'obtint rien de rassurant, l'Espagne n'ayant aucune envie de se brouiller avec la France dont elle était devenue l'alliée. Cependant les signes alarmants se multipliaient, le bruit de la rupture se répandait, les garnisons françaises de Toscane avaient été augmentées et dessinaient des mouvements de mauvais augure, et à Rome même les patriotes redevenaient insolents et criaient que le fruit était mûr. « Nous voilà à l'extrémité », écrivait Consalvi le soir du 3o mai. Ce fut alors que Cacault eut une inspiration de bon Français et de bon chrétien. Ce Breton, plus Italien que les Italiens eux-mêmes, trouva la *combinazione* qui sauva la situation. Il avait amené avec lui comme secrétaire un jeune homme de talent, le futur historien de Pie VII, M. Artaud, qui a raconté l'incident dans une page qui est assurément la plus intéressante de son livre.

« Ce ministre habile reconnut sur-le-champ l'inconséquence de ces ordres[2] ; il me fit prier de passer chez lui, et après que j'eus lu la lettre, il me dit :

« Il faut obéir à son gouvernement ; mais il faut

---

[1] Il y a des historiens qui affirment que l'*ultimatum* était une feinte et que Bonaparte ne voulait point exécuter les menaces. Les contemporains les mieux placés pour savoir la vérité, et Cacault le premier, crurent à l'imminence du péril.

[2] Des ordres qui lui ordonnaient de quitter Rome si l'*ultimatum* n'était point accepté.

« qu'un gouvernement ait un chef qui comprenne les
« négociations, des ministres qui le conseillent
« bien et que tout cela s'entende. Il faut qu'un gou-
« vernement ait une volonté, un plan, un but.

« Il faut qu'il sache nettement ce qu'il veut, et cela
« n'est pas aisé dans un gouvernement nouveau. Je
« suis en vérité maître de cette affaire, moi, en sous-
« ordre. Si nous sommes à Rome comme on est à
« Paris, ce sera un double chaos. Après ce que j'ai
« fait pour vous, après les preuves d'affection que
« vous m'avez données, je n'aurai plus rien en
« réserve. Il est bien établi que le chef de l'État
« veut un concordat ; il veut cela de longue époque ;
« avant Tolentino, il se disait le *meilleur ami de*
« *Rome*. Dans ce temps-là, pour faire passer cette
« proposition insolite, il avait été nécessaire seule-
« ment de commencer par dire à un cardinal-arche-
« vêque de Ferrare, à un des plus grands princes de
« l'Italie, qu'on pourrait le faire fusiller. Le Premier
« consul veut donc un concordat ; c'est pour cela
« qu'il m'a envoyé et qu'il m'a donné en aide celui
« que je désirais. Il pense, le Premier consul, que
« moi aussi je veux un concordat ; mais ses ministres
« n'en veulent peut-être pas ; ses ministres sont près
« de lui ; et le caractère le plus facile à irriter et à
« tromper, c'est celui d'un homme de guerre qui ne
« connaît pas encore la politique et qui en revient
« toujours au commandement et à l'épée. Cependant,
« moi aussi, je vais faire à sa manière... Je vous
« donne deux heures pour réfléchir à ceci ; Mattei
« ne voulait qu'un quart d'heure pour se préparer
« aux gracieusetés du général. Nous retirerons-nous

« niaisement, comme le porte la dépêche, et alors la
« France est menacée pour un temps, d'une sorte
« d'*irréligiosisme*, mot aussi barbare que la chose,
« d'un catholicisme bâtard, ou de cette doctrine mé-
« tisse qui conseille de s'en tenir à un patriarche ;
« alors, qui sait ? Les destinées probables du Pre-
« mier consul ne s'accompliraient peut-être jamais.

« Nous ne sommes ni l'un ni l'autre de mauvais
« chrétiens. J'ai bien vu ce que vous avez été jus-
« qu'ici, moi je suis un révolutionnaire corrigé :
« voilà comme, après les guerres civiles, les hommes
« de partis différents sont souvent à côté l'un de
« l'autre, désarmés et amis !

« J'aime Bonaparte, j'aime le général ; cet affuble-
« ment d'un nom de Premier consul est ridicule ; il
« a pris cela de Rome, où cependant il n'a jamais
« été. Pour moi, il est toujours le général d'Italie.
« Les destinées de l'homme terrible, je les vois
« presque absolument dans mes mains, plus que dans
« les siennes; il devient une manière d'Henri VIII,
« il aime et il blesse tour à tour le Saint-Siège ; mais
« que d'autres sources de gloire peuvent se tarir
« pour lui s'il fait le Henri VIII à faux ! La mesure
« est comblée, les nations ne laisseraient peut-être
« plus leurs maîtres disposer d'elles en fait de reli-
« gion. Dans l'autre voie, avec le concordat, il y a
« des prodiges ; il y en a surtout pour lui, et s'il
« n'est pas sage, il en restera pour la France. Soyez
« sûr, Monsieur, que des hauts faits tentés à propos
« et qui tournent bien sont, à tout prendre et à
« quelque génie qu'on les doive, une riche dot pour
« un pays. Un pays, quand il lui survient des em-

« barras, répond à bien des insolences par son his-
« toire. La France, avec ses défauts, a besoin d'être
« en fonds de grandeur. Le général compromet tout
« avec ce coup de pistolet tiré pendant la paix, pour
« plaire à ses généraux qu'il aime et dont il redoute
« les plaisanteries de camp, parce qu'il a fait long-
« temps ces plaisanteries-là lui-même. Il rompt l'opé-
« ration qu'il désire ; il sème du grain gâté. Qu'est-
« ce qu'un concordat religieux ? La plus solennelle
« entreprise dont puissent s'occuper les hommes ;
« qu'est-ce qu'un concordat religieux signé en trois
« jours ? Je vois les douze heures que le comman-
« dant en chef accordait à un assiégé sans espoir de
« secours.

« Vous savez que tout en l'aimant beaucoup, depuis
« les scènes de Tolentino et de Livourne, et les
« effrois de Manfredini et Mattei menacés et tant
« d'autres vivacités, je l'appelle, ce cher général, je
« l'appelle tout bas *le petit tigre*, pour bien caracté-
« riser sa taille, sa ténacité, son agilité, son cou-
« rage, la rapidité de ses mouvements, ses élans et
« tout ce qu'il y a en lui qu'on peut prendre en bonne
« part de ce genre-là. Si l'on m'accusait, à propos
« d'un ton pareil, je répondrais qu'à l'école militaire,
« où j'étais professeur, j'ai appris que *tigre*, en Per-
« san, veut dire *flèche* ; demandez plutôt à nos
« savants d'Égypte ! Eh bien, *le petit tigre* a fait une
« faute ; elle peut être réparée, mais j'ai besoin de
« tout le monde. Croyez-vous qu'un arrangement
« religieux convient à la France ? Croyez-vous qu'elle
« ait une tendance à l'embrasser avec ardeur et que
« ce soit servir le Premier consul que de l'aider à

« accomplir une volonté qui, j'en suis sûr, est dans
« son cœur ? Quand, pour faire réussir un projet
« reconnu comme utile et généreux, vous aurez con-
« senti à laisser là les imbéciles intérêts de la vie,
« venez me retrouver, je vous dirai ce que je médite.
« Attendez encore...

« Si vous m'aidez, vous en souffrirez peut-être,
« plus tôt, plus tard ; probablement même il arrivera
« que nous en souffrirons tous deux, car on ne
« redresse jamais impunément ceux qui gouver-
« nent. »

« Je répondis au ministre qu'il y avait des partis
que l'on prenait sur-le-champ ; je lui déclarai que
j'avais un désir vif de voir conclure un concordat et
qu'en tout je suivrais ses pas. Il m'interrompit : « Non,
« non, il ne s'agit pas de me suivre, il faut rester
« malgré l'ordre que j'ai de rompre la négociation.
« Écoutez-moi, je ne veux pas demander un concor-
« dat signé en trois jours ; j'obéis au reste de la
« dépêche, je pars ; je vais à Florence, j'envoie Con-
« salvi à Paris et je vous ordonne de rester à Rome,
« pour conserver un fil de relations avec le Saint-
« Siège. Je vous préviens encore qu'en restant à
« Rome sur ma seule parole, vous vous compromet-
« tez peut-être à tout jamais ; mais il n'est que ce
« moyen d'arrêter l'intervention militaire ; j'en ai vu
« des effets terribles dans cette Rome où je vous
« parle. »

« J'embrassai vivement le ministre qui me com-
prit. Il alla immédiatement trouver le cardinal Consalvi, lui lut la formidable dépêche sans retrancher
un mot, ne lui épargna pas les *prêtres turbulents et*

coupables et il se résuma ainsi : « Il y a des malen-
« tendus ; le Premier consul ne vous connaît pas, il
« connaît encore moins vos talents et votre habileté,
« vos engagements, *votre coquetterie*, votre désir de
« terminer les affaires ; allez à Paris. — Quand ? —
« Demain, vous lui plairez, vous vous entendrez ; il
« verra ce que c'est qu'un cardinal homme d'esprit,
« vous ferez le Concordat avec lui. Si vous n'allez
« pas à Paris, je serai obligé de rompre avec vous,
« et il y a là-bas des ministres qui ont conseillé au
« Directoire de déporter Pie VI à la Guyane. Il y a
« des conseillers d'État qui raisonnent contre vous ;
« il y a des généraux moqueurs qui haussent les
« épaules. Si je romps avec vous, Murat, autre Ber-
« thier, marchera sur Rome ; une fois qu'il sera ici,
« vous traiterez moins avantageusement qu'aujour-
« d'hui, son arrivée réveillera vos républicains. Ils
« ont mal administré, mais ils n'administrent plus, et
« c'est toujours contre ceux qui commandent que
« l'on crie. Arrêtons une disposition de choses qui
« sera satisfaisante et qui rappellera même Paris à la
« raison.

« Moi qui ai l'ordre de rompre les relations, j'obéi-
« rai de cette manière : j'irai à Florence. Je modére-
« rai Murat, qui brûle de venir ici conquérir et occu-
« per un État nouveau. La sœur du Premier consul,
« l'épouse de Murat, est avec lui. Elle est curieuse
« et dit qu'on ne voit jamais assez Rome et ses mer-
« veilles. Vous, vous irez à Paris, et je laisserai ici
« mon secrétaire de légation, pour conserver une
« représentation. Ainsi, rien ne sera détruit. Je
« vous le répète, vous ferez le Concordat avec le

« Premier consul lui-même, vous lui en dicterez une
« partie, et vous obtiendrez plus de lui que de moi,
« qui suis lié par tant d'obstacles. Si rien de cela ne
« réussit, je suis perdu, et j'aurai perdu aussi, avec
« moi, les espérances d'avancement que peut avoir
« mon secrétaire. Mais nous parlons ici *à sacrifice*
« *fait*. Encore un mot. Je ne veux pas dans un pays
« où il y a tant de bavardages, je ne veux pas vous
« laisser le poids de la responsabilité de cette action.
« Si ce qui me paraît grand aujourd'hui devient par
« hasard une faute demain, il est nécessaire que je
« voie le Pape, et que je prenne tout sur moi. J'en-
« nuierai peu le Pape. J'ai un petit nombre de
« phrases à échanger avec lui, pour remplir des ins-
« tructions antérieures du Premier consul. »

« Le cardinal, homme d'une imagination élevée, frappé de l'éclat et du mystère de ces paroles, saisit le conseil, va trouver le Pape, le prépare à cette démarche et a la douleur de se séparer de son ami, plutôt qu'il ne lui demande une permission. M. Cacault se présente à l'audience de Sa Sainteté qui l'attendait et qui lui dit après l'avoir fait asseoir près d'Elle : « Monsieur, vous êtes une personne que
« nous aimons avec une grande tendresse. Ce con-
« seil que vous donnez vous-même de ne pas signer
« un concordat en trois jours, est une action admi-
« rable dans votre position. Mais Consalvi à Paris,
« Rome abandonnée, et nous demeuré seul dans ce
« désert ! ! !

« — Très Saint-Père, reprit le ministre, j'engage
« ma foi de chrétien et d'homme d'honneur, que je
« donne ce conseil de moi-même, qu'il ne m'a été

« suggéré par personne, que mon gouvernement
« n'en sait rien, que je n'agis ici que dans l'intérêt
« réciproque des deux cours, et peut-être plus dans
« l'intérêt de la vôtre que de la mienne. Le Premier
« consul vous honore, il m'a dit : *Traitez le Pape*
« *comme s'il avait* 200.000 *hommes*. Il vous reconnaît
« une grande puissance. Apparemment qu'aujour-
« d'hui il s'en voit le double autour de lui, car il ne
« parle plus sur un certain pied d'égalité. S'il se
« donne l'avantage, une noble confiance vous le ren-
« dra. Privez-vous de Consalvi quelques mois ; il
« vous reviendra bien plus habile. — Vous riez,
« répondit le Pape, avec ces soldats que vous nous
« croyez. Nous ne les acceptons que pour les rendre.
« Et puis, il est vrai, les soldats de Jésus-Christ
« sont en grand nombre. — Très Saint-Père, il faut
« que Consalvi parte à l'instant, qu'il porte votre
« réponse ; il manœuvrera à Paris avec la puissance
« que vous lui donnerez aussi. J'ai cinquante-neuf
« ans, j'ai vu bien des affaires depuis les États de
« Bretagne, certainement les États les plus difficiles
« à conduire. Rien ne m'a échappé des misères de
« vos peuples d'Italie. Pour me perdre, on m'appe-
« lait l'*ami des rois ;* je ne suis pas suspect. Quelque
« chose de plus fort sans doute que la froide raison,
« un instinct, de ces instincts de bêtes, si l'on veut,
« qui ne les trompent jamais, me conseillent, me
« poursuit ; je vois mon consul digne, froid, satis-
« fait, soutenu au milieu de ses conseillers qui le
« détournent. Et puis quel inconvénient ! On vous
« accusait : vous paraissez en quelque sorte vous-
« même. Qu'est-ce ? Qu'a-t-on dit ? On veut un con-

« cordat religieux, nous venons au-devant, nous
« l'apportons, le voilà ».

« Le Pape, trop ému, versait abondamment des
larmes : « Ami vrai, dit-il, nous vous aimons comme
« nous avons aimé notre mère ; en ce moment nous
« nous retirons dans notre oratoire, pour demander
« à Dieu si le voyage peut être heureux et si un suc-
« cès soulagera nos peines, en nous éloignant de cet
« abîme de douleurs. »

L'expédient suggéré par Cacault parut au Pape,
aux cardinaux, qu'il consulta tous, la seule chance
qu'il restât d'éviter la rupture avec la France et tous
les maux qu'elle aurait entraînés. Ils se prononcèrent
à l'unanimité pour le départ immédiat de Consalvi,
qui fut le seul à plaider contre lui-même. « Ce n'est
pas moi qu'il faut envoyer, disait-il, puisque je suis
soupçonné, à Paris, de mauvais vouloir contre les
Français. Le proverbe latin dit : *Si vis mittere, mitte
gratum*. Ma personne nuira à ma cause. »

Cacault écarta résolument cette objection. « Je n'ai
jamais eu lieu de croire que le Premier consul ait eu
aucune opinion défavorable de votre personne ; il ne
m'en a rien dit à Paris. Le ministre des relations extérieures ne m'en a rien dit et ne m'en a jamais écrit un
mot. Le général Murat m'a parlé de votre Éminence,
à Florence, avec éloge. De mon côté, j'ai eu lieu de
me louer de vous à Rome. Il n'y a donc rien à ma
connaissance qui puisse m'empêcher d'applaudir au
choix que Sa Sainteté a fait de vous pour aller à
Paris. » Le cardinal se résigna.

Le voyage ainsi résolu, Cacault informa Talleyrand,
tandis que Consalvi écrivait à Bernier et à Spina, et

qu'il communiquait officiellement aux diplomates accrédités auprès du Saint-Siège la nouvelle de son départ et de son remplacement par le cardinal Joseph Doria. Ces longues et fréquentes conférences du ministre français au Quirinal, ces réunions de cardinaux, les nouvelles de toute sorte qui circulaient à Rome avaient surexcité les esprits au plus haut point, et il était à craindre que le parti avancé ne commît quelque désordre et n'exploitât le départ de Cacault, comme la preuve d'une rupture complète avec la France. Il n'y avait qu'un moyen de conjurer ce péril : c'était de montrer par un signe évident qu'il n'y avait pas réellement rupture, et ce fut encore le ministre français qui trouva la solution. Aux inquiétudes exprimées par Consalvi, il répondit : « Je ne vois qu'une chose à faire, qui dépend de vous et de moi : partons ensemble dans la même voiture, au vu et au su du public. Les pêcheurs en eau trouble n'oseront pas bouger. Nous irons ensemble jusqu'à Florence, où je m'arrêterai suivant mes instructions, et d'où vous continuerez vers Paris. » L'arrangement fut approuvé par le Pape, et le samedi 6 juin au matin, le lendemain du jour où expirait le délai fixé par l'*ultimatum*, Consalvi, comblé de tendresses et de bénédictions par le Pontife, sortait du Quirinal, dans sa voiture, et allait prendre Cacault qui monta avec lui, sous les yeux d'une foule ébahie qui ne comprenait rien à la chose et se perdait en conjectures. Il est intéressant de voir comment le ministre de France explique son initiative à Talleyrand et raconte son départ.

« Lorsque les premiers jours du délai ont été écoulés et que l'impression de la peur de mon départ sur le Pape et ses conseillers a été complète et sans espoir de me décider à rester, et lorsque j'ai vu que rien ne pouvait décider le Pape à signer *hic et nunc*, j'ai cherché les moyens de garantir, en partant, la tranquillité de Rome et la sûreté des Français. J'ai pensé que le Premier consul souhaitait de cœur et d'âme l'accommodement avec le Pape, devenu nécessaire à la France. Je sais que ce fut toujours son idée et qu'elle doit enfin se réaliser. Alors il m'a paru dans ses vues d'engager le Pape à envoyer à Paris son premier ministre, pour s'expliquer et tâcher de résoudre l'affaire. Mon idée a été saisie et adoptée avec plaisir par Sa Sainteté et le cardinal Consalvi. »

On a insinué que Cacault n'avait pas agi de son chef et que le coup était combiné à l'avance entre lui et le gouvernement français. Le ministre et son secrétaire Artaud, qui reçut ses confidences sur le moment même, ont toujours affirmé le contraire, et il n'y a aucune raison de mettre en doute la parole de ces deux hommes d'honneur. Ce qui est vrai, c'est que Cacault était sûr de n'être pas désavoué, car la démarche qu'il avait conseillée était trop flatteuse pour le Premier consul pour lui causer du déplaisir.

Le voyage s'effectua sans encombre. « Me voilà arrivé à Florence. Le cardinal-secrétaire d'État est parti de Rome avec moi. Il est venu me prendre à mon logis. Nous avons fait route ensemble dans le même carrosse ; nos gens suivaient de la même manière dans la seconde voiture et la dépense de chacun était payée par son courrier respectif. Nous étions regardés partout d'un air ébahi ; le cardinal avait grande peur qu'on imaginât que je me retirais à l'occasion d'une rupture ; il disait sans cesse à tout le monde : « Voilà le ministre de France. » Ce pays, écrasé des maux passés de la guerre, frissonne à la moindre idée de mouvements de troupes. Le gouvernement romain a plus de peur encore de ses propres sujets mécontents, surtout de ceux qui ont été alléchés à l'émeute et au pillage par l'espèce de révolution passée. Nous avons ainsi prévenu et dissipé à la fois les frayeurs mortelles et les espérances téméraires. Je pense que la tranquillité de Rome ne sera pas troublée.

« Le cardinal a passé ici la journée du 18 (7 juin), en grande et ostensible amitié avec le général Murat qui lui a fait donner un logement et une garde d'honneur. Il a fait la même chose pour moi ; je n'ai rien accepté ; je suis logé à l'auberge.

« Le cardinal est parti ce matin pour Paris ; il arrivera peu de temps après ma dépêche ; il ira extrêmement vite. Le malheureux sent bien que, s'il échouait, il serait perdu sans ressource et que tout serait perdu pour Rome. Il est pressé de savoir son sort. Je lui ai fait sentir qu'un grand moyen de tout sauver était d'user de diligence, parce que le Premier consul avait des motifs graves de conclure vite et d'exécuter promptement...

. . . .

« ... Vous jugez bien que le cardinal n'est pas envoyé à Paris pour signer ce que le Pape a refusé de signer à Rome ; mais il est premier ministre de Sa Sainteté et son favori ; c'est l'âme du Pape qui va entrer en communication avec vous. J'espère qu'il en résultera un accord concernant les modifications. Il s'agit des phrases, des paroles qu'on peut retourner de tant de manières qu'à la fin on saisira la bonne. Le cardinal porte au Premier consul une lettre confidentielle du Pape et le plus ardent désir de terminer l'affaire. C'est un homme qui a de la clarté dans l'esprit. Sa personne n'a rien d'imposant; il n'est pas fait à la grandeur; son élocution, un peu verbeuse, n'est pas séduisante. Son caractère est doux et son âme s'ouvrira aux épanchements, pourvu qu'on l'encourage avec douceur à la confiance. »

Murat, de son côté, recommandait Consalvi au Premier consul. « Le citoyen Cacault est arrivé ici hier matin avec le cardinal Consalvi. Ce dernier est parti pour Paris où je pense qu'il arrivera vers le 30 (19 juin). Il se rend près de vous avec confiance, et le Saint-Père attend tout des sentiments de bienveillance que vous ne cessez de lui montrer. Je vous assure qu'ils sont de bonne foi. Au reste, le cardinal Consalvi a ordre de faire tout ce qui est possible en matière de religion. Ne vous laissez pas prévenir contre le cardinal Consalvi; tous les Français n'ont qu'à se louer de lui. »

Le cardinal était parti fort triste, accablé par les préoccupations et la hâte de ce voyage précipité. « Le plaisir de vous revoir, écrivait-il à Spina, sera un soulagement à mes angoisses très amères. Croyez-moi, Monseigneur, la vie m'est à charge et je n'en puis plus! »

A Florence, pourtant, il devint moins sombre. Il fut d'abord rassuré en apprenant que Murat n'avait reçu aucun ordre de marcher sur Rome. Puis le bon accueil du général et ses encouragements, joints à ceux de Cacault, le réconfortèrent en lui donnant l'espérance du succès. Il prit la route de Paris, soutenu par le sentiment de la grande œuvre à laquelle il allait travailler, du service qu'il allait rendre à l'Église et de la justice qu'il obtiendrait de la postérité.

CHAPITRE VI

LA SIGNATURE

Effets de la colère du Premier consul. — Bernier patriarche. — Affaire de Fournier. — Pression sur Spina. — Arrivée de Consalvi. — Son audience. — Commérages. — Discussions entre Consalvi et Bernier. — Modifications apportées au projet romain. — Pression sur Consalvi. — Habileté du cardinal. — Concessions qu'il obtient. — Ses espérances. — Sa déception. — Journées du 14 et du 15 juillet. — Controverse entre M. d'Haussonville et le P. Theiner. — Erreur de Consalvi réfutée par lui-même. — Scène du dîner. — La signature.

La colère qui avait dicté l'*ultimatum* au Premier consul resta toute vive jusqu'à la fin de mai, et c'est à ce moment que se placerait une scène qui est racontée dans de précieux documents inédits que j'ai déjà mentionnés. Je la résume très fidèlement.

Bonaparte, peu de temps après avoir envoyé son *ultimatum*, fit venir M. de Talleyrand :

— Je suis très mécontent du Pape, lui dit-il. Il abuse du besoin que je crois avoir de la religion, et par conséquent des prêtres non assermentés que le peuple estime seuls. Que faire, en effet, de la canaille constitutionnelle, si elle n'est encadrée dans les vrais prêtres ; mais on ne me force pas la main. Je me passerai du Pape ; je ferai Bernier patriarche des Gaules. Celui-ci est ambitieux et n'est que cela. Qu'en pensez-vous ?

— Je pense, répondit M. de Talleyrand, que Bernier refusera, et pour cela il n'a pas besoin de sa conssience, il ne lui faut que du bon sens... Il n'est plus, le lendemain, qu'un M. de Jarente ou un M. Gobel de plus. Du reste, poursuivit-il froidement, j'interrogerai Bernier lui-même.

Il ne voulut point intervenir directement, mais il envoya chez l'abbé l'intermédiaire dont il se servait habituellement pour communiquer avec lui. C'était un de ses secrétaires, honnête homme et homme d'esprit, qui était resté fidèle à la religion ; « le seul d'entre vous qui aille à la messe », disait Talleyrand à ses collaborateurs.

— Quoi ! c'est vous qui m'apportez cela ? dit Bernier à l'envoyé.

— Oui, c'est moi, mais j'ai prévu votre réponse.

— Peut-être pas, répondit l'abbé.

Il était difficile, en effet, d'en prévoir l'incroyable énergie, et elle suffit pour donner une complète idée du courage et de l'indépendance du prêtre vendéen.

— Qu'on me ramène aux carrières ! Mon chien me gardera encore contre les bleus.

Quand M. de Talleyrand reçut cette admirable réponse :

— Je le savais bien ! s'écria-t-il. Bonne leçon pour celui qu'enivre déjà son pouvoir !

Et il transmit immédiatement la réponse au Premier consul, qui s'écria, stupéfait :

— Quels hommes ! Il faut donc en finir !

C'est alors que Bonaparte, chez qui la raison triomphait presque toujours à la longue, résumant en lui-même tous ces débats par un de ces traits soudains et rapides qui lui étaient familiers, dit cette parole si remarquable : « Je comprends que pour avoir une religion dans un pays impie et une royauté dans un pays républicain, il faut la meilleure. »

A cette parole, M. de Talleyrand se contenta de répondre : « Mot sublime et qui dit tout. »

Il voulait, par cette réflexion, faire prendre patience au Premier consul, fatigué de ce laborieux enfantement de la paix religieuse [1] !

L'anecdote est jolie, quoique les trois héros y prennent des airs de *Morale en action* qui ne cadrent guère avec leurs caractères connus. Acceptons-la pourtant, malgré ses invraisemblances, mais reconnaissons que cette belle attitude ne dura pas longtemps, et en particulier que Talleyrand ne se fatigua point à calmer Bonaparte, qui, pendant quelques semaines, laissa Fouché donner carrière à ses instincts de persécuteur. Le ministre de la police, devenu très puissant depuis qu'il avait eu raison contre tout le monde en découvrant dans le parti royaliste les auteurs de la machine infernale, usait de son influence prépondérante pour satisfaire ses vieilles haines de jacobin. Il déporta et emprisonna des prêtres, recommença à punir comme des délits les manifestations extérieures du culte, et protégea les crimes de la Révolution contre les prédicateurs qui profitaient de la réouverture d'un certain nombre d'églises et de la liberté précaire dont jouissait la

---

[1] Papiers du Château de la Jonchère. — Espérons que le jeune savant qui a tiré de ces papiers un travail si intéressant sur l'épiscopat de Talleyrand à Autun continuera à explorer cette mine précieuse et inconnue.

religion sous son bon plaisir. Le vendredi-saint de l'année 1801, un orateur en renom, l'abbé Fournier, avait institué un parallèle entre la mort de Jésus-Christ et celle de Louis XVI. Le jour de la Pentecôte, il eut l'imprudence de revenir au même sujet par voie d'allusion. « O mon Dieu, s'écria-t-il, la ville dans laquelle vous avez opéré le prodige que nous honorons venait de commettre un grand crime en condamnant à mort votre Fils ; la ville dans laquelle je parle est-elle moins coupable ? Je me tais [1]. » Dénoncé pour ces paroles, il fut arrêté comme *atteint de folie séditieuse* et conduit à Bicêtre, où on le dépouilla de ses vêtements sacerdotaux pour le revêtir de l'uniforme des fous [2].

Par contre-coup, M. Emery, qui passait pour ami de Fournier, subit une détention de dix-huit jours sans avoir commis d'autre crime que d'être vénéré par tout le clergé français.

« Le clergé de Paris est venu me présenter une pétition très bien faite, dans laquelle il se plaint de l'acte arbitraire commis par le préfet de police contre le prêtre Fournier. J'ai répondu : « Le préfet n'a agi « que par ordre du gouvernement. J'ai voulu vous « prouver que si je mettais mon bonnet de travers, il « faudrait bien que les prêtres obéissent à la puissance « civile. » Ils se sont retirés sans rien répliquer. Fournier est leur coryphée : ils ont été très sensibles à ce qu'on lui a fait. C'est un acte révolutionnaire ;

---

[1] Boulay. t. III, p.
[2] Il fut ensuite transféré en Italie et incarcéré à Turin. Mis en liberté à la fin de l'année par la protection de Fesch, il devint en 1806 évêque de Montpellier.

mais il faut bien agir ainsi, en attendant qu'il y ait quelque chose de réglé. Fournier ne reverra pas la France ; je l'enverrai en Italie et je le recommanderai au Pape [1]. »

En même temps qu'il frappait les insermentés, Fouché protégeait et encourageait les schismatiques qui s'agitaient beaucoup et annonçaient l'intention d'ouvrir un concile national à Notre-Dame le 29 juin, au jour même de la fête de saint Pierre et saint Paul. On conçoit que Spina passa un mois de mai terrible et qu'il avait quelque raison d'écrire : « La situation de la religion en France est vraiment douloureuse, et le schisme est redevenu plus terrible et plus menaçant que jamais. »

Quel effet allait produire dans ce milieu le courrier qu'il attendait de Rome avec une fébrile impatience ? C'est ce que le prélat se demandait en cherchant quelque raison de se rassurer.

« Hier (23 mai), à trois heures de l'après-midi, le tant désiré Livio (*sospirato*) est arrivé et, en le voyant, je n'ai pu me tenir de lever les yeux au ciel et de m'écrier en soupirant : *Veni, Sancte Spiritus, et emitte cœlitus lucis tuæ radium.* » Le pauvre homme apportait ses volumineuses dépêches intactes, mais toutes mouillées, parce qu'il était tombé dans la Scivia où il avait failli rester. On devine avec quel empressement le prélat ouvrit le paquet et prit con-

---

[1] *Mémoires sur le Consulat*, par Thibaudeau, p. 137.

naissance des pièces. Il fut saisi d'admiration pour le travail accompli et la manière dont, à Rome, on avait réussi à concilier les desseins du Premier consul avec les règles de la discipline ecclésiastique. Il appela immédiatement pour confident Bernier, auquel il remit la lettre que le Pape lui avait écrite. Quel honneur pour le fils du pauvre tisserand de Daon, pour le modeste curé de Saint-Laud et pour l'ancien insurgé dont la tête avait été mise à prix, de se voir ainsi loué et pour ainsi dire supplié par le chef de l'Église ! Naturellement, il se montra lui aussi très satisfait du travail romain et tout pénétré de reconnaissance pour Sa Sainteté : *contentissimo di tutto il lavoro e penetratissimo della lettera* [1].

Il importait que la première impression donnée à Bonaparte fût favorable, et comme rien ne pouvait lui être communiqué officiellement que par Talleyrand, Bernier s'arrangea pour le prévenir officieusement et il se rendit le lendemain à la Malmaison. Il réussit à merveille [2], Bonaparte se montra fort content. « A part quelques expressions qu'on peut changer facilement, dit-il, tout ira bien. » Il avait particulièrement goûté la lettre du Pape et le *Carissime Fili*. Bernier s'appliqua de son mieux à fortifier ces bonnes dispositions en lui exposant habilement les raisons d'adopter le projet romain moyennant quelques modifications qu'il indiquait.

« Vous avez jusqu'ici vaincu les peuples armés et subjugué, par l'éclat de vos triomphes, les ennemis de votre gloire : en rendant à la France la religion

---

[1] Dépêche de Spina à Consalvi.
[2] *A tutto riuscì a meraviglia.*

qu'elle désire, vous surmonterez tous les obstacles, vous gagnerez tous les cœurs et consommerez d'un seul trait l'obligation la plus grande et la plus utile en politique que votre génie ait pu concevoir. Le Directoire, souvent vainqueur au dehors, mais détesté dans l'intérieur par son intolérance, prépara lui-même sa propre destruction. Plus habile que lui, vous saurez, en triomphant au dehors, établir au dedans la félicité publique sur les bases immuables et sacrées de la religion...

. . . .

« Laissons la cour de Rome employer les expressions et les phrases qui conviennent à son style ordinaire, pourvu qu'elles ne blessent pas la dignité du gouvernement et qu'elles rendent avec exactitude ce que nous désirons. Peut-être en exigeant l'expression littérale du projet approuvé par le gouvernement, paraîtrions-nous dicter la loi avec trop d'ascendant. L'adhésion du Souverain Pontife paraîtrait moins libre, et nous serions moins assurés de sa coopération sincère à l'exécution des mesures que vous adoptez, parce qu'en général tout traité, toute convention entre deux puissances n'est permanente et durable qu'autant que l'une et l'autre usent d'une condescendance mutuelle et s'accordent sur le fond sans donner aux expressions un sens trop littéral...

. . . .

« La puissance avec laquelle on traite est d'autant plus liée que l'on a paru condescendre davantage à ce qu'elle désirait. »

Le premier mouvement de Bonaparte fut d'expédier un courrier à Cacault pour lui enjoindre de ne pas bouger de Rome. On calcula, en supputant les jours, que l'ordre lui arriverait à temps. Cependant le courrier ne partit pas et quand Spina s'en plaignit, on lui répondit qu'on voulait attendre les dépêches de Cacault, que peut-être il avait obtenu par son *ultimatum* la signature pure et simple du projet français et qu'il ne fallait pas perdre la chance de ce succès.

Après quatre ou cinq jours, la scène changea brusquement : Talleyrand avait passé par là. Il avait paru d'abord partager la satisfaction du Premier consul qu'il se gardait bien de heurter de front; puis il suggéra d'attendre des nouvelles de Cacault, puis il exprima nettement l'opinion qu'à part des changements fort légers, il fallait revenir à la première rédaction envoyée à Rome. Les sacrifices faits par le Pape, la lettre au Premier consul, les explications concluantes de Cacault le laissèrent absolument insensible. Le 29 mai, il écrivait au Premier consul : « Je pense qu'il convient d'exprimer à l'agent du Saint-Siège un mécontentement marqué sur l'insuffisance et le vague des articles de la convention modifiée. Au fond, il n'y a pas de modifications nécessaires à faire à la première. »

Le 4 juin, dans une lettre à Bernier, il reproduisait ses accusations contre la cour de Rome : « Ce projet, quant au fond et quant aux expressions, diffère tellement, sur des points très importants, du premier, qu'on aurait tout lieu de croire que le Saint-Siège ne cherche qu'à gagner du temps, s'il n'était pas d'ailleurs extrêmement sensible que cette aveugle politique est aussi opposée à ses intérêts, qu'au but que ses devoirs les plus sacrés lui recommandent d'atteindre...

« Si le Premier consul ne connaissait pas personnellement le Souverain Pontife, il lui serait impossible de ne pas attribuer à des vues peu compatibles avec le discernement et les vertus dont il le sait doué, l'éloignement qu'il montre pour des sacrifices que la religion ne lui recommande pas moins impérieusement que les circonstances. Le retour de mon dernier courrier nous apprendra jusqu'où s'étend l'empire que des conseillers perfides ont su prendre sur son esprit...

« Je vous prie de faire connaître à M. l'Archevêque de Corinthe les impressions que le Premier consul a reçues de la dernière démarche de sa cour, et de lui dire que cette impression ne peut être tempérée que par la perspective d'une adhésion entière, prochaine et définitive au plan qui avait été approuvé et consenti par lui. »

Bernier promit immédiatement ses bons offices pour chapitrer Spina. « Je vais adresser de suite à Mgr Spina une note particulière et pressante sur le contenu de la lettre que vous venez de m'adresser. Je vous promets, de ma part, les efforts les plus constants. Je les dois à ma patrie comme Français, à ma religion comme prêtre, au Pape comme catholique. Il ne tiendra pas à moi qu'il n'accède textuellement et littéralement à vos vues. Vous savez ce que j'ai déjà écrit à Rome sur cet objet. Je vous promets d'employer des expressions plus fortes encore s'il est possible. »

Le courrier de Rome apporta, dans les premiers

jours de juin, le récit des scènes que nous avons racontées et l'annonce de la prochaine arrivée de Consalvi. Cette mission du secrétaire d'État flatta le Premier consul comme un hommage personnel, mais elle déplut au ministre qui chargea Bernier de rédiger en hâte un sixième projet et de le présenter à la signature de Spina[1], afin de mettre le cardinal en présence d'un fait accompli et d'empêcher toute discussion ultérieure. Or le sixième projet, nous dit Consalvi, c'était, avec des changements insignifiants, le cinquième en corps et en âme, celui qui avait été repoussé à Rome. Il parut donc inadmissible à Spina qui refusa de signer, alléguant avec raison qu'il convenait d'attendre Consalvi et les instructions nouvelles qu'il pouvait apporter. C'est le 15 juin que Bernier présentait son projet. Le 16 il confiait son échec à Talleyrand.

« J'ai épuisé tous les raisonnements et tous les moyens de conviction pour persuader à Mgr Spina qu'il était et de son intérêt et de celui du Pape qu'il signât le projet avant l'arrivée du cardinal Consalvi. Je n'ai pu le convaincre. Il hésite, il craint. J'ignore pourquoi, puisque le Pape a déclaré « qu'aucune des « demandes du gouvernement n'a été refusée ». Il demande instamment qu'on attende le cardinal qui finira tout, et qui doit arriver sous deux jours. Je crois fermement que c'est le seul parti à prendre. Quelque singulier qu'il soit, il faut en profiter, puisqu'ici l'archevêque hésite. Dès son arrivée, le cardinal s'expliquera et je suis convaincu qu'il signera

---

[1] Spina avait reçu les pouvoirs de plénipotentiaire.

sans difficulté. Je vous le répète, « je crois ferme-
« ment qu'il n'y a rien dans le projet proposé par
« vous qui puisse être refusé et qui même n'ait été
« adopté par le Pape ». D'après cela, j'espère qu'enfin
l'on entendra raison.

« Je vais copier la réponse de M. Spina, pour
vous la donner. C'est une pièce curieuse et à conserver. J'aurai le plaisir de vous voir demain, et de
vous rendre un compte plus détaillé de mes efforts
et de la nullité des moyens qu'on y oppose. Cette
hésitation disparaîtra, j'en suis sûr; mais quand tout
le fond est décidé, il est bien pénible et bien fastidieux de chicaner pour des formes.

« Croyez, citoyen ministre, et daignez répéter au
Consul que ces vaines subtilités ne m'arrêteront pas.
Je suis Français et non Romain. Mon pays jouira de
sa religion, ou Rome sera convaincue à la face de
l'Europe de ne l'avoir pas voulu. »

Telle était la situation peu rassurante que trouvait
Consalvi en arrivant à Paris le 20 juin, après un
voyage de quatorze jours, pendant lequel il n'avait
dormi que quinze heures. Il alla se loger à l'*Hôtel de
Rome* avec Spina et Caselli, dont il partagea la table
frugale et l'existence retirée. Un cardinal romain à
Paris! Il y avait bien longtemps qu'on n'avait eu pareil
spectacle. Consalvi qui ne cachait pas ses insignes
devint immédiatement le point de mire de la curiosité
publique et le sujet d'entretien des diplomates qui
commentèrent sa mission dans des sens opposés.

Azara, ministre d'Espagne, n'y voyait qu'un avilissement de la pourpre; Lucchesini, ministre de Prusse, attendait le succès prochain de la négociation, et Cobentzel, représentant l'Empereur, le désirait plus qu'il ne l'espérait, redoutant en cas de rupture la conquête de Rome par la France et de nouveaux troubles dans l'Italie à peine pacifiée. Les journalistes, déjà ingénieux et inventifs, parlaient de la suppression du pouvoir temporel. Le *Moniteur*, pourtant, s'exprimait sur le Pape en bons termes, et insérait le 12 juin la note suivante : « Rome, 17 mai. — Jeudi dernier, jour de l'Ascension, il y eut une grande cérémonie dans la chapelle du Pape... Les Français étaient placés sur une estrade en face de Sa Sainteté qui n'a cessé de les regarder pendant toute la cérémonie avec une attention particulière... Le ministre de France ne parut point, étant retenu par une légère incommodité; il fut remplacé par le secrétaire de légation, qui était accompagné de plusieurs généraux, officiers et négociants français. La première bénédiction a été pour les Français. »

Les bruits des journaux reçurent du gouvernement un démenti officieux qu'il est intéressant de connaître et qui fut publié par le *Journal des Débats* sous forme d'une lettre venue de Rome : « Nous avons lu ici avec étonnement l'article du *Journal de Milan*, relatif à la prétendue cession du gouvernement de Rome, projetée par le Pape actuel. Il serait difficile de réunir plus de faussetés en aussi peu de mots. Non seulement le Pape actuel n'a pas conçu ce projet de démission qu'on lui suppose; mais aucune puissance, aucun gouvernement ne l'a sollicité de l'exécuter. Il est de l'intérêt de tous de maintenir l'indépendance du Saint-Siège et de ne livrer à aucun souverain régnant, à Rome, l'influence majeure qu'exerce sur toutes les consciences le chef de la religion. »

L'audience très solennelle que le Premier consul accorda au cardinal, à peine arrivé, dissipa tous les bruits fâcheux. Sur cette entrevue et sur tout son séjour à Paris, Consalvi nous a laissé deux sources d'informations précieuses qui se complètent et se contrôlent l'une l'autre : ses *Mémoires* et ses dépêches. Les *Mémoires* ont été publiés en 1864 par Crétineau-Joly, non point dans le texte italien, mais seulement dans une traduction française. Ils ont suscité des polémiques qui ont fait douter de leur authenticité et plusieurs écrivains les déclarent encore apocryphes. L'original existe dans les archives de la secrétairie d'Etat, écrit tout entier de la main du cardinal. Je l'ai lu et confronté avec la traduction qui, sans être excellente, ne manque point d'exactitude. Crétineau-Joly s'est permis seulement d'interpoler une petite anecdote pittoresque dont je parlerai.

Consalvi a composé ces *Mémoires*, en 1812, à Reims, où Napoléon l'avait interné, sans pouvoir recourir à ses dépêches qui lui auraient permis d'appuyer et de contrôler ses assertions. Il n'est pas étonnant qu'il ait commis quelques erreurs, et il s'en excuse à l'avance. Victime de la persécution, écrivant dans la solitude loin de Rome occupée par les Français et du Pape prisonnier à Fontainebleau, il était porté à juger son persécuteur avec sévérité et ses souvenirs ont naturellement pris la couleur de ses pensées du moment qui étaient fort tristes. C'est ainsi qu'il accuse à tort les négociateurs français d'avoir commis à son égard une supercherie indigne au moment de signer le Concordat et que le Bonaparte de ses *Mémoires* se trouve plus noir que celui de ses dépêches. C'est à celles-ci qu'il faut indubitablement accorder la préférence puisqu'elles ont été écrites au jour le jour sous l'impression immédiate des faits. Nous ne pouvons trop remercier M. Boulay de les avoir publiées, et je me suis assuré, en confrontant les plus importantes avec les originaux de la secrétairerie d'Etat, qu'il s'est acquitté à merveille de son devoir d'éditeur.

Dès son arrivée, le 21 juin, Consalvi avait prié Bernier d'offrir ses hommages au Premier consul, de solliciter une audience et de demander en quel costume il devait s'y présenter. Bonaparte fixa l'entrevue pour le lendemain 22, dans l'après-midi, en ajoutant : « Qu'il vienne en costume le plus cardinal possible[1]. » Il s'appliqua à rendre l'audience très imposante et très intimidante pour l'envoyé pontifical qui aurait bien voulu avoir quelques jours pour prendre langue et se préparer. Consalvi rend compte au cardinal Doria en toute hâte et sans le moindre apparat de style.

« La réception[2] ne pouvait être ni plus solennelle ni plus honorable. La troupe, rangée sur les escaliers et dans les salles, me rendait les honneurs. Dans les salles je fus reçu par divers gentilshommes (je les appellerai ainsi) dont je ne sais ni quels offices ils remplissaient, ni ce qu'ils sont. Dans la dernière anti-

---

[1] C'est le mot rapporté par Cobentzel.
[2] L'audience eut lieu aux Tuileries.

chambre, je fus reçu par le ministre des affaires étrangères, Talleyrand, qui m'accompagna dans la grande salle où se trouvait le Premier consul. Il était en grand costume, entouré des ministres d'État et d'un très grand nombre de personnes occupant de hautes charges, tous en habit de gala. J'avais l'habit noir, les bas et la calotte rouges avec le chapeau à glands, comme il est d'usage à Rome. Le Premier consul fit quelques pas pour venir à ma rencontre. A peu de distance de toute sa suite il s'arrêta, et, debout avec le ministre des affaires étrangères à son côté, il me donna l'audience, qui ne dura pas moins de trois quarts d'heure et peut-être plus.

« Bonaparte parla à voix basse de manière de n'être entendu que par le ministre, sur un ton doux et tranquille[1], avec une figure et des expressions qui, assez sérieuses au début, devinrent obligeantes, courtoises et même enjouées au fur et à mesure que l'entretien se prolongeait : « Je vous avais pris pour un ennemi
« de la France, mais la confiance que vous témoigne
« Sa Sainteté, les lettres de Murat et d'autres rapports
« favorables m'ont enlevé toute mauvaise impression.
« Je vénère le Pape qui est excellent et je désire
« m'arranger avec lui, mais je ne puis admettre les
« changements que vous avez imaginés à Rome.
« Cependant j'y mettrai de la bonne volonté et puisque
« vous n'avez pas voulu du projet de Cacault, on vous
« en présentera un autre avec les seuls changements
« que je puisse admettre. Il faudra absolument que
« vous le signiez dans cinq jours. »

[1] *Un tuono dolce e placido.*

Tel est le fond des idées que Bonaparte développa avec son éloquence familière, en y mêlant contre la cour de Rome les accusations plusieurs fois formulées par Talleyrand. Consalvi ne se laissa pas déconcerter. Respectueusement, mais avec la franchise que donne la sécurité de l'innocence [1], il réfuta point par point son illustre interlocuteur en défendant le Pape et ses conseillers.

« L'objet principal de ma mission, dit-il, c'est de démontrer la fausseté des soupçons conçus contre la cour de Rome et l'inexistence des vues politiques auxquelles on a attribué le retard du courrier et les changements introduits dans le projet. En partant, je croyais que les changements auraient été agréés et que je trouverais tout arrangé. Cependant le Saint-Père, prévoyant que pourrait subsister quelque difficulté, m'a autorisé à donner quelques explications et à changer quelques phrases dans le texte qu'il a approuvé, pourvu qu'elles n'en altèrent pas la substance. Si le projet qui me sera présenté satisfait à cette condition, j'aurai grand plaisir à le signer et à terminer l'affaire. Sinon, je ne pourrai qu'en référer à Rome ou y retourner moi-même, pour soumettre au Saint-Père les changements proposés. » — « Cela ne se peut pas, répliqua Bonaparte. J'ai les raisons les plus graves de ne plus accorder le moindre délai. Vous signerez dans cinq jours ou tout sera rompu et j'adopterai une religion nationale. Rien ne me sera plus facile que de réussir dans cette entreprise. » — « Je ne puis me persuader que le Premier consul en viendra

---

[1] *Con quella franchezza che dà la sicurezza dell'innocenza.*

à cette extrémité. J'ai toute confiance que, dans sa justice et sa sagesse, il ne proposera que des choses acceptables, ou que, si je ne puis signer, il m'accordera un délai que je m'appliquerai à rendre très court. » — « Non, certainement, je n'accorderai plus aucun délai. » Un signe de tête du consul mit fin à l'audience, qui laissa Consalvi partagé entre la crainte et l'espoir, et convaincu qu'il fallait en finir au plus vite parce qu'on n'obtiendrait rien en cherchant à gagner du temps.

Le lendemain il rendait visite à Talleyrand, qui lui refaisait à sa manière le discours de Bonaparte, aux deux autres consuls et aux ministres de la guerre et de l'intérieur.

« Le gouvernement me comble d'attentions [1] et hier le Premier consul me fit inviter avec le nouveau roi d'Étrurie à voir la parade, puis à dîner, où il me fit toutes les politesses possibles. »

Ce cardinal italien plut beaucoup et il semble qu'il ait eu conscience du charme qui émanait de sa personne et lui attirait, partout où il passait, les plus vives sympathies. « Je sais que le consul, le ministre et le gouvernement se sont montrés très contents de moi, malgré mon peu de mérite [2]. » Il avait des intelligences dans la place. Son amie la marquise de Brignole logeait près de l'*Hôtel de Rome* et assistait volontiers à la messe de Spina. Comme elle fréquentait les puissants du jour, elle pouvait communiquer de précieux renseignements aux prélats ses compatriotes.

[1] Lettre à Doria du 25 juin.
[2] Lettre à Doria.

Consalvi n'échappa point aux commérages qui poursuivent les personnages en vue. On défigura ses propos et on lui en prêta qu'il n'a certainement pas tenus. A la Malmaison, raconte l'ancien conventionnel Thibaudeau, le Premier consul dit à trois conseillers d'Etat : « J'ai eu une conversation avec le cardinal Consalvi et je lui ai dit : Si le pape ne veut pas en finir, nous ferons une Église gallicane. Il m'a répondu que le Pape ferait tout ce qui conviendrait au Premier consul. » Il est certain que Consalvi n'a rien dit de pareil et les événements ont bien démontré qu'il savait résister comme le saint Pontife.

« Le cardinal a dit à Talleyrand : « On prétend que « je suis dévot ; il n'en est rien ; j'aime le plaisir tout « comme un autre. » Le cardinal et Mgr Spina regrettent de ne pouvoir ici aller au spectacle, de peur de scandaliser le clergé français qui n'est pas fait à cela. »

L'invraisemblable d'une pareille confidence à un pareil personnage saute aux yeux. Si on peut faire pendre un homme avec deux lignes de sa main, il est encore plus facile de compromettre un cardinal en défigurant la parole la plus innocente ; et les personnages qui nous ont transmis celle de Consalvi n'étaient point hommes à se priver de ce plaisir. La note juste paraît avoir été donnée par Meneval : « Consalvi ne proscrivait pas les jeux de la scène et ne se serait pas fait scrupule, disait-il, d'assister à la représentation d'une pièce morale sur nos théâtres. » Il eût commis d'autant moins de crime qu'il n'était point encore engagé dans les ordres sacrés [1].

---

[1] Il n'a jamais été prêtre et il est resté diacre toute sa vie.

Le cardinal n'eut pas le temps de jouir de ses succès personnels ni même de voir Paris, car, aussitôt après les visites et les réceptions indispensables, il fut absorbé tout entier par sa négociation. Les discussions, les échanges de notes avec Bernier, le travail de la rédaction, lui prirent tous ses jours et une grande partie de ses nuits. A Paris, comme à Rome, chaque parole, pour rappeler son expression, lui coûta des sueurs de sang, et il n'y a pas à s'en étonner, car, sous les disputes apparentes de mots, se cachait la plus grande question qu'eussent jamais traitée deux gouvernements, et chaque phrase devait avoir son retentissement dans l'avenir. Consalvi et Bernier, ce n'étaient pas seulement deux hommes d'esprit qui discutaient : c'était l'Église et la société issue de la Révolution qui essayaient, pour la première fois, de s'entendre et de trouver les termes d'une paix durable, après une guerre où l'Église, provoquée, combattue avec acharnement et frappée avec une cruauté impitoyable, avait failli succomber. On ne peut même pas dire que la guerre fût terminée, car le Premier consul menaçait d'une reprise d'hostilités imminente et on emprisonnait sans jugement des hommes comme M. Emery.

A quel titre, avec quelle mesure de protection et de liberté la religion catholique serait-elle admise en France ? Le gouvernement, qui demandait le patronage des évêchés, acceptait-il la condition toujours imposée aux patrons et dont l'évidente nécessité s'imposait, celle de se déclarer catholique ? Tels furent les deux points auxquels se restreignit bientôt la discussion, l'accord s'étant fait assez vite sur les autres, de sorte que presque tout le débat porta sur l'article 1er de la Convention. Il fut mené de part et d'autre avec une grande bonne volonté et une véritable élévation de vues. Talleyrand ne fut plus le seul écouté et, au nom de Bonaparte radouci, Bernier tint parfois le langage d'un homme d'État chrétien. Voici ce qu'il écrivait à Spina dès le 15 juin, un peu avant l'arrivée de Consalvi. Cette dépêche est inédite :

« Monseigneur,

« Je suis chargé par le ministre de vous dire « que « les séminaires et les Chapitres existeront ; que le « Consul professera la religion catholique et que si « le premier article du projet ne contient pas ces « expressions, ce que vous désirez, il les renferme « en réalité. »

« Tout est, en France, la suite du vœu de la majorité, tout pouvoir, tout droit constitutionnel en émane dans l'état actuel.

« Les Consuls ne sont tels que par le même vœu. Reconnaître que la religion catholique en jouit, c'est sanctionner le plus beau de ses droits politiques. Nulle protection ne peut lui être refusée, dès qu'elle est l'objet du vœu de la majorité des citoyens. Ce vœu est le fondement de la loi dans un État républicain. En reconnaissant que la religion catholique a pour elle ce vœu, on ne se borne pas à reconnaître un fait historique, comme on l'a prétendu, mais un fait inséparable du droit, parce qu'il en est la base et le fondement.

« Ainsi vous voulez que la religion catholique soit la religion de l'État, le gouvernement vous dit : « Je ne suis pas compétent pour lui accorder ce titre, « il excède mes pouvoirs. Mais je puis reconnaître « un fait plus clair que le jour ; c'est que la religion « catholique est celle de la majorité. Cette majorité « est le fondement des lois de l'État. Vous aurez « donc, sans que j'excède mes attributions, tout ce « que vous désirez. »

« Vous voulez que la religion soit dominante ; elle ne peut prendre ce titre, à la suite de tant de divisions, sans alarmer, effrayer, irriter ses ennemis et les nôtres : faisons mieux, qu'elle paraisse moins triomphante d'abord, pour paraître à l'aide de succès dans la suite avec plus d'éclat. Bornons-nous à reconnaître que la majorité la veut. Nous l'aurons assurée par le vœu dominant et ce vœu deviendra la source légale de tous ses triomphes.

« Mais, dira-t-on, si tel est le principe, pourquoi donc hésiter à en tirer la conséquence?

« Je réponds que le gouvernement ne veut agir qu'avec sagesse, ne rien brusquer, ménager les imaginations trop vives et garantir plutôt par des faits que par des expressions le triomphe de la religion ; les faits parlent, les expressions sont commentées trop souvent d'une manière défavorable et, pour avoir plus parlé qu'agi, on se trouve entravé.

« Veut-on qu'il s'explique ? il vous dit officiellement que le culte sera public, libre, entier, protégé dans ses dogmes, dans sa discipline et dans ses ministres, qu'il vous en donne la garantie la plus formelle et vous demande uniquement de vous borner aujourd'hui à en consacrer le principe sans en tirer des conséquences que le temps ne permet pas encore de développer. Il faut tout faire avec maturité. On perd à trop s'expliquer avant le temps. Il faut qu'en pareil cas la bonne foi des gouvernements supplée à l'insuffisance des expressions contenues dans les traités.

« Le gouvernement va plus loin encore. Il vous dit : Cette conséquence que vous demandez que j'explique, le traité la renferme d'un bout à l'autre. Car que faut-il pour qu'une religion soit protégée solennellement par un gouvernement? Que le gouvernement reconnaisse ses ministres, les nomme, les dote, leur donne des églises, des séminaires pour former des clercs, des chapitres pour perpétuer la juridiction, et les autorise à reconnaître un chef indépendant qui leur donne l'institution : tout cela peut-il se faire sans un culte libre, protégé, soutenu, public et civilement reconnu? Tout cela néanmoins appartient à l'essence du nouveau Concordat, et tout cela dit plus que les expressions exigées pour le premier article.

« Le gouvernement ne les refuse pas ces expressions par défaut de volonté, mais par prudence. Il vous dit : « Je ne crois pas pouvoir les employer « sagement, elles sont dans mon cœur, elles se « retraceront dans toutes mes actions. » Si vous me demandez quelle garantie je vous en donne, je vous répondrai : « J'ai demandé au Souverain Pontife de ne « pas reconnaître pour évêques titulaires ceux que

« j'aurais exclus, il me l'a promis, en me déclarant « que sa parole suffisait ; je lui donne la mienne pour « l'objet dont il s'agit, pourquoi s'en méfier quand je « crois à la sienne ? »

« Telles sont, Monseigneur, les réflexions que j'ai l'ordre exprès de vous transmettre ce soir ; puissent-elles produire l'effet que le gouvernement en attend ! Nos maux seraient à leur terme et nous n'aurions plus d'une manière précaire une religion aussi pure que divine, longtemps méconnue.

« Agréez, Monseigneur, l'hommage de mon zèle et de mon profond respect. »

Il y a dans cette dépêche une inexactitude. Déjà le Pape avait renoncé à demander que la religion catholique fût déclarée *nationale et dominante;* mais à Paris on estimait à tort que l'article premier du projet pontifical équivalait à cette demande.

Rappelons-en les termes :

« Le gouvernement de la République française reconnaît que la religion catholique, apostolique, romaine est la religion de la grande majorité des citoyens français. Animé par les mêmes sentiments et professant[1] la même religion, il protégera la liberté et la publicité de son culte, il la conservera dans toute la pureté de ses dogmes et dans l'exercice de sa discipline. Les lois et décrets contraires à la pureté de ses dogmes et au libre exercice de sa discipline seront annulés. » Bonaparte avait dit sèchement : « Le gouvernement de la République française, reconnaissant que la religion catholique,

---

[1] Une variante permettait aux négociateurs romains de substituer *étant dans la même religion* à *professant.*

apostolique et romaine est la religion de la grande majorité des citoyens français, il sera fait, de concert par le gouvernement de la République française et le Saint-Siège, une nouvelle circonscription des départements français. » C'est entre ces deux rédactions opposées qu'il fallait trouver un moyen terme, que Bernier proposa dans le préambule d'un septième projet présenté à Consalvi le 25 juin :

« Le gouvernement de la République française reconnaît que la religion catholique, apostolique et romaine est celle de la grande majorité des citoyens français.

« Le Saint-Père reconnaît que c'est de l'établissement et de l'exercice du culte catholique au sein de la France que la religion catholique, apostolique et romaine a tiré dans tous les temps son plus grand éclat.

« En conséquence, les deux gouvernements, également animés du désir de mettre fin aux divisions politiques et religieuses qui ont interrompu jusqu'à ce jour le libre et légitime exercice du culte romain, sont convenus des articles suivants. »

Il y a d'autres différences entre ce projet et celui qui avait été approuvé à Rome. Suivant la rédaction de Bernier, le Pape devait exhorter les évêques à se démettre de leurs sièges, et, *d'après cette exhortation* les sièges étaient réputés vacants. Les ecclésiastiques promettaient obéissance au gouvernement et soumission aux lois. Sa Sainteté ne *dispensait* plus *de la restitution* les acquéreurs de biens ecclésiastiques, mais renonçait à toute prétention sur ces biens. Les ecclésiastiques mariés ou qui avaient notoirement renoncé à leur état seraient admis à la communion laïque. A ce projet était jointe la note suivante, la première que Bernier ait écrite directement à Consalvi :

« Éminence,

« Le gouvernement français ne peut qu'entrevoir avec satisfaction, dans la démarche de Sa Sainteté et la vôtre, dans la mission et les pouvoirs dont elle vous a chargé, un gage assuré de la paix et de l'heureuse harmonie qui va bientôt régner entre le Saint-Siège et la France.

« Déjà depuis longtemps, il nourrit cet espoir. Il lui tarde qu'il soit réalisé. Il voit avec peine les obstacles et les lenteurs se prolonger. Plus nous tardons à rendre à la France la religion de ses pères et plus nous préparons d'obstacles à son rétablissement. Terminons donc d'inutiles débats. D'accord sur le fond, serions-nous divisés pour les mots ? Serait-il dit que la France sera toujours en proie aux divisions religieuses, parce que la construction de quelques phrases, la force ou la faiblesse de certaines expression auront déplu soit à l'une soit à l'autre des deux autorités ?

« Celle que je représente croit avoir atteint, après huit mois de discussions, le dernier terme de concessions qu'elle peut faire ; elle me charge de présenter à Votre Éminence le projet définitif que je joins à cette note comme devant être la seule et unique base de ce qu'elle prétend faire.

« Dépositaire des intentions de Sa Sainteté, daignez l'examiner ; pesez avec cette sagesse qui vous caractérise toutes les expressions et en même temps tous les avantages qui résultent de son acceptation, et je ne doute pas que Votre Éminence ne s'empresse, en y souscrivant, de répondre aux vues sages et modérées du gouvernement français.

« Je prie Votre Éminence d'agréer, avec l'expression de mes désirs pour un heureux succès, l'hommage de mon profond respect. »

Le même jour, Talleyrand, recevant Consalvi à dîner, lui dit :

« Vous avez reçu une note et un projet de l'abbé Bernier. Nous avons cherché à nous rapprocher le plus que nous avons pu des idées exprimées par Sa Sainteté, mais nous n'admettons plus le moindre changement, et il faut nous donner pour demain votre réponse définitive. Je vous préviens qu'il n'y a plus à discuter. » Qu'on juge de l'angoisse de Consalvi ! Le bref de plénipotentiaire qu'il avait apporté lui donnait la faculté de modifier, en cas d'extrême nécessité, le texte pontifical, mais à la condition que les changements n'en altérassent pas la substance. Or il lui avait paru immédiatement que le projet de Bernier ne respectait point cette substance et qu'il ne pouvait le signer sans dépasser ses pouvoirs. Il revint du dîner fort inquiet, convoqua Spina et Caselli en *congresso*, et les trois infortunés travaillèrent, de dix heures du soir à quatre du matin, à élaborer une nouvelle rédaction qui sauvât l'essentiel du projet de Rome, en se rapprochant jusqu'à l'extrême limite[1] de celui de Paris. « Après quoi, écrit le cardinal, ces

---

[1] *Fino all'estremo grado.*

Messieurs allèrent dormir, et moi poussant la table devant la cheminée parce qu'il faisait très froid, je composai un mémoire de cinq feuilles pour justifier notre refus et notre nouvelle rédaction. »

Le pauvre cardinal passa plus d'une nuit pareille, et on peut croire que son séjour à Paris fût le contraire d'une partie de plaisir. Qu'allait-il arriver de son mémoire ? Il eut une lueur d'espérance en apprenant que le ministre des relations extérieures était parti le 30 juin au soir pour les eaux de Bourbon.

Il n'est pas téméraire d'affirmer que les rhumatismes de Talleyrand furent, dans la circonstance, un véritable bienfait pour l'Église et pour la France.

Avant de partir, il avait eu le temps de jeter un coup d'œil sur le travail de Consalvi et, toujours implacable, il avait écrit en marge : « Le projet de convention que propose M. le cardinal Consalvi fait rétrograder la négociation vers l'époque des premières difficultés. Ce retour des agents du Pape vers une opposition qui n'a point de motif plausible, et que l'esprit conciliant et juste du chef de l'Église n'autorisait pas, tient à un esprit de chicane et de tracasserie qu'il faut enfin désabuser. Ce projet de convention [1] ne blesse en rien les droits de l'Église, et je suis d'avis que le Premier consul le présente une dernière fois comme l'*ultimatum* de la République. »

[1] Celui de Bernier.

Talleyrand calomniait Consalvi, en lui prêtant un esprit de chicane et de tracasserie, car loin de rester en deçà des concessions du Pape, il les avait dépassées notablement et il avait sacrifié presque tout l'article qui tenait le plus à cœur aux Romains. Avec son esprit lucide il avait jugé la situation. Il avait vu que toutes les objections de Bernier et du Premier consul n'étaient pas mal fondées et que, dans ce milieu où la Révolution grondait encore, il était impossible au gouvernement de s'engager, par un acte public, à défendre la pureté des dogmes et l'exercice de la discipline ecclésiastique et à révoquer les lois contraires. « J'ai découvert, écrivait-il à Doria, qu'il y a des choses véritablement impossibles ici, et les raisons qu'on m'a données sont vraiment irréfutables. »

Donnons une idée très sommaire du contre-projet de Consalvi. Il adopta le préambule de Bernier en le modifiant comme il suit : « Le gouvernement de la République française reconnaissant que la religion catholique, apostolique et romaine est celle de la grande majorité des citoyens français et la professant en son particulier;

« Le Saint-Père reconnaissant de son côté que c'est de l'établissement et de l'exercice du culte catholique en France que la religion catholique, apostolique et romaine a retiré dans tous les temps le plus grand éclat;

« Pour le bien de la paix et de la religion sont convenus de ce qui suit. »

Le *professant en son particulier* était une vraie trouvaille qui sauvait tout. Cette simple énonciation d'un fait donnait satisfaction au Pape et justifiait ses concessions, sans heurter le gouvernement, puisqu'elle n'impliquait point qu'il fût obligé d'être catholique en vertu de la constitution. Il faut savoir gré à Bernier d'avoir demandé et à Consalvi d'avoir accordé que le Saint-Siège rendît hommage au grand rôle historique de la France. Consalvi substitua *le plus grand éclat* à *son plus grand éclat*, pour ne pas susciter la jalousie des autres États en adjugeant à notre pays une sorte de prix d'excellence qui aurait été contesté.

L'article premier était le plus important de tous,

« L'exercice de la religion catholique apostolique et romaine sera libre et public en France. Les obstacles qui y sont opposés seront levés.

« Article 4. — Le Premier consul, catholique, nommera aux archevêchés et évêchés... »

Les autres articles présentaient des changements de rédaction qui adoucissaient pour les évêques la demande de leur démission, n'exigeaient d'eux que la soumission au gouvernement au lieu de la soumission aux lois, et n'engageaient le Pape qu'à ne pas troubler les acquéreurs des biens nationaux au lieu de l'obliger à *renoncer à toute prétention* sur ces biens.

L'article 16 réglait que, dans le cas où le Premier consul ne serait pas catholique, les droits et prérogatives mentionnés dans l'article précédent et la nomination aux évêchés seraient réglés par une nouvelle convention.

Consalvi n'eut pas le bonheur de voir agréer le projet qui lui avait coûté tant de fatigue, et le 1er juillet il recevait la note suivante :

Éminence,

« J'ai communiqué au Premier consul, par l'organe du ministre des relations extérieures, votre note explicative et le projet de convention qui y était joint. Le ministre a répondu à l'un et à l'autre avant son départ. Il me charge de dire à Votre Éminence qu'il n'a entrevu, dans cette note et les observations qui la forment, qu'une marche rétrograde par rapport aux négociations déjà entamées.

« Le gouvernement, assuré des bonnes intentions de Sa Sainteté, a de la peine à se persuader qu'elle veuille tenir aussi fortement à quelques expressions, quand la substance est accordée.

« Il ne voit rien, dans ce projet, qui blesse les lois ou les droits de l'Église, il lui paraît conforme en tout à ce que les circonstances exigent pour ménager tout à la fois et l'Église qui réclame et les esprits qu'il faut calmer.

« Le gouvernement a fait, d'ailleurs, des concessions marquantes et des changements exigés. Il s'est rapproché autant qu'il l'a pu des intentions du Pape et n'a rejeté, de ses expressions, que celles qui peuvent offusquer dans le moment actuel.

« Fort de cette conviction et appuyé de ces faits, il déclare qu'il persévère dans le projet que déjà je vous ai présenté le 7 du courant (26 juin). Il vous l'offre comme la dernière expression de ses volontés. Il m'enjoint de terminer de suite une négociation déjà trop longue.

« Hâtez-vous donc, Éminence, de combler nos vœux par votre acceptation, et ne souffrez pas que, par une mésintelligence qu'occasionnent des mots, le salut de la religion en France et dans une foule d'autres pays périclite. La postérité ferait un éternel reproche à ceux qui, pour des querelles de formes, auraient compromis des intérêts aussi précieux. La France attend autre chose de vous et se persuade qu'en déférant aux désirs du gouvernement, vous sauverez les églises de Rome, de France et d'Italie, des dangers qui les menacent.

« C'est dans cet esprit que je me plais à renouveler à Votre Éminence l'hommage de mon profond respect.

« Paris, le 12 messidor an XI (1er juillet 1801).

« BERNIER. »

Une chance restait d'obtenir un délai. Bernier, dont il n'y a qu'à louer la bonne volonté pendant cette période, avait arrangé pour le 2 juillet, une visite à la Malmaison, en apparence pour permettre à Consalvi de saluer Joséphine et sa fille Hortense, en réalité pour lui ménager une nouvelle entrevue avec le Premier consul. Le cardinal s'y rendit avec plus de crainte que d'espérance. Il était tout attristé de l'autorisation qui avait été donnée aux schismatiques de tenir leur prétendu concile. Le gouvernement leur avait livré Notre-Dame, où, à l'ouverture de l'assemblée, le 29 juin, Grégoire avait tenu un discours violent contre le Pape.

« Ce matin[1] nous serons conduits par l'abbé Ber-

[1] Dépêche du 2 juillet à Doria.

nier chez le Premier consul comme par un chemin de traverse, l'objet direct de la visite étant de présenter nos hommages aux dames. Je suis persuadé que ce moment a été choisi pour nous signifier sa volonté absolue d'une signature immédiate et son refus à à tout délai ultérieur. J'interromps ma lettre pour aller à l'audience...

« ... Je la reprends en rentrant. Le Premier consul m'a reçu avec beaucoup de calme et d'amabilité. Il m'a immédiatement parlé de ma lettre au général Acton... »

Il s'agissait d'un commérage venu de Naples qui avait occupé plus qu'il n'en valait la peine les deux diplomates Alquier[1] et Cacault. Consalvi, quand son départ pour Paris fut décidé, en donna avis aux gouvernements représentés auprès du Saint-Siège et en particulier à celui de Naples. Sa lettre existe : c'est une note très courte annonçant qu'il part et qu'en son absence il sera remplacé par le cardinal Doria. Or, Acton, le tout-puissant ministre du pauvre roi Ferdinand, était très mal disposé à l'égard du Saint-Siège pour des raisons que je n'ai point à expliquer. Il imagina de jouer un mauvais tour au négociateur du Pape, en racontant qu'il avait reçu une lettre où Consalvi, annonçant son voyage à Paris, déclarait qu'il s'attendait à y être arrêté, qu'il se préparait au martyre et qu'il était beau de souffrir pour la religion. Alquier reçut cette confidence et, comme il ne tenait point au succès de Cacault dont il était jaloux, il s'empressa de transmettre à Paris cette petite nou-

[1] Alquier avait été envoyé à Naples par le Premier consul pour négocier la paix avec la cour de Naples.

velle qui pouvait brouiller les cartes. Cacault apprit ce qui se disait. En honnête homme qu'il était, il ne supposa point qu'Acton avait menti et il se borna à plaider très habilement les circonstances atténuantes en faveur de Consalvi[1].

« Vous me preniez donc pour un Attila ? » lui dit en souriant le Premier consul. Le cardinal se justifia sans peine, et l'incident fut enterré. L'entretien roula ensuite sur la grande affaire. « Je ne veux pas laisser insérer dans la convention que soit le gouvernement, soit les consuls professent la religion catholique. Pour le gouvernement, la constitution s'y oppose et pour nous, consuls, le Pape doit le supposer comme un fait. Nous ne sommes ni hérétiques ni athées, nous n'avons pas renoncé à la religion dans laquelle nous sommes nés et on ne doit pas faire, pour nous, ce qu'on ne ferait pas pour le roi d'Espagne ni pour un autre gouvernement catholique. »

Consalvi répondit de son mieux, mais il se garda d'avoir trop raison et ne parla point de la proclamation d'Égypte, ce qui eût été chose très imprudente et très périlleuse, *cosa imprudentissima e rischiosissima*. Bonaparte passa en revue d'autres points en litige, les fondations en rentes, le serment, et la publicité du culte qu'il ne voulait point admettre en dehors des églises. Aux observations et aux plaintes du cardinal sur le concile des schismatiques, il répliqua : « Je ne puis faire autrement tant que je ne sais pas où j'en suis avec le Pape. D'ailleurs, ajouta-t-il en riant,

[1] Cette affaire est racontée avec détails dans la *Vie de Pie VII*, par Artaud.

vous savez, quand on ne s'arrange pas avec le bon Dieu, on s'arrange avec le diable. » — « Je ferai remarquer au Premier consul qu'en signant ce que mes pouvoirs, qui sont limités, me défendent d'admettre, je me déshonorerais sans profit, car le Pape me désavouerait. Je désirerais pouvoir le consulter. » — « Non ! non ! Voyez Bernier, entendez-vous avec lui et combinez les expressions de manière à en finir. » — « Je le désire bien vivement, mais les omissions me donnent plus de soucis que les changements d'expressions. »

L'audience dura longtemps, Bonaparte s'exprima toujours avec beaucoup de politesse et de calme, mais avec une inébranlable fermeté, et les angoisses de Consalvi ne diminuèrent pas. Cependant il n'était plus sommé de se prononcer dans les vingt-quatre heures ; Talleyrand étant parti, Bernier avait les coudées plus franches, et il fut convenu que le lendemain, 3 juillet, il viendrait à l'*hôtel de Rome* pour tenir avec les trois Romains le *congresso* décisif. La conférence se réunit, les négociateurs se remirent à la toile de Pénélope, ils finirent par tomber d'accord, et une lueur d'espérance se mêla aux inquiétudes que causaient à Consalvi tant d'oppositions acharnées, tant de déceptions survenues au moment où l'on croyait toucher au succès, et tant d'incertitudes sur les dispositions finales du Premier consul, le seul qui voulût la chose, répète-t-il souvent, mais qui la voulait sans se brouiller avec les jacobins ni avec les philosophes, craignant la fureur des uns et les épigrammes des autres. C'était toujours sur le préambule et l'article 1er que portaient les difficultés.

Bonaparte ne voulait point que le gouvernement déclarât sa profession de catholicisme en forme d'aveu ou de condition imposée. Consalvi imagina d'attribuer cette reconnaissance de catholicisme au Pape lui-même et sous forme d'éloge. Voici sa formule :

« Le gouvernement de la République française reconnaît que la religion catholique, apostolique, romaine est la religion de la grande majorité des citoyens français.

« Sa Sainteté reconnaît également que c'est de l'établissement du culte catholique en France et de la profession particulière qu'en fait le gouvernement actuel que cette même religion a retiré et attend encore en ce moment le plus grand bien et le plus grand éclat. »

Il se figurait que le gouvernement agréerait un éloge si illustre dans la bouche de Sa Sainteté. Le Premier consul n'admettait pas non plus l'expression « l'exercice du culte catholique sera libre et public en France », alléguant que le pays ne supporterait point encore cette publicité qui amènerait des troubles, et qu'il ne voulait pas promettre ce qu'il ne pourrait garantir. Consalvi reconnaissait que la situation exigeait, en effet, des ménagements et il modifia ainsi l'article 1er : « La religion catholique, apostolique et romaine sera librement et publiquement exercée en France par ceux qui la professent. Sa Sainteté et le gouvernement, chacun en ce qui les concerne, concourront également à lever les obstacles qui peuvent s'y opposer. »

Cette formule lui paraissait donner satisfaction au

Pape et engager moins le gouvernement[1] qui se trouverait plus libre de régler ce qui pourrait se faire en dehors des églises. Le cardinal adressait cette rédaction nouvelle à Bernier, le 4 juillet, avec une note justificative où, après avoir rappelé pourquoi il n'a pu signer le dernier projet du gouvernement, il ajoutait : « Le soussigné désirant cependant avec la plus vive ardeur, comme il ne s'est jamais lassé de répéter, de mettre fin à une négociation qui doit produire le bien de la religion et assurer toujours davantage la tranquillité et la paix intérieure de la France, il s'est mis l'esprit à la torture pour rédiger un projet tel qu'il puisse croire ne pas altérer la substance de celui du Saint-Père et de concilier le plus possible avec les vues manifestées par le gouvernement.

« La nouvelle rédaction du projet que le soussigné joint à sa note est le fruit des conférences qu'il a eues avec vous dans ces derniers jours. Il a donc toute raison d'espérer que le gouvernement en sera satisfait, puisque vous l'avez été vous-même[2]. »

Les affaires prenaient donc bonne tournure[3], et le 7, le Premier consul, qui était indisposé, écrivait à Talleyrand : « Il paraît que les affaires vont et que nous nous arrangerons avec le cardinal. Il a fallu

---

[1] Cela sonne moins fortement, *suona meno fortemente,* que exercice du culte.
[2] Cette note est inédite.
[3] *Sembra che gli affari prendano buona piega.*

leur passer quelques mots. On m'a remis un second vésicatoire au bras, ce qui m'a empêché de donner audience le 17 (6 juillet). L'état de malade est un moment opportun pour s'arranger avec les prêtres. » Le malade ne se montra pas aussi accommodant que le désiraient les deux négociateurs, et le 7, Bernier envoyait la réponse suivante :

« Éminence,

« J'ai communiqué au Premier consul, aujourd'hui 18 messidor, votre note officielle du 15 et le projet y joint. Il me charge de faire à Votre Éminence de nouvelles observations. Elles seront courtes et n'auront de rapport qu'au légitime exercice de son pouvoir qu'il craint d'excéder, comme Votre Éminence redoute également d'aller au delà des siens. Il est né catholique, il veut vivre et mourir dans cette religion. Il consent à signer un traité dans lequel Sa Sainteté reconnaîtra son catholicisme, mais il ne peut pas souscrire, au nom de tous les membres qui forment le gouvernement, cette déclaration essentiellement personnelle. Il désire donc qu'après ces mots *la profession qu'en fait*, on substitue dans le préambule ceux-ci : *le Premier consul actuel*. Ce changement doit vous paraître indifférent, puisqu'il est incontestable que, dans tous les traités, le Premier consul représente le gouvernement.

Il désire aussi que ce mot *publiquement* inséré dans le premier article reçoive quelques modifications. Il pourrait se faire qu'on y attachât l'extension indéfinie du culte extérieur, condition qu'il ne peut admettre, parce qu'il est des lieux dans lesquels, soit l'irréligion, soit la diversité d'opinion a été telle qu'il serait impossible d'y exercer de suite, au dehors, les cérémonies de l'Église sans y être insulté. Le Consul veut, dans ce cas, ne rien précipiter, faire tout avec mesure et précaution, sans qu'on puisse l'accuser de ne pas tenir ses engagements. Il vous invite en conséquence à prendre en considération la première des notes explicatives qu'il a dictée en ma présence à son secrétaire et que je vous communique même en original pour vous assurer davantage de ses intentions. »

Voici cette note : « La religion catholique, apostolique et romaine sera exercée dans les églises publiques destinées par le gouvernement à son culte, dans lesquelles elle jouira de toute la liberté, publicité et sûreté convenables.

« Il sera expressément défendu d'exercer dans des oratoires, chapelles particulières et autres lieux privés, sauf les exceptions qui étaient d'usage et avec le concours de l'autorité administrative. »

A cette demande en était jointe une autre qui indiquait, chez le Premier consul, cette préoccupation des précédents monarchiques qu'il accentua plus tard. Il exprimait le désir qu'à la formule du serment proposé on substituât l'ancien serment des évêques français. Sur ce point, Consalvi céda, le 11 juillet, après une résistance infructueuse, estimant que la question n'ayant pas une importance souveraine, il ne serait pas désavoué par le Pape. La formule lui parut acceptable parce qu'elle n'impliquait point l'obéissance aux lois.

Sur la profession de catholicisme du gouvernement et sur l'exercice public de la religion, il tint ferme, et le jour même où il recevait la note de Bernier, il répondait :

« Vous observez au soussigné qu'on a de la difficulté de souscrire à la reconnaissance que fait Sa Sainteté dans le Préambule du *catholicisme* de tous les membres du gouvernement ; vous avez remarqué de plus que le mot *gouvernement* pourrait être considéré comme comprenant toutes les autorités constituées, dont on ne pourrait pas dire avec vérité que toutes professent la religion catholique, et le Premier consul ne pourrait le stipuler pour elles.

« Le soussigné vous prie d'observer qu'au titre IV de la Constitution il est établi que, sous le mot *gouvernement*, on n'entend que les trois consuls de la République ; ce mot ne peut donc s'entendre que d'eux et Sa Sainteté n'entend pas l'étendre à d'autres.

« Les deux autres consuls, selon vous, ne trouvent, non plus que le Premier, aucune difficulté à ce que le Pape reconnaisse leur catholicisme et qu'il exalte les avantages et le lustre qui en reviendront à la religion.

« Il semble donc qu'il ne peut y avoir aucun obstacle à conserver le mot *gouvernement* que Sa Sainteté a employé, et le soussigné ne se croirait pas autorisé à le changer, sur le motif surtout que le Saint-Père a désiré que la reconnaissance du catholicisme tombât sur l'union, en cette profession, du gouvernement français avec lequel on stipule le traité.

« Néanmoins pour ôter tout doute que le mot *gouvernement* puisse être étendu à plusieurs classes de personnes, le soussigné propose d'employer cette expression : le *gouvernement en la personne des consuls*, et ainsi le mot *gouvernement* recevra, d'une manière plus claire et plus précise, la seule interprétation que lui donne la Constitution.

« Votre seconde observation tombe sur les modifications que vous proposez au mot *publiquement*, relatif à l'exercice du culte que l'on voudrait borner, pour le présent, à l'intérieur des églises.

« Le soussigné vous prie de faire observer au Premier consul que Sa Sainteté, en correspondance de toutes les concessions qu'elle fait dans le traité, a demandé la publicité de l'exercice de la religion catholique sans restriction. Si le soussigné en admettait quelqu'une il altérerait, comme cela est évident, la substance du projet de Sa Sainteté, ce qui outrepasserait ses pouvoirs, comme on peut s'en convaincre par la lecture du Bref qu'il a communiqué au gouvernement. Il se trouve donc dans l'impossibilité d'admettre l'article restrictif *tel qu'on le propose*. Sa signature deviendrait par là même inutile et il se rendrait coupable d'une faute grave, surtout après avoir retranché tant d'autres choses de l'article de Sa Sainteté.

« Le soussigné ne laisse pas cependant que d'entrer dans les vues du gouvernement et de goûter les motifs qui, dans les circonstances actuelles, peuvent lui faire désirer de ne pas donner, si tôt et pour tous les lieux, une étendue indéfinie à l'exercice des cérémonies religieuses hors de l'enceinte des églises ; et cela pour l'avantage et l'honneur même de la religion, afin qu'elle ne soit pas exposée à des insultes et que la tranquillité publique ne soit pas compromise.

« En consacrant l'article tel qu'il est, le soussigné s'engage à faire valoir, auprès de Sa Sainteté, ces raisons et ces motifs et à les lui exposer avec cette énergie qui puisse correspondre aux désirs du gouvernement, et il ne doute point que le Saint-Père, sans retard et dans une forme ostensible au besoin, s'accordera avec le gouvernement afin que de telles mesures, commandées pour le présent par la nécessité, aient leur effet. »

Ces observations n'eurent pas plus que les précédentes tout le succès que méritait leur auteur. Bonaparte entra même en fureur au sujet du Bref que Consalvi s'offrait à solliciter. « Ai-je besoin d'un Bref et d'une permission du Pape pour gouverner la France? » s'écria-t-il. Un des consuls, Cambacérès, nourri dans la tradition des vieux légistes gallicans, encourageait cette colère et jetait de l'huile sur le feu. Cependant, cette ingéniosité, cette souplesse d'esprit du cardinal jointes à tant de fermeté ne furent pas tout à fait perdues. Bonaparte se rendit sur la profession de catholicisme des consuls et accorda quelque chose sur la publicité du culte. Le 11 juillet, Consalvi recevait la note suivante que je considère comme fort importante pour les défenseurs de la liberté religieuse, mais dont ils n'ont jamais pu tirer parti parce qu'elle n'a été jamais publiée. Je l'extrais du dossier qui a été remis aux cardinaux chargés de se prononcer sur la ratification.

« Éminence,

« J'ai communiqué au Premier consul et à ses deux collègues réunis votre dernier projet de convention;

ils ont vu avec une égale surprise, je dirai plutôt avec un mécontentement vivement exprimé, qu'on voulût de nouveau les astreindre par une convention à une *publicité de culte indéfinie*, en sorte que chacun de ceux qui jouiraient d'un culte très étendu au dehors, l'envisagerait comme la conséquence d'une obligation et non pas un bienfait. Ceux, au contraire, qui ne pourraient, vu les circonstances, exercer le culte aussi publiquement, seraient portés à croire que le gouvernement ne remplit pas à leur égard des obligations déjà contractées.

« Il résulterait de cet état de choses que les plus favorisés ne lui conserveraient aucune reconnaissance, et que les restreints l'accuseraient d'infidélité dans ses promesses. Je vous laisse à penser si cette position peut et doit lui paraître admissible : en vain ai-je offert un Bref explicatif rempli d'éloges pour le gouvernement de la part de Sa Sainteté.

« Le Premier consul m'a répondu qu'il attachait le plus grand prix à l'estime du chef de la religion, qu'il en donnait, en ce moment, la preuve en concourant avec lui au retour de la religion, mais que, comme chef d'un gouvernement qui, par le vœu du peuple, succédait à l'ancien, il ne pouvait ni ne devait faire dépendre d'un Bref émané de la puissance spirituelle, les droits que la police temporelle pouvait exercer et dont les monarques français avaient usé dans tous les temps.

« En conséquence de ces observations, il m'a déclaré qu'il consentait à l'insertion du mot *publiquement* dans le premier article, mais qu'il voulait expressément qu'on y ajoutât les suivants *en se con-*

formant aux règlements de police que le gouvernement jugera nécessaire de faire. Je suis chargé en même temps d'ajouter que, par cette clause, le gouvernement ne prétend pas s'attribuer un nouveau droit ni enchaîner l'exercice extérieur de la religion qu'il professe lui-même, il veut seulement céder aux circonstances ce que la nécessité lui prescrit et ne pas s'obliger indéfiniment au delà de ce qu'il peut faire.

« Si des temps plus heureux, si des circonstances moins pénibles lui permettent de donner à la religion, dans tous les lieux, la splendeur et l'éclat qu'elle mérite, il saisira cette occasion avec empressement. Ces mesures de police ne sont que des moyens dictés par la prudence ; s'il les oubliait, il trahirait des devoirs et compromettrait par là même le succès de la négociation.

« Ce n'est pas à la suite d'une terrible révolution que l'on peut calmer tout, pour tous les hommes, dans le même instant et relativement à tous les pays ; il faut que les moyens que l'on prend pour y parvenir soient réglés d'après l'état actuel des choses, sans prétendre faire, des mesures dictées pour le moment, une obligation pour l'avenir. A mesure que la religion reprendra son empire en épurant les mœurs, le gouvernement qui la protège ne lui offrira plus le lien cruel des circonstances, mais l'amour et la liberté qu'elle garantit à tous ; en un mot, il veut pouvoir faire, sans contradiction, ce que les circonstances nécessitent ; mais il déclare qu'il ne se servira jamais de ces mêmes circonstances pour imposer à l'Église un nouveau joug et s'attribuer un nouveau droit lorsqu'elles seront sagement écartées.

« Ces réflexions vous prouvent et la pureté de ses vues et la nécessité d'une condescendance de votre part, dont tous les motifs éclatent en ce moment sous vos yeux...

« Daignez donc, Éminence, accéder dans le plus court délai à ces deux conditions [1] ; sans elles, j'ai l'ordre exprès de ne présenter aucun nouveau projet, et avec elles j'ai l'espoir de voir ma patrie heureuse et catholique.

« Vous êtes le premier ministre du chef de la religion, du successeur de Pierre ; vous pouvez, à ces deux conditions, sauver l'Église de France et assurer le repos de Rome et de l'Italie. Pourriez-vous hésiter ?

« C'est en concevant l'heureux espoir du succès de ces demandes, que je me plais à répéter combien est grand le respect que je vous ai voué.

« Paris, le 22 messidor (11 juillet 1801).

« BERNIER. »

Il y a donc une déclaration officielle portant que les restrictions à la publicité du culte ne porteraient que sur les cérémonies extérieures, qu'elles tenaient aux circonstances et qu'elles cesseraient un jour. Consalvi prit acte de ces explications dans la note suivante, qui ferma la série des communications officielles échangées au sujet du Concordat avant sa signature. La première avait eu lieu le 8 novembre 1800.

[1] La seconde était celle du serment.

« Le cardinal Consalvi, Monsieur, reçoit dans le moment votre note officielle en date de ce jour, et il se hâte d'y répondre de suite. Le soussigné voit que la difficulté de la conclusion de la négociation se réduit à deux points seulement, savoir : à l'addition que le gouvernement propose de faire au premier article, relativement à la publicité du culte, et à la substitution de la formule du serment que prêtaient les évêques avant le changement de gouvernement (en l'adaptant à la forme du nouveau), à celle proposée officiellement encore dans votre note du 25 prairial et déjà approuvée par Sa Sainteté...

. . . .

« Le soussigné voit par votre note que, quant au premier article, le gouvernement n'adhère pas au projet du Bref, mais qu'il propose plutôt une nouvelle rédaction de ce même article.

« Cette circonstance et la déclaration officielle que vous faites, dans votre note, du véritable objet que se propose le gouvernement et du sens qu'il prétend donner aux paroles à ajouter à la suite de celles-ci : *son culte sera public,* auquel culte on n'entend point mettre une restriction générale et perpétuelle, mais on veut que, pour l'exercer publiquement, on se conforme aux règlements de police que les circonstances actuelles peuvent rendre nécessaires ; toutes ces considérations, dis-je, tranquillisent le soussigné et le font adhérer aux désirs du gouvernement, en admettant, dans le projet, la rédaction du premier article dans les termes exprimés dans la note ci-jointe. »

La note, que j'ai copiée sur la minute écrite de la

main même de Consalvi, marque l'extrême limite des concessions qu'il consentit avant le 14 :

« La religion catholique, apostolique et romaine sera librement exercée en France. Son culte sera public, en se conformant toutefois, vu les circonstances actuelles, aux règlements de police qui seront jugés nécessaires pour la sûreté publique. »

Le 12 juillet au matin, Bernier expédiait à la Malmaison ces explications et cette rédaction dernière de Consalvi, en suppliant le Premier consul de les accepter et en les accompagnant d'un mémoire où il s'efforçait de démontrer que la convention projetée s'accordait parfaitement avec les libertés de l'Église gallicane.

« Le cardinal et Mgr Spina promettent de signer de suite le projet ainsi conçu. Daignez donc, général, expédier les pouvoirs nécessaires à cet effet. Il suffira que ce soit une lettre ou le moindre arrêté de votre part, étant notoirement connu d'eux pour avoir été l'agent du gouvernement en cette partie. Il faut unir ce nouveau bienfait à ceux que la France va célébrer le 14 juillet. Vous n'aurez jamais pris une mesure plus efficace pour les intérêts du gouvernement et plus capable de lui attacher de plus en plus les contrées de l'Ouest et le cœur des catholiques français. »

Le soir du même jour, 12 juillet, il insistait encore. « ... J'ai pris le parti de vous expédier le projet. J'attends avec impatience le renvoi que vous m'en ferez. Personne ne désire plus que moi de voir la fin de cette affaire, de vous savoir content et de voir rendre à la France le catholicisme, parce que j'en sens, pour le maintien de la paix, l'inappréciable utilité. »

Bonaparte ne répondit point et n'exprima pas son opinion. Seulement Bernier, appelé en hâte chez le secrétaire d'État, apprit que le Premier consul avait pris un arrêté qui chargeait les citoyens Joseph Bonaparte, conseiller d'État, Cretet, conseiller d'État, et le citoyen Bernier, de conclure et signer une convention avec le cardinal Consalvi, l'archevêque de Corinthe et le P. Caselli [1], revêtus des pleins pouvoirs et instructions de Sa Sainteté le Pape Pie VII. Le 13, au matin, on lisait dans le *Moniteur* : « M. le cardinal Consalvi a réussi dans la mission dont il avait été chargé par le Saint-Père auprès du gouvernement. » Il y avait donc lieu de croire que Bonaparte acceptait le texte de Consalvi, et Bernier le présumait ; mais il ne l'affirma pas aussi positivement que le disent les *Mémoires* du cardinal, qui écrivait à Doria, le 16 : « Ne sachant pas si mes changements avaient été admis, nous ne restâmes point aussi tranquilles que nous le désirions. »

Avant de raconter les grandes journées du 13 et du 14 juillet 1801, il est nécessaire de dire un mot de la controverse qu'elles ont excitée entre un illustre historien français et le préfet des Archives vaticanes. En 1865, M. d'Haussonville commençait, dans la

---

[1] Caselli n'avait pas de pouvoirs et il signa sans y avoir été officiellement autorisé. L'irrégularité fut corrigée plus tard.

Revue des Deux Mondes, ses études si remarquables sur l'*Église romaine et le premier Empire*. C'était le temps où beaucoup de gens d'esprit cherchaient le moyen d'être désagréables au second Empire en disant du mal du premier, et où Ampère et Beulé lançaient leurs flèches contre les deux empereurs, embusqués derrière les statues de César et d'Auguste, l'oncle et le neveu, ou de Tibère ou de quelque autre tyran. L'histoire est complaisante, elle fournit des armes à toutes les causes et elle se prêtait volontiers à servir les rancunes de ce qu'on appelait les anciens partis, représentés par des hommes éminents qu'elle consolait ainsi de la perte de la liberté. Les *Mémoires* de Consalvi venaient de paraître. M. d'Haussonville y lut que les plénipotentiaires s'étaient réunis chez Joseph le 13 au soir croyant signer tout de suite et en avoir pour un quart d'heure, Bernier affirmant que tout était terminé.

« On mit la main à l'œuvre et j'allai prendre la plume. Quelle fut ma surprise, quand je vis l'abbé Bernier m'offrir la copie qu'il avait tirée de son rouleau pour me la faire signer sans examen et qu'en y jetant les yeux afin de m'assurer de son exactitude, je m'aperçus que ce traité ecclésiastique n'était pas celui dont les commissaires respectifs étaient convenus entre eux, dont était convenu le Premier consul lui-même, mais un tout autre ! La différence des premières lignes me fit examiner tout le reste avec le soin le plus scrupuleux, et je m'assurai que cet exemplaire non seulement contenait le projet que le Pape avait refusé d'accepter sans ses corrections et dont le refus avait été cause de l'ordre intimé à l'agent français de quitter Rome, mais, en outre, qu'il le modifiait en plusieurs endroits, car on y avait inséré certains points déjà rejetés comme inadmissibles avant que ce projet eût été envoyé à Rome.

« Un procédé de cette nature, incroyable sans doute, mais réel, et que je ne me permets pas de caractériser, — la chose d'ailleurs parle d'elle-même, — un semblable procédé me paralysa la main prête à signer. J'exprimai ma surprise et déclarai nettement que je ne pouvais accepter cette rédaction à aucun prix. »

M. d'Haussonville accepta ce récit et déclara avec raison « que cette tentative est certainement une des plus singulières à noter parmi les procédés peu avouables dont s'est jamais avisée la diplomatie la moins scrupuleuse ». Les *Mémoires* du cardinal étaient peu connus. L'article[1] de M. d'Haussonville eut un immense retentissement et donna lieu à des discussions auxquelles la politique ne resta pas tout à fait étrangère, les *anciens partis* tenant pour la supercherie et les Bonapartistes la contestant.

Le P. Theiner, de l'Oratoire, préfet des Archives vaticanes, intervint dans la querelle pour réfuter M. d'Haussonville, dans un livre intitulé : *Les deux Concordats*. Il y publiait, entre autres pièces intéressantes, une dépêche de Consalvi au cardinal Doria écrite le 16 juillet 1801, qui contredit les *Mémoires* dont le savant Oratorien mettait en doute l'authenticité. L'opinion se divisa d'autant plus que Theiner affichait une admiration sans mélange pour Bona-

[1] Il fait partie du premier volume de l'ouvrage sur *l'Église romaine et le premier Empire*.

parte et Bernier, et paraissait l'avocat d'office du gouvernement français qui lui témoignait une faveur marquée. Depuis, les écrivains qui ont traité de la question sont restés partagés entre les deux opinions opposées [1].

Les pièces que nous avons sous les yeux permettent de dirimer absolument la controverse. Nous les trouvons dans le recueil que nous avons déjà mentionné et qui est intitulé : *Esame del Trattato di Convenzione tra la S. Sede e il Governo Francese sottoscritto dai Respettivi Plenipotenziari a Parigi il 15 Luglio 1801.* Il fut distribué en août aux cardinaux que le Pape voulut consulter tous sur la ratification, mais il leur fut recommandé de rapporter ces papiers à la secrétairerie d'État pour y être détruits après la délibération. Il en est resté quelques exemplaires aux Archives vaticanes et il est fort singulier qu'ils aient échappé au P. Theiner. M. Boulay n'en a eu non plus connaissance. Pour le récit, nous suivons les longues dépêches écrites au cardinal Doria par Consalvi immédiatement après les événements qu'il raconte.

Le 13 juillet, de bonne heure, le cardinal recevait le billet suivant.

« Éminence,

« L'arrêté concernant la signature de la convention a été pris hier par les consuls.

« Je suis autorisé à signer avec deux conseillers d'État.

[1] Le plus récent historien de Consalvi, M. Fischer, curé à Wurtzbourg, admet tout le récit des Mémoires.

« Ces conseillers sont Joseph Bonaparte et Cretet.

« Toutes les pièces n'étaient pas encore copiées à une heure cette nuit. Je retourne ce matin à neuf heures et demie chez Caillard[1], de là chez Joseph, puis chez vous. En attendant, M. de Château-Thierry vous portera le livre relatif aux formes du serment, si comme je l'espère, il se trouve à la bibliothèque.

« Recevez, Éminence, mes félicitations sur le terme de vos travaux et l'hommage de mon profond respect.

« Paris, 13 juillet 1801.

« BERNIER. »

Donc, le matin du 13, l'abbé n'exprimait aucune inquiétude.

A cinq heures du soir, nouvelle communication de Bernier accompagnant la minute du projet des plénipotentiaires :

« Éminence,

« Je vous préviens que la conférence aura lieu chez le citoyen Joseph Bonaparte ce soir à huit heures.

« J'irai vous prendre à sept. Voici ce qu'on vous proposera d'abord ; lisez-le bien, examinez tout, ne désespérez de rien.

« Je viens d'avoir une longue conférence avec Joseph et Cretet. Vous avez affaire à des hommes justes et raisonnables. Tout finira bien ce soir.

« Je vous offre mon profond respect.

13 juillet.

« BERNIER. »

[1] Caillard faisait l'intérim du ministre des relations extérieures.

J'ai vu l'autographe de ce billet aux archives de la Congrégation des affaires extraordinaires. Consalvi le lit, parcourt en hâte la minute annexée et tombe de son haut, frappé de la plus douloureuse surprise. C'était un tout nouveau projet qu'on lui proposait. Les principales concessions faites par le gouvernement et obtenues avec tant de peines étaient retirées, tout était à recommencer et, cette fois, le mot de Talleyrand se trouvait vrai : la négociation rétrogradait vers l'époque de ses premières difficultés. En effet, il n'était plus question, dans le préambule, de la profession de foi des consuls à laquelle le Pape attachait une importance souveraine, et une note marginale de la main de Bernier expliquait cette disparition « On croit qu'ici le catholicisme des consuls est inutile, étant supposé par le dernier article [1]. »

L'article sur la publicité du culte était ainsi conçu : « ... Son culte sera public, en se conformant toutefois aux règlements de police que le gouvernement jugera nécessaires. » C'était la subordination de l'Église à la police proclamée par l'Église elle-même. Consalvi, dans tout le cours de la discussion, disait et répétait : « Prenez des mesures de police. On en prend dans les pays catholiques, et nous sommes tolérants en cette matière, mais ne nous obligez pas à consacrer un droit que nous ne reconnaissons pas en principe, mais que nous admettons en fait quand les circonstances l'exigent. »

Le gouvernement ne s'engageait plus à autoriser ni les séminaires ni les chapitres. Consalvi avait

---

[1] Celui qui prévoyait le cas où le successeur du Premier consul ne serait pas catholique.

obtenu avec beaucoup de peine que les prêtres mariés ne figurassent point dans la convention, mais seulement dans le Bref qui leur promettait l'indulgence. Il avait démontré par d'excellentes raisons que faire de leur cas une affaire d'État, c'était leur donner trop d'importance et produire une sorte de scandale par la publicité que recevraient des égarements sur lesquels il valait mieux jeter le voile. Ces personnages reparaissaient dans le titre 6 : « Sa Sainteté relèvera de la loi du célibat les ecclésiastiques qui, depuis leur consécration, seront entrés dans les liens du mariage, sous la clause qu'ils renonceront à l'exercice de leurs fonctions et admettra au rang des catholiques séculiers ceux qui, par d'autres actes, ont notoirement renoncé à leur état. »

Dans son extrême douleur, que partageaient Spina et Caselli, Consalvi répondit immédiatement :

« Rien, Monsieur, rien n'égale notre surprise en lisant le brouillon que vous venez de m'envoyer. Je ne sais pas concevoir comment, après que nous sommes convenus en tous les articles, on puisse présenter, le jour même de la signature, une rédaction aussi différente de celle qui avait déjà été arrêtée comme vous le savez si bien. Vous savez aussi que tous les mots ont été si étudiés qu'ils ne peuvent recevoir aucun changement. Je suis navré de douleur en pensant qu'au lieu de nous réunir pour signer, je sois appelé à une nouvelle discussion. Mes pouvoirs ne me permettant d'autre changement, je réclamerai l'exécution de ce qui avait déjà été convenu et admis, et je vous prie de porter avec vous la note que vous ne m'avez pas encore donnée, savoir : celle que vous

avez lue avant-hier et que vous ne deviez que copier.
Si la copie n'est pas faite, n'importe; je serai content
du brouillon et la copie se fera après; je suis bien
triste, je vous l'avoue.

« Agréez les assurances de mon estime, etc...

« Paris, le 13 juillet 1801.

« H. Card. Consalvi. »

D'où était donc venu ce revirement de la dernière
heure? Le coup était parti de Bourbon-l'Archambault.
Le 13 juillet, de bonne heure, la créature de Talleyrand, d'Hauterive, d'après les ordres de son maître,
remettait au Premier consul une note à la suite de
laquelle un des employés du ministère transcrivait en
toute hâte le projet modifié suivant les indications
envoyées par le ministre. Bonaparte avait consenti,
pensant que Consalvi céderait à la pression de la
dernière heure. Nous ne savons pas avec précision
sous quelle forme il exprima son assentiment et
envoya ses instructions à Bernier. Ce fut probablement par l'entremise de d'Hauterive, qui vit certainement l'abbé le 13, car l'exemplaire qui servit à la discussion porte des annotations de l'un et de l'autre.
Bernier poussa la docilité jusqu'au bout et, en ne refusant pas de négocier dans ces conditions, il perdit
l'occasion de se faire honneur à tout jamais et resta
suspect à Consalvi dont, plus tard, le mécontentement aigrit et trompa les souvenirs.

« Arriva [1] l'abbé Bernier qui me répéta avec de
douces paroles ce qu'il avait dit dans son billet, qu'il

[1] Consalvi à Doria, 16 juillet.

ne fallait pas désespérer et que tout finirait bien.
Nous ne laissâmes pas de lui faire observer combien
était fort ce qu'on se permettait avec nous et combien
étaient peu fondées ces illusions. »

C'est dans ces conditions qu'à huit heures du soir
les quatre négociateurs ecclésiastiques se rendirent à
l'hôtel de Joseph, où ils trouvèrent Cretet. Ils y
étaient encore le lendemain, à quatre heures de l'après-
midi, et ils restèrent ainsi vingt heures à discuter,
sans dormir, sans souper, en faisant seulement le
matin un court déjeuner. « Et encore, dit Consalvi,
Votre Éminence peut s'imaginer si nous en avions
envie. »

Il fallut d'abord faire connaissance. Joseph et
Cretet n'avaient jamais vu les Italiens, qui sortaient
fort peu, et Consalvi, qui s'était rendu chez le frère
du Premier consul, ne l'avait pas rencontré. C'était
certainement la première fois qu'une affaire religieuse
de cette importance était confiée à des laïques qui
n'y connaissaient absolument rien. Ils croyaient
n'être venus que pour une formalité, (on n'avait
même pas renvoyé les voitures), et ils découvrirent
qu'il s'agissait d'une négociation très épineuse et très
grave à laquelle ils durent s'initier article par article.
Ils y mirent beaucoup de bonne volonté, particulièrement Joseph, qui se montra très sage, très conciliant et animé des meilleures intentions. « Nous lui
devons beaucoup de reconnaissance, dit Consalvi,
car je déclare que, sans lui, tout était rompu irrépara-

blement. » Ils apprirent avec étonnement qu'il y avait eu des engagements pris, et Bernier dut l'avouer avec embarras. Cependant leur mandat était formel ; ils répondirent aux plaintes de Consalvi qu'on pouvait toujours changer les termes d'un traité tant qu'il n'était pas signé, et ils s'appliquèrent à défendre la rédaction qui leur avait été remise. La difficulté porta donc sur les suppressions opérées, et les arguments produits furent ceux qui tant de fois avaient été échangés verbalement et par écrit entre Bernier et les prélats romains.

Pourquoi prendre acte du catholicisme du gouvernement représenté par les consuls ? Ils ne gouvernent pas seuls, et, d'ailleurs, il n'y en a vraiment qu'un qui gouverne : les deux autres ne signifient rien [1]. Or, il est évident que le Premier consul est catholique, et inutile de le dire. D'ailleurs, cela est supposé dans la convention, puisque le dernier article prévoit le cas où l'un de ses successeurs ne le serait pas. Telle fut la thèse des diplomates français, tel fut le point sur lequel s'engagea d'abord une guerre terrible, *una guerra terribile*.

Puis vint la question de la publicité. Consalvi avait fort habilement séparé dans sa rédaction la *liberté* de la religion de la *publicité* du culte, de manière que la première restât entière et absolue même si la seconde subissait quelque restriction. L'avenir lui a donné raison en justifiant cette précaution. C'est, en effet, parce que la religion catholique a le droit officiel d'être exercée librement en France que les catholiques qui

---

[1] *Significando nulla.*

le veulent ne peuvent être privés de la liberté d'embrasser la vie religieuse, comme le disaient récemment soixante-quatorze évêques dans une lettre célèbre. A cette assurance de la liberté, le cardinal avait ajouté cette phrase qu'il croyait admise, et dont ensuite le Premier consul n'avait plus voulu : *les obstacles qui peuvent encore subsister seront levés.*

Quant à la publicité du culte, nous avons vu que Consalvi avait admis comme concession extrême la formule : « En se conformant toutefois, vu les circonstances actuelles, aux règlements de police qui seront jugés nécessaires pour la sûreté publique. » Le projet des plénipotentiaires disait : « En se conformant aux règlements de police que le gouvernement jugera nécessaires. » Consalvi ne pouvait consentir à cette reconnaissance officielle et absolue de la subordination de l'Église à la police, et il tremblait même que sa concession ne fût désavouée à Rome, où elle souleva, en effet, de grandes difficultés.

Tel fut le champ de bataille où l'infortuné cardinal, pendant une nuit et une matinée, déploya ce qu'il avait de ressources dans l'esprit et de séduction dans les manières pour regagner le terrain qu'il avait si péniblement conquis. Il y réussit en grande partie. Vingt fois pourtant on fut sur le point de rompre [1], et vingt fois il rattacha le fil brisé. Enfin, à force de bonnes raisons et de bons procédés, la fatigue aidant, il arracha à ses adversaires des concessions importantes. Ils admirent la reconnaissance du catholicisme des consuls, en supprimant la mention du gouverne-

---

[1] *All'ultimo orlo di sconcludere.*

ment, — et la publicité du culte, *en se conformant aux règlements de police que les circonstances de ce temps rendent nécessaires*. Les ecclésiastiques mariés disparurent du texte, les chapitres et les séminaires y rentrèrent, et à la formule : « Les évêques nommeront aux cures avec l'approbation du gouvernement », fut substituée la suivante : « Les évêques nommeront aux cures ; ils ne choiseront les pasteurs qu'après s'être assurés qu'ils sont doués des qualités requises par les lois de l'Église et qu'ils jouissent de la confiance du gouvernement. »

En définitive, c'était un vrai succès. Quand tout fut convenu, les prélats, malgré l'épuisement de tous les belligérants, insistèrent pour que l'on continuât la séance et que l'on signât immédiatement. Ils craignaient qu'une nouvelle réunion n'amenât encore des changements et de nouveaux sacrifices. Les Français y consentirent et on se mit à faire des copies, mais au moment de signer, ils se ravisèrent et dirent qu'après avoir réfléchi, ils n'osaient prendre sur eux la décision finale, le projet qu'ils avaient consenti différant trop de celui qu'on leur avait remis pour qu'ils pussent se passer de l'approbation du Premier consul. Ils se rendirent donc aux Tuileries, et Joseph, après un récit sommaire de la délibération, présenta le texte convenu, en signalant les modifications. Bonaparte entra dans une colère terrible et jeta la convention au feu qui brûlait dans la cheminée à cause d'un froid insolite. Puis, parlant de l'article qui concernait la publicité du culte, il s'écria : « Si vous aviez signé cela, je vous aurais déchiré votre papier sur la figure. Je veux mon texte ou c'est fini ! Dites-leur que s'ils ne veulent pas le signer, ils s'en aillent tout de suite. Ils ne pourront s'en prendre qu'à eux-mêmes de ce qui arrivera ! » Les trois diplomates s'en revinrent piteusement à l'hôtel de Joseph, où attendaient les prélats, dont on peut s'imaginer la tristesse en apprenant le douloureux résultat de tant de fatigue et de bonne volonté. Malgré leur peine, malgré les instances dont ils furent assaillis, ils refusèrent de se soumettre à l'*ultimatum*. On convint pourtant d'une dernière entrevue pour le lendemain, au cas où ils consentiraient. « Les plénipotentiaires français ne voulurent jamais comprendre que toute notre difficulté consistait à le dire, tandis qu'en fait nous le souffrons partout. Ils répondaient que la chose n'étant pas de foi et n'intéressant pas le dogme, c'était une folie d'exposer la religion aux maux incalculables d'une rupture, pour tenir à un principe qui n'était observé nulle part[1]. »

Cependant les heures avaient passé et Consalvi voyait, avec une terrible appréhension, approcher le moment où il allait affronter le Premier consul. Il était en effet invité avec Spina au dîner de deux cent cinquante couverts donné aux Tuileries à l'occasion de la fête nationale, à la fin duquel devait être annoncée officiellement la conclusion de la paix religieuse. Le récit de ce dîner célèbre est la seule page vivante et dramatique des Mémoires du cardinal qui sont plutôt écrits dans une langue diffuse et traînante.

[1] Consalvi à Doria, 16 juillet.

« Il ne m'eut pas plutôt aperçu que, le visage enflammé et avec une voix forte et dédaigneuse, il me dit : « Eh bien ! Monsieur le Cardinal, vous avez « voulu rompre ? Soit. Je n'ai pas besoin de Rome. « J'agirai de moi-même. Je n'ai pas besoin du Pape. « Si Henri VIII, qui n'avait pas la vingtième partie de « ma puissance, a su changer la religion de son pays « et réussir dans ce projet, à plus forte raison le « saurai-je et le pourrai-je, moi. En la changeant en « France, je la changerai dans presque toute l'Europe, « partout où arrive l'influence de mon pouvoir. Rome « s'apercevra des pertes qu'elle aura faites et les « pleurera quand il n'y aura plus de remède. Vous « pouvez partir, et il n'y a pas autre chose à faire. « Vous avez voulu rompre ; qu'il en soit ainsi puisque « vous l'avez voulu ! »

La dépêche écrite le 16 juillet au cardinal Doria laisse une impression un peu moins forte. Bonaparte n'y fond pas sur son adversaire avec le visage enflammé : « Je pris courage comme je pus, et j'allai. Il m'accueillit avec politesse, *mi accolse con gentilezza*, mais il entra immédiatement en matière et me dit qu'un tel retard était irritant et qu'il ne voulait plus de changements ; puis il conclut : « Ou cela ou rien ! et je sais bien quel parti prendre. »

Il est certain qu'il y a eu une scène et il n'y a aucune raison de révoquer en doute les paroles attribuées au Premier consul. Consalvi était incapable d'inventer cette magnifique explosion de colère : le rugissement du lion lui était resté dans l'oreille. Cobentzel qui a tout entendu affirme qu'il y a eu de « vifs reproches adressés au cardinal en sa présence ». Ce qui est inventé, c'est la question par laquelle Bonaparte aurait terminé ses déclarations foudroyantes : « Quand partez-vous donc ? — Après dîner, général, répliquai-je d'un ton calme. » Ce peu de mots fit faire un soubresaut au Premier consul. Il me regarda très fixement et à la véhémence de ses paroles je répondis, en profitant de son étonnement, que je ne pouvais outrepasser mes pouvoirs. »

J'écris ayant sous les yeux le texte autographe de Consalvi. Cette anecdote ne s'y trouve pas : il faut donc la rayer de tous les manuels d'histoire où elle figure encore. Immédiatement après : « Qu'il en soit ainsi, puisque vous l'avez voulu », le cardinal expose ce qu'il a répondu [1]. Il mit dans sa réponse tant de sincérité et de douceur insinuante, que Bonaparte se radoucit. Il se tourna vers le ministre d'Autriche et lui dit : « Je vous prends pour juge, Cobentzel ! » — « J'accepte, répondit Consalvi en riant », et il se mit à faire la leçon à Cobentzel, lui expliquant la différence qu'il y avait, pour le Pape, entre reconnaître dans un traité ou tolérer dans la pratique une dérogation aux principes dont il ne pouvait se départir. Puis on se rendit au dîner qui fut court. Nous pouvons croire Consalvi, quand il nous affirme qu'il n'en goûta jamais un plus amer. De retour au salon, il reprit l'entretien avec Cobentzel qui avait réfléchi en mangeant et crut avoir trouvé une formule conciliante : « Le culte sera exercé publiquement sous la surveillance de la police. » Le cardinal ne repoussa pas

---

[1] *Sia pur cosi giacchè lo avete voluto. A queste parole dette in publico e col tono il piu vivo e forte, risposi che non potevo ecc.* M. Boulay de la Meurthe a déjà fait justice de cette interpolation.

absolument la chose, quoiqu'il redoutât l'extension abusive de la surveillance et qu'il lui déplût de voir la religion mise sur le même pied que les émigrés et les autres personnages suspects. Tous les deux attaquèrent de nouveau le Premier consul qui se montra plus traitable et ne rejeta pas non plus l'expression suggérée. Consalvi se garda bien de le heurter de front. L'essentiel pour lui, c'était d'obtenir que Bonaparte permît une dernière conférence et n'interdît point d'une façon absolue tout changement dans la rédaction des articles. Il y réussit, puissamment aidé par Cobentzel qui déploya toute sa bonne grâce persuasive de vieux courtisan. « Dieu m'aida de manière que le Premier consul qui *a vraiment le cœur bon* se prêta à l'entretien, et je pus lui arracher que dans le nouveau *congresso* indiqué pour le jour suivant, nous ne serions pas obligés à nous en tenir littéralement à ce qu'il avait marqué de sa main, mais que nous pourrions nous arranger entre nous de quelque manière, ce qui me parut très important, mais très difficile. Il me parla avec une très grande estime personnelle de Sa Sainteté et me fit aussi l'éloge de Votre Eminence. Il conclut que le lendemain tout devait finir d'une manière ou de l'autre irrémissiblement. » Ce ton diffère notablement de celui des *Mémoires* et indique beaucoup moins d'amertume.

Rendez-vous fut donc pris avec Joseph pour la dernière conférence qui devait commencer le 15 juillet à midi. La nuit qui suivit le dîner et la matinée du lendemain n'apportèrent aucun repos à Consalvi ni à ses deux compagnons qui passèrent tout le temps à se recommander à Dieu et à délibérer sur la situation. Refuser la formule absolument, c'était tout perdre. L'accepter purement et simplement, c'était dépasser leurs pouvoirs et s'exposer au désaveu du Saint-Père. Spina et Caselli étaient tellement épuisés par la séance de vingt heures et tellement convaincus de la nécessité d'en finir pour éviter les pires malheurs, qu'ils inclinaient à accepter la rédaction du Premier consul. Consalvi ne s'y résignait pas et cherchait, comme il le dit, à introduire une restriction dans la restriction. Il crut l'avoir trouvée et se proposa de la défendre comme le dernier terme de ses concessions.

La conférence s'ouvrit à midi précis et ne se termina qu'à minuit. Elle fut remplie en très grande partie, comme la précédente, par la discussion de l'article premier. Voici la restriction suggérée par Consalvi. A la rédaction de Bonaparte : « Le culte sera public, en se conformant aux règlements de police que le gouvernement jugera nécessaires », il ajoutait : « *pour la tranquillité publique.* » C'était limiter le champ d'action de la police à un cas unique et bien déterminé, et ne point livrer tout le culte à l'ingérence du gouvernement. Les plénipotentiaires français répondaient que l'addition était inutile parce que la chose allait de soi-même et s'expliquait suffisamment par le mot de *police*, la police étant uniquement destinée à assurer la tranquillité publique et ne pouvant intervenir dans les affaires de la religion. Consalvi répliquait : « Quelle difficulté et quel mal y a-t-il à le dire avec plus de clarté pour empêcher toute interprétation préjudiciable à la liberté de l'Eglise ? Si vous êtes de bonne foi, acceptez ma restriction. Si vous la refusez, c'est que vous n'êtes pas de bonne foi ».

C'est sur ce dilemme que l'on batailla pendant des heures et Consalvi finit par obtenir gain de cause. Comme la convention devait être mise en latin, il s'appliqua à surveiller et à mitiger la traduction de ce terrible article pour qu'il choquât moins les oreilles romaines. Au lieu de rendre *en se conformant* par *sese conformando*, qui était lourd et trop expressif, il adopta *habita ratione ordinationum quoad politiam*, et il lui fallut quelque dextérité pour opérer, parce que les plénipotentiaires français qui savaient le latin surveillaient la traduction que les Italiens faisaient au pied levé.

L'article premier était le point important, mais non pas le seul qui donnât lieu à des difficultés. L'article 10 fut la seconde épine très aiguë de la longue séance. Le gouvernement, qui avait obtenu le patronage des évêchés et la nomination des évêques, voulut aussi intervenir dans le choix des curés, et, pour lui complaire, Consalvi avait ainsi rédigé l'article 10 : « Les évêques nommeront aux cures : ils ne choisiront les pasteurs qu'après s'être assurés qu'ils sont doués des qualités requises par les lois de l'Église et qu'ils jouissent de la confiance du gouvernement. » Les plénipotentiaires français l'avaient adopté ; mais le Premier consul le repoussa et il écrivit de sa main sur l'exemplaire qu'apporta Joseph[1] : « Les nominations ne seront *valides* qu'après avoir été agréées par le gouvernement. » Bonaparte ne se doutait point

---

[1] Il est probable que Joseph vit son frère dans la matinée du 15 et lui porta une copie de la Convention pour remplacer celle qui avait été jetée au feu.

qu'il commettait une hérésie, la validité d'une nomination ecclésiastique ne dépendant pas du pouvoir civil. Il fallut d'incroyables efforts, *incredibili sforzi*, pour écarter le mot *valides* ; et, après avoir proposé vingt formules qui furent rejetées, ce fut une miséricorde de Dieu que nous parvînmes à combiner la phrase : « leur choix ne pourra tomber que sur des personnes agréées par le gouvernement ». J'aurais voulu dire « agréables au gouvernement », mais, à Paris, ce mot prête au ridicule et l'on n'en voulut point ».

Il était onze heures du soir, quand les plénipotentiaires tombèrent enfin d'accord. Consalvi comprenant qu'il était important d'en finir cette nuit même et que tout délai ne pourrait qu'aggraver la situation, proposa de signer immédiatement. Il rencontra de grandes hésitations : Joseph ne se souciait plus d'encourir une nouvelle colère de son frère. Il se décida enfin, vaincu par les instances du cardinal. A la fin de la soirée, un incident de sa vie domestique était venu jeter une agréable diversion dans cette séance si laborieuse. « Le Concordat fut signé, à deux heures du matin, dans l'hôtel que j'occupais rue du Faubourg-Saint-Honoré. A la même heure, je devenais père d'une troisième enfant dont la naissance fut saluée par les plénipotentiaires de deux grandes puissances et la prospérité prédite par les envoyés du vicaire du Christ[1]. »

Le lendemain, le Premier consul approuvait l'œuvre

---

[1] *Mémoires* du roi Joseph. Joseph met deux heures au lieu de minuit.

de ses délégués, et Joseph, Cretet et Bernier rendaient visite à Consalvi pour lui annoncer le succès qui couronnait enfin ses longues fatigues. « Il m'a dit que le Premier consul était content, ce qui nous a soulagés d'une grande angoisse. »

Cobentzel, qui était sur la question le seul bien informé des diplomates étrangers, rendait compte à sa cour de l'événement auquel il avait coopéré. « ... Il en résulta[1] des reproches très vifs faits au cardinal en ma présence, lorsque nous nous trouvâmes ensemble à dîner chez le Premier consul. Interpellé par celui-ci, je cherchai, autant qu'il dépendait de moi, à les rapprocher l'un de l'autre, et à concourir ainsi à un arrangement qui rétablît le culte catholique dans toute la France et prévînt de nouveaux malheurs en Italie.....

« Enfin, à la suite d'une nouvelle conférence qui eut lieu le 15, on tomba d'accord, moyennant l'expression : en se conformant aux règlements de police nécessaires à la tranquillité publique ; et la convention fut signée, de la part du Pape, par le cardinal Consalvi, Mgr Spina et le P. Gazelli (Caselli) ; et, de la part de la France, par les trois plénipotentiaires susmentionnés. La préséance du Pape a été observée dans les deux exemplaires de la convention, de manière que tous les plénipotentiaires ont signé dans la même colonne, en premier lieu le cardinal, ensuite Joseph Bonaparte, puis Mgr Spina, le conseiller d'Etat Cretet, le P. Gazelli et enfin l'abbé Bernier. Le cardinal n'ayant pas cru pouvoir me donner copie de

---

[1] Il vient de parler de l'entrevue de Joseph avec le Premier consul avant dîner.

l'acte avant qu'il n'ait été ratifié, je dois me borner à en joindre ici l'extrait que j'ai fait de mémoire sur des notions qui me sont parvenues par des voyes tout à fait indirectes. Le cardinal n'attendra pas ici l'arrivée des ratifications, sa charge de Secrétaire d'État exigeant sa présence à Rome. Il laissera ici Mgr Spina pour y soigner les intérêts du Saint-Siège. Le rétablissement du culte catholique en France produira sans doute un fort bon effet pour le gouvernement actuel, le gros de la nation étant, dans le fond du cœur, attaché à la religion et les contradicteurs se bornant aux soi-disant philosophes presque tous concentrés dans la capitale [1]. »

C'était une ère nouvelle qui commençait pour l'Église de France.

[1] Cette dépêche inédite de Cobentzel m'a été communiquée par un écrivain allemand fort distingué, M. Fournier, qui l'a copiée aux Archives impériales.

CHAPITRE VII

LA RATIFICATION ET LES ADDITIONS
CONCLUSION

Comparaison matrimoniale. — Les constitutionnels et les Articles organiques. — La Convention examinée à Rome. — Les théologiens et les diplomates dans l'Église. — Opposition contre Consalvi. — Les votants et les votes. — Le cardinal Antonelli. — Absence de Maury. — La ratification est décidée. — Discussions sur la formule. — Actes complémentaires. — La Bulle et les Brefs. — Envoi d'un légat à Paris. — La ratification à Paris. — Lune de miel. — Dîners et cadeaux. — Texte de la Convention. — Appréciation de la Convention. — Additions ultérieures et subreptices. — Appréciation des Articles organiques. — Les ennemis du Concordat. — L'avenir du Concordat.

Qu'on nous permette une comparaison familière : Lorsqu'un jeune homme se marie malgré sa famille et qu'il réussit à lui imposer la femme qu'il a choisie, c'est ordinairement celle-ci qui souffre du mécontentement des parents. Autant qu'ils le peuvent, ils lui rendent la vie dure, la chicanent sur la dot, l'installent chichement, l'entourent de gens à leur discrétion et la poursuivent de leurs épigrammes ou de leurs mauvais procédés. Il n'est pas rare que l'époux laisse dire et laisse faire, n'ayant point la force de se dégager de son milieu, surtout s'il s'est marié par intérêt plus que par inclination. Quant à la femme, si elle aime profondément, elle se montre patiente, ne se plaint pas ou se plaint doucement et se résigne à beaucoup de sacrifices pour avoir la paix. Cet intérieur domestique représente exactement la situation réciproque de Bonaparte, de l'Église et des politiques nombreux et puissants malgré lesquels s'était conclu l'accord. N'ayant pu l'empêcher ils se vengèrent, qu'on me passe l'expression, en introduisant dans le ménage deux éléments de discorde qui en compromirent bientôt l'harmonie : une question de personnes qui causa de graves ennuis au Saint-Père, et une question de droit qui pèse encore sur les relations de l'Église et de l'État en France. Ils entreprirent d'introduire les anciens constitutionnels dans le nouveau clergé et réussirent à les imposer à Rome : c'est la question de personnes qui se posa immédiatement après la signature du traité. Ils fabriquèrent clandestinement contre l'Église une législation oppressive et tracassière qu'ils ne publièrent qu'après huit mois, en même temps que le Concordat lui-même, auquel ils prétendirent la joindre indissolublement : c'est la question de droit ou des Articles Organiques.

La convention était à peine signée que le Premier consul, recevant Consalvi, le 20 juillet, le surprenait fort désagréablement en lui annonçant sa volonté de nommer sept ou huit intrus aux sièges qui allaient être pourvus.

— Mais, général, le Concordat ne parle point des intrus. Il m'a été remis en votre nom une note officielle affirmant qu'ils ne sont pas compris sous la dénomination d'*évêques* titulaires, et d'ailleurs le cardinal Martiniana nous a déclaré formellement que vous ne vouliez point vous en occuper.

— Sans doute, mais tout cela c'était avant la convention ; maintenant qu'elle est signée, j'entends qu'ils en profitent. Que faut-il donc qu'ils fassent ?

— Se rétracter et se soumettre aux brefs du Pape Pie VI sur la constitution civile du clergé.

— Se rétracter, Monsieur le cardinal ? Jamais je ne leur demanderai cela. Un homme qui se rétracte est un homme déshonoré. Ces idées de rétractation ne conviennent point à notre temps et sont particulièrement inexécutables en France, depuis la Révolution. Arrangez-vous pour qu'ils puissent rentrer dans l'Église sans rétractation.

Bonaparte, ne sachant presque rien de la constitution de l'Église, ne voyait que subtilité théologique dans la question des intrus. Il se laissa persuader qu'il était d'une bonne politique de les satisfaire et de désarmer leurs partisans, en les admettant au partage des dignités et des fonctions qui allaient être rétablies. Pour lui, c'était une manière de se faire pardonner le Concordat. Pour Joseph, qui se déclara leur grand partisan et pour bien d'autres, c'était une question d'amis à placer. Pour Talleyrand et les philosophes, c'était un moyen de contrarier Rome, en lui reprenant une partie de ce qu'elle venait de regagner, et de continuer la Révolution en soutenant les ecclésiastiques qui, disait-on, s'étaient sacrifiés pour elle.

Sur l'ordre de Bonaparte, les six plénipotentiaires tinrent une conférence pour s'entendre sur ce point et sur diverses modifications que le gouvernement demandait dans la bulle destinée à annoncer le Concordat. Consalvi ne s'engagea point et ne voulut rien signer, promettant seulement d'en référer au Pape dès son arrivée à Rome, où il était pressé de retourner. Pour faire ses adieux au Premier consul, il se rendit à la réception diplomatique du 24 juillet. Suivant son usage, Bonaparte fit le tour du cercle, mais il n'adressa point la parole au cardinal, à l'égard duquel il ne voulut pas être aimable, parce qu'il l'avait trouvé moins flexible et plus résistant qu'il n'aurait voulu.

Consalvi partit dans la nuit du 25 au 26, après avoir eu le temps de saluer Talleyrand qui arrivait des eaux. Comme à l'aller, il brûla les étapes et, voyageant à toute vitesse, arrivait à Rome le 7 août, quelques heures après Cacault, qui revenait de Florence où il avait attendu le résultat du voyage qu'il avait conseillé. Il était urgent que Consalvi vînt défendre son œuvre qui était déjà livrée aux discussions et aux critiques des théologiens initiés à la négociation. Le courrier Bartolomeo avait quitté Paris le soir du 16 juillet, le lendemain même de la signature de la convention. Il en emportait le texte avec des éclaircissements rédigés en toute hâte par le cardinal qui, après ses horribles fatigues, avait passé le reste de la nuit et toute la journée à écrire. Bartolomeo n'avait mis que neuf jours à faire le voyage, ce qui passa alors pour un vrai tour de force. Le 25, au soir, le cardinal Doria et le Pape apprenaient la grande nouvelle et lisaient, avec une émotion profonde, les dépêches qu'ils attendaient avec tant d'impatience. Le matin du 26, Di Pietro, en arrivant au Quirinal, reçut du cardinal le volumineux paquet et fut prié de monter chez le Pape, quoiqu'il ne fût qu'en habit court [1]. Il fut convenu qu'on commencerait par communiquer le traité à une petite congrégation composée de Gerdil, d'Antonelli et de Carandini, avec Di Pietro pour secrétaire, et que, pour le doyen Albani, on dirait que le Pape voulait épargner de nouvelles fatigues à son grand âge. On craignait toujours sa trop grande facilité à parler, *troppa facilità di parlare*. Albani ne sut aucun gré de ce ménagement et se plaignit amèrement, si bien qu'on l'admit de nouveau, car bientôt les langues se mirent à tourner, et on disait qu'on l'excluait par peur de son opposition. La petite congrégation estima qu'il fallait convoquer sans retard l'ancienne congrégation des douze, qui rentra en fonction.

Les discussions portèrent presque uniquement sur l'article 1er, qui parut à Gerdil, Antonelli et Di Pietro offrir de graves difficultés et ne pouvoir être signé sans modification ou sans explication. Le Pape se montra affligé de cette opposition et préoccupé des terribles conséquences qu'entraînerait le refus de la ratification. Cependant, il se déclara prêt à faire son devoir, en sacrifiant toute considération humaine. Après quelque hésitation, il se décida à consulter tout le Sacré Collège, quoique deux ou trois cardinaux lui inspirassent peu de confiance. Pour les aider, six théologiens, parmi les plus éminents, furent admis à étudier

---

[1] Les maîtres des cérémonies, à cette époque, eurent à gémir de plus d'une infraction au protocole. Di Pietro constate, dans son *Journal*, qu'à une des convocations de congrégation faite en toute hâte, plusieurs cardinaux ne purent arriver qu'avec un seul camérier ecclésiastique. Il est admis aujourd'hui qu'un cardinal peut voyager seul dans sa voiture.

la question et à rédiger leur *votum*. Ils n'assistèrent cependant point aux délibérations. C'étaient Tenaia, vice-gérant du Saint-Office ; de Magistris, examinateur des évêques ; Merenda, consulteur du Saint-Office ; Soldati, secrétaire de l'Index ; Clementi, ancien général des Servites ; et Durani, auditeur de Sa Sainteté.

Il fallait mettre à la portée des opinants les documents propres à les éclairer. Un recueil considérable, intitulé *Esame*, fut imprimé à cinquante exemplaires par quatre ouvriers d'une discrétion à toute épreuve, qui travaillaient enfermés dans une chambre reculée du palais. Il était interdit aux votants de montrer ces pièces à qui que ce fût, et ils devaient, après s'en être servi, les rapporter à la secrétairerie d'État, pour y être détruites. Tout n'a pas péri, et, comme nous l'avons dit, il est resté quelques exemplaires de ce recueil où nous avons trouvé des lettres et des notes diplomatiques qui ne figurent, à notre connaissance, dans aucun des ouvrages écrits sur le Concordat. Il est très surprenant que Theiner ne les ait pas connues et ne s'en soit pas servi pour fortifier sa thèse.

Toutes ces dispositions préparatoires occupèrent les jours qui précédèrent le retour de Consalvi, sans lequel il était évident qu'on ne pouvait rien faire de définitif. Quand il arriva, tout était donc encore en suspens. Il y avait eu des échanges de vues et d'impressions entre les premiers initiés et point de vote formel ; mais une opposition marquée s'était dessinée chez les cardinaux théologiens contre la ratification pure et simple.

Faut-il s'en étonner ? L'Église a une doctrine immuable et un gouvernement dont les principes fondés sur la doctrine sont immuables comme elle. Cependant, il faut bien que, dans l'application et en pratique, elle tienne une conduite et adopte une discipline qui varient, suivant le temps et les milieux, pour s'adapter aux idées, aux mœurs, à l'état social et au caractère des peuples sur lesquels elle exerce son autorité. Elle est donc obligée d'avoir une politique qui consiste essentiellement dans l'appréciation du possible et dans l'art de mesurer les concessions aux circonstances, sans jamais compromettre la doctrine. Il doit arriver, dès lors, que ses théologiens ne s'accordent pas toujours avec ses diplomates. Les uns, en effet, habitant les hauteurs sereines et planant au-dessus des champs de bataille, s'appliquent par-dessus tout à étudier et à proclamer les principes, en italien la *massima*. Les autres, mêlés aux affaires et au mouvement des sociétés, voient surtout la difficulté de les appliquer et la nécessité de se plier aux circonstances.

La convention signée le 15 juillet 1801 était d'autant plus exposée à la critique qu'elle différait notablement du texte qui avait été approuvé par le Pape, après les longues délibérations que nous avons racontées. Sur les points les plus importants, nous avons vu que Consalvi avait dû sacrifier ou modifier les formules romaines. Gerdil, Antonelli et Di Pietro jugèrent qu'il était allé trop loin et que la *massima* était entamée par l'article premier. « Nous ne pouvons, disaient-ils, reconnaître formellement à un gouvernement le droit de régler par des mesures de police la publicité du culte catholique. Cette concession attaque la thèse de l'indépendance et de l'autonomie législative de l'Église. » A quoi Consalvi répondait : « J'ai fait une concession restreinte qui a été atténuée par des explications satisfaisantes et qui sera provisoire. Je l'ai faite, contraint par des circonstances exceptionnelles dont vous ne pouvez apprécier ici l'inexorable nécessité. Si vous la rejetez, vous sauverez la rigueur de la *massima*, mais vous perdrez la religion en France et vous amènerez une catastrophe dont vous ne pourrez mesurer l'étendue. »

Telles furent les idées qui s'échangèrent pendant huit jours entre ces prélats illustres qui, divisés d'opinion, cherchaient avec la même bonne foi et la même conscience le moyen de servir la grande cause à laquelle ils s'étaient dévoués. Consalvi plaidait avec l'ardeur d'une conviction profonde et le vif sentiment de son intérêt personnel. Un échec, en effet, ruinait sa réputation et sa carrière. C'était pour lui, disait-il, une question de vie ou de mort. Pour réussir, il déploya son activité merveilleuse et toutes les séductions de sa parole. Bien malgré lui, il dut en arrivant garder le lit pendant deux jours, par suite d'une chute de voiture faite à Bologne. Dès qu'il put se lever, et se soutenant à peine, il s'en alla prêcher les cardinaux à domicile, leur racontant ses luttes, leur dépeignant la situation de la France, démontrant qu'il n'avait pu faire mieux et qu'il fallait ratifier au plus vite.

Excédé de fatigue, nerveux et impatient de l'opposition qu'il rencontrait, il ne ménageait pas les épigrammes aux théologiens. « Ils en parlent bien à leur aise, disait-il, mais s'ils s'étaient trouvés à ma place, ils en auraient signé plus que moi. » Quand on lui citait comme une objection la réconciliation de l'Angleterre au xvi° siècle et les conditions bien plus favorables accordées par la reine Marie, il bondissait, ne souffrant pas que l'on comparât les situations et les personnes. « Nous sommes en face de Bonaparte et des Français, répondait-il. Bonaparte ressemble-t-il à cette petite reine dévote qui égrenait son rosaire du matin au soir? Les Français en sont au point qu'il faut leur imposer la religion et toutes les concessions du Pape par la force et presque sans qu'ils s'en doutent. »

Il parlait évidemment de Paris et du monde officiel, le seul avec lequel il se fût trouvé en rapport. Quant à ce qui subsistait du monde religieux et royaliste, il n'ignorait pas qu'il en était critiqué, et des lettres de Paris étaient arrivées à Rome, racontant qu'il avait scandalisé en assistant au grand dîner du Quatorze Juillet. Consalvi ne se décourageait point de toutes ces contradictions, et il s'aperçut bientôt que ses efforts n'étaient pas infructueux. Le premier gagné à sa cause fut le Pape lui-même, qui pourtant n'en dit rien pour ne pas gêner la liberté des opinions. Sur l'état d'âme de Pie VII et sur l'émotion de toute la cour pontificale à ce moment, il est intéressant d'entendre le témoignage du ministre français [1].

« ... Le cardinal étant obligé de garder le lit,

---

[1] Cacault à Talleyrand, 8 août 1801.

Sa Sainteté est venue travailler chez son secrétaire d'État. Il ne sera négligé aucune des formes requises dans une si grande circonstance ; mais aussi il n'y aura aucun moment de perdu. Le Sacré Collège tout entier doit concourir à la ratification ; tous les docteurs de premier ordre sont employés et en mouvement. Le Saint-Père est dans l'agitation, l'inquiétude et le désir d'une jeune épouse qui n'ose se réjouir du jour de son mariage. Jamais on n'a vu la cour pontificale plus recueillie, plus sérieusement et aussi secrètement occupée de la nouveauté sur le point d'éclore, sans que la France, dont il s'agit et pour laquelle on travaille, intrigue, promette, donne ni brigue ici, suivant les anciens usages.

« Le Premier consul jouira bientôt de l'accomplissement de ses vues à l'égard de l'accord avec le Saint-Siège ; et cela sera arrivé d'une manière nouvelle, simple et vraiment respectable. Ce sera l'ouvrage d'un héros et d'un saint : car le Pape est d'une piété réelle. Il m'a dit plusieurs fois : « Soyez sûr que si la France, au « lieu d'être puissance dominante, était dans l'abatte- « ment et la faiblesse à l'égard de ses ennemis, je n'en « ferais pas moins tout ce que j'accorde aujourd'hui. »

« Je ne crois pas qu'il soit arrivé souvent qu'un si grand résultat dont dépendra beaucoup désormais la tranquillité de la France et le bonheur de l'Europe, ait été obtenu sans violence et sans corruption. »

C'est au palais du Quirinal, le 11 août, de huit heures du soir à minuit, que se tint la grande séance, sous la présidence du Pape. Le Sacré Collège n'avait pas délibéré sur un sujet plus important depuis l'abjuration d'Henri IV et les négociations épineuses qui avaient précédé sa réconciliation. Les cardinaux en avaient conscience : tous avaient préparé soigneusement et écrit leurs votes qui ont été conservés. Deux articles seulement faisaient difficulté, le premier pour les motifs plusieurs fois expliqués, et le treizième qui concernait l'aliénation des biens ecclésiastiques. Il semblait à plusieurs que l'engagement de n'en point inquiéter les acquéreurs n'était pas indiqué assez nettement comme une concession de l'Église qui formerait le seul titre légitime des propriétaires, à l'exclusion des décrets de l'Assemblée constituante qu'elle avait condamnés.

« Je [1] ne saurais exprimer toute la peine qu'il a fallu se donner pour venir à bout de la ratification. Avant mon arrivée, il s'était tenu une congrégation particulière de cinq membres dans la maison de l'Éminentissime Gerdil, à savoir : les Éminentissimes Albani, Antonelli, Gerdil, Doria et Carandini. Trois d'entre eux, Albani, Antonelli et Gerdil et avec eux Mgr Di Pietro furent d'avis qu'on ne pouvait ratifier ni le premier article ni le treizième. Le cardinal Antonelli pourtant ne vit point de difficulté dans ce dernier. Attendu cette différence de vote dans ladite congrégation, le Saint-Père ordonna que l'on consultât six théologiens : le P. Soldati, l'abbé Durani, le P. Clementi des Servites, le vice-gérant, Mgr de Magistris et le commissaire du Saint-Office. Les trois

---

[1] Consalvi à Spina.

premiers furent pour la négative, au moins en ce qui concerne le premier article et les trois autres pour l'affirmative. Étant arrivé et m'étant efforcé de faire bien comprendre les choses, le cardinal-doyen changea de sentiment, mais les autres persévérèrent dans le leur. Arriva la congrégation générale qui se tint devant le Pape. Au sujet du premier article, dix-huit votes furent pour la ratification pure et simple, outre le vote de Sa Sainteté elle-même, et onze contraires qui se prononcèrent pour une réserve et une modification. A grand' peine, je fis comprendre l'impossibilité qu'une modification fût insérée dans le corps de l'article ou dans la ratification du Pape, si cette ratification mentionnait spécialement cet article auquel tient tant le Premier consul. Je fis remarquer que tout ce qu'on pouvait faire (et encore je n'en étais pas sûr) c'était d'introduire une réserve conçue en termes généraux et relatifs à l'ensemble. Quant à l'article treizième, il n'y eut que six ou sept voix pour la négative et cela ne fit pas une difficulté sérieuse. »

Ces votes sont rédigés avec un accent d'émotion grave et contenue qui montre bien que les votants parlent en toute conscience, ayant écarté toute préoccupation étrangère à la religion. La rétablir en France, sauver ce grand pays du schisme et de l'impiété, c'est la raison supérieure qui légitime tous les sacrifices aux yeux du grand nombre : « Plus s'approche, disait l'austère Somaglia, cardinal-vicaire, le moment de mettre la dernière main à la grande affaire, plus on sent les épines aiguës qui la hérissent de toutes parts. D'un autre côté pourtant, il s'agit de sauver une nation dont l'influence dans le monde est très grande. Si donc le Saint-Père peut conclure ce traité en sauvant le dépôt de la foi et les règles fondamentales de l'Église, il faut proposer au Saint-Père de signer la convention, quelque dur et douloureux que soit ce grand acte... Je conclus qu'il n'y a pas pour moi de raison suffisante de refuser la ratification. A mon avis, le Pape serait blâmé dès maintenant par un grand nombre et, dans l'avenir, par tous d'avoir, par une rigueur excessive et mal réglée, ouvert la porte à un schisme très funeste qui détacherait presque toute l'Europe du chef visible de l'Église, *quod Deus avertat !* »

Le cardinal Hippolyte Vincenti se montra le plus fermement décidé de tous à la ratification : « Après mûr examen, je juge que les articles 1ᵉʳ et 13 peuvent et doivent être ratifiés... Les explications, les notes officielles qui nous ont été fournies dissipent tous les doutes et toutes les craintes... Il s'agit de faire cesser une des plus cruelles persécutions que l'Église ait jamais souffertes, de ramener dans son sein des millions et des millions d'âmes ou de perdre un royaume aussi puissant et aussi vaste que celui de France et, avec lui, une grande partie encore de l'Italie. Le refus serait attribué à la mauvaise foi, à la tergiversation, à des suggestions malveillantes et étrangères ; il ne ferait qu'aigrir les âmes et nous conduire à la ruine. D'autres gouvernements en ont fait et en font plus sur l'un et l'autre point. Dans l'Italie même et sous nos yeux, nous en avons des exemples. On s'est tu et l'on se tait. Comment refuser les mêmes choses et de moindres encore à un gouvernement qui, en demandant ces droits, confesse qu'il ne les a pas et qu'il les reconnaît dans le Pape ? »

L'opposition la plus accentuée vint de trois Italiens : Caraffa di Veldere, Valentino Mastrozzi et Maria Saluzzo, et du vieux cardinal espagnol Lorenzana. Ce dernier était surtout choqué de l'article 13 et pensait que le Pape avait dépassé ses droits en acceptant l'aliénation totale des biens ecclésiastiques. Les théologiens de la minorité, comme di Pietro et Gerdil, n'allaient pas jusqu'à conseiller le rejet de la convention, mais ils persistaient à vouloir des modifications que Consalvi estimait absolument impossibles et dont la seule demande eût amené infailliblement la rupture. Ils étaient préoccupés de l'avenir, et voyaient que, tôt ou tard, le Saint-Siège serait entraîné à étendre à d'autres puissances les concessions faites à la France.

Le vote d'Antonelli, le plus développé de tous, se distingue par une remarque importante et par une éloquence qui tranche sur le ton ordinaire de ces documents. Il approuve l'ensemble de la convention, estimant que les concessions faites sont compensées par l'avantage de rendre à la France le libre exercice de la religion, de reconnaître la primauté de juridiction du Pape et de rétablir la hiérarchie des évêques et des pasteurs du second ordre. Il prend facilement son parti de la démission et du remplacement de tous les évêques, l'article qui avait tant coûté au Pape. La rédaction en avait été adoucie à Rome par la formule : « le Saint-Père prendra des mesures », que Consalvi avait dû sacrifier pour déclarer nettement qu'on se passerait de leur démission s'ils la refusaient. « Aujourd'hui on dit ce qui était entendu implicitement. Il n'y a pas de mal à dire avec loyauté ce qu'on veut faire résolument. » Le cardinal voit bien que cette sorte de coup d'État demandé au Pape est un hommage extraordinaire rendu à sa puissance, en contradiction flagrante avec les théories gallicanes. « Je trouve un avantage dans ce langage franc et ouvert, c'est celui de donner un grand coup aux libertés gallicanes. Chacun sait combien les Français sont jaloux que les causes des évêques ne se jugent pas à Rome, en vertu de leurs prétendus privilèges. Aujourd'hui le Pape, de sa seule et suprême autorité, dépose cinquante ou soixante évêques de leurs sièges et n'en donne pas d'autres raisons que celle du bien de l'Église. Cet acte de suprême autorité pontificale est sanctionné par le gouvernement lui-même et devient un article du Concordat. Dès lors, on ne disputera plus pour savoir si le Pape peut déposer un évêque français pour le bien de l'Église. Restera seulement à voir, en le faisant, si la sentence sera exécutée, ce qui est une discussion de fait et non plus de droit. Si j'étais le maître, après l'exhortation à se démettre, j'ajouterais « nous le commandons en vertu de l'obéissance, *mandamus* ».

Mais sur l'article premier et la soumission aux règlements de police, il se montre inexorable dans son opposition, considérant que la ratification serait une blessure faite à la liberté de l'Église, un exemple très pernicieux et un grand danger pour l'avenir. On voudrait qu'il n'eût pas été prophète en exprimant ces craintes !

« Il se trouvera des satrapes en France, comme

autrefois à Babylone, pour accuser Daniel et dénoncer ce qui se passe dans les oratoires privés et les appartements. De ces satrapes, il n'en manque pas en France et ils sont redoutables à Darius lui-même!... Se conformer, c'est s'assujettir. Les traducteurs ont vu le piège et ont mis *habitâ ratione*, en tenant compte. Mais si nous invoquons ce latin, les Français crieront à la supercherie; ils ont la force en main et s'en tiendront toujours au texte français. »

Antonelli n'est pas rassuré par la note officielle de Bernier, déclarant que la concession n'est que provisoire, parce qu'on n'a pas voulu insérer cette explication dans le texte de la convention où n'a même pas été admise la restriction de Consalvi : *vu les circonstances actuelles*.

« O Dieu! qui sont donc ceux qui président à ce gouvernement et quels seront leurs successeurs? Que fera un gouvernement qui, après avoir proscrit la religion catholique, après l'avoir persécutée par les lois les plus scandaleuses, après s'être souillé du sang de tant de martyrs, lui rouvre aujourd'hui la porte, non comme religion dominante, mais comme opinion religieuse de la majorité du peuple, non par amour, mais par crainte, non par respect, mais par politique? En attendant, il la veut dépouillée et nue, avec de rares ministres, des ministres salariés, des ministres nommés par le gouvernement lui-même, des ministres qui, dans le passé, ont alimenté l'incendie; des ministres qu'on veut faire passer pour catholiques, quoique auteurs du schisme, quoique ni pénitents ni réconciliés! Et, par contraste, on voit les pasteurs légitimes, les confesseurs de la foi de Jésus-

Christ exilés de leur patrie et, de plus, ce que je ne puis dire sans larmes, frappés et séparés de leurs troupeaux par l'épée même de Pierre; les religieux chassés de tout ce vaste empire; les vierges saintes sans asile; les chapitres et les séminaires sans moyens de subsister; les temples qui restent, après les profanations passées, souillés et en ruines; les fondations, les œuvres pies, les prérogatives, les immunités abolies et détruites; en définitive, un squelette qui n'a ni âme, ni sang, ni muscles! Voilà le fantôme de religion qu'on rétablit en France, et ceux qui ont conçu ce triste projet s'en font gloire et usurpent le titre de restaurateurs des autels! Et nous acceptons ce squelette, nous nous fions à ces restaurateurs, nous faisons les sacrifices les plus douloureux, nous concluons des conventions comme si nous traitions avec un Charlemagne, avec un François Ier, avec un Charles-Quint, avec une reine Marie, avec un Henri IV, avec un roi Auguste de Pologne, princes auxquels l'Église a beaucoup concédé en échange des fruits abondants qu'elle recueillait de leur vraie pitié et de leur zèle pour la religion. »

Il est bien évident que ce réquisitoire ne gardait pas la juste mesure, en confondant les époques et en rendant le gouvernement du Premier consul solidaire des maux qu'il s'efforçait de réparer. Est-il certain que la religion ait eu moins à se louer de Bonaparte que de François Ier, de la reine Marie et d'Auguste II de Pologne?

La fin de ce discours ne s'accordait point avec le commencement, car la rupture semblait en être la conséquence logique. Antonelli pourtant se garda bien de la tirer : « Que l'on accorde néanmoins tout, même à qui ne rend pas la réciproque, et que l'on cède à la très malheureuse condition des temps, mais que l'on ne sacrifie pas, que l'on ne prostitue pas les principes pour que le pouvoir séculier n'étende pas, sur des objets qui lui sont étrangers, l'autorité qu'il ne tient de Dieu que pour le gouvernement temporel des peuples. Que l'on tolère tout, mais qu'on ne consente pas ; qu'on se taise, si parler ne sert de rien ; mais, si l'on parle, que l'on dise la vérité, parce que la vérité seule doit se trouver dans la bouche du prêtre, et parce que la constance à la défendre et à la soutenir obtient la protection de *Celui qui habite dans les cieux, de Celui qui confondra ceux qui conspirent contre le Seigneur et contre son Christ.* Je soumets le très humble sentiment que je viens d'exprimer à l'esprit beaucoup plus éclairé et au jugement souverain de Sa Sainteté [1]. »

Le Pape laissa parler tout le monde ; puis, de l'air le plus doux et le plus modeste, il déclara qu'il s'était tu pour ne point entraver la liberté des opinions, mais qu'il était d'avis d'accepter le traité, se réservant de déclarer, après avoir pris de nouveaux conseils, sous quelle forme il le ratifierait.

Un nom manque dans la liste des votants : Maury. Le cardinal français avait été tenu à l'écart de la négociation, à cause de ses relations avec Louis XVIII et de l'attitude intransigeante qu'il avait prise dès le commencement. A strictement parler, il n'avait pas le droit d'être consulté, puisque, en principe, il devait

---

[1] Les cardinaux qui opinent devant le Pape terminent toujours leur vote par une formule semblable.

résider dans son diocèse. Bonaparte, qui le considérait comme un ennemi, chargea bientôt Cacault de demander son éloignement des États romains. Le Pape, qui aimait Maury, réussit à lui épargner cette rigueur et l'invita seulement à ne point se montrer à Rome. « Le cardinal, répondit-il à Cacault, ne peut être nulle part plus effacé et moins dangereux pour le gouvernement français que dans sa petite ville épiscopale. »

L'infortuné fut donc consigné à Montefiascone, où il s'ennuyait à mourir et où sa foi monarchique baissait au fur et à mesure que montait l'étoile de Bonaparte. On sait qu'en 1805, n'y tenant plus, il déserta avec éclat la cause des Bourbons pour s'attacher à l'empereur, devenir archevêque intrus de Paris et se préparer ainsi la déconsidération et les tristesses qui assombrirent la fin de sa carrière. Dans les derniers mois de 1801, mal renseigné et réduit à une impuissance absolue, il communiquait au prince des nouvelles inexactes, échangeait avec lui des doléances stériles contre une convention que tous deux considéraient comme attentant aux droits de la royauté française, et en recevait une protestation officielle qui fut tenue secrète et renouvelée en 1814.

Les jours qui suivirent la grande séance du 11 août furent occupés par des discussions et des décisions relatives aux actes pontificaux fort importants qui devaient accompagner la convention. Tout le poids du travail porta sur Consalvi, qui dirigeait et inspirait, et sur Di Pietro, qui tenait la plume pour faire, à contre-cœur, une besogne écrasante et mettre en forme des concessions dont plusieurs lui semblaient excessives. Il n'est pas étonnant que le pauvre secrétaire, surmené, témoigne dans son *Journal* quelque mauvaise humeur contre le cardinal, qui veut aller très vite parce qu'il a cruellement payé ses premiers délais, qui ne tient pas compte des forces humaines, ne laissant aux gens le temps ni de manger ni de dormir, qui, parfois, au dernier moment, change des expressions dans des documents déjà imprimés, toujours avec l'assentiment du Pape qu'il mène à sa guise.

Le Pape devait-il accepter purement et simplement le traité, ou accompagner sa signature de quelque explication ? Ce fut la première question discutée. Il fut convenu qu'on enverrait à Paris deux modèles de ratification, l'une pure et simple, l'autre par laquelle le Pape, en ratifiant, prenait acte des déclarations du Premier consul relatives au caractère transitoire des restrictions apportées à l'exercice public du culte [1]. Naturellement, le Pontife préférait de beaucoup cette seconde formule qui donnait quelque satisfaction aux théologiens, et il se berçait de l'espoir que Bonaparte l'accepterait si on la lui communiquait franchement. Consalvi, qui connaissait mieux le personnage, ne partageait point cet optimisme. Il se contenta de remettre l'affaire entre les mains de Spina, qui consulterait très confidentiellement Bernier, se concerterait avec lui sur la meilleure solution et présenterait, s'il le fallait, la ratification pure et simple.

[1] Il y avait même une troisième formule qui remplaçait le mot « déclaration » par une simple « attestation », *declarationibus* par *testatus est*.

Le Concordat devait être annoncé au monde catholique par une bulle dont nous avons vu que Bernier, avec quelque outrecuidance, avait même proposé les termes. Sa brillante rhétorique fut écartée à Rome et remplacée par un texte qui avait été envoyé à Paris avec le projet de convention qui aboutit au traité du 15 juillet. Le Souverain Pontife, après un court préambule sur la constitution de l'Église, rappelait les épreuves qu'elle avait traversées en France, son vif désir d'y mettre un terme et la joie qu'il avait éprouvée en recevant les ouvertures du Premier consul; puis il exposait les articles de la convention elle-même, et finissait en déclarant qu'il les ratifiait tous et leur donnait force de loi en vertu de son autorité apostolique.

Bonaparte et ses conseillers entendaient bien soumettre le langage du Pape à leur contrôle, et, le 22 juillet, les plénipotentiaires français se réunirent pour examiner la bulle qui, du reste, devait forcément être modifiée, le traité auquel elle se référait ayant subi des changements importants. « Il fut convenu[1] que, comme cette bulle était le langage du Pape et non celui du gouvernement et qu'il fallait, pour prévenir toute suspicion de faux, lui donner un ton apostolique qui ne parût pas dicté par les Français, les plénipotentiaires du Saint-Siège la feraient d'abord, et que ceux du gouvernement se borneraient à retrancher tout ce qui ne conviendrait ni à nos mœurs ni à nos usages et libertés. Ce projet fut exécuté. La lecture de la bulle eut lieu dans la confé-

---

[1] Rapport de Bernier à Talleyrand. (Boulay, t. III, p. 312.)

rence du 3 thermidor (22 juillet). On y fit des changements notables, mentionnés dans le protocole signé des plénipotentiaires [1]. Ces mots *motu proprio*, abhorrés par les anciens parlements, furent retranchés. La qualification d'« illicites », donnée au mariage des prêtres, le fut également...

« Cette pièce n'est pas à beaucoup près la plus éloquente possible ; le style en sera châtié, sans en altérer la substance. »

Bernier pensait certainement qu'il aurait fait beaucoup mieux, et il est évident qu'il regrettait d'avoir perdu son beau style. Il n'est pas sans intérêt de connaître les changements qui furent demandés. La bulle débutait ainsi : « L'Église, épouse chérie du Christ, qui, dans le Cantique, est appelée par l'Époux, céleste, belle, suave, gracieuse comme Jérusalem, terrible comme une armée rangée en bataille, tire principalement sa parure de son unité. » Il parut que cette allégorie mystique ne serait point goûtée en France, et Bernier en réclama la suppression. Voici les principales modifications indiquées. Le texte romain portait : « Notre cher fils en Jésus-Christ Napoléon Bonaparte nous a fait connaître qu'il désirait conclure un traité, *significavit se cupere*. Attester qu'il agréerait, *sibi gratum fore testificatus est* fut substitué à *significavit se cupere*, mots « qui ont paru trop forts et peu adaptés aux circonstances dans lesquelles on a fait, de part et d'autre, les premières ouvertures de négociation. »

[1] Les plénipotentiaires français signèrent seuls. Consalvi n'ayant voulu prendre aucun engagement et s'étant borné à promettre qu'il en référerait au Saint-Père.

« On désire que l'on supprime les exemples cités de Paul III et Jules III : l'un est cité dans la suite pour les prêtres mariés et porte sur une nation encore ennemie ; l'autre semble indiquer une comparaison de l'état de schisme en France, avec le luthéranisme en Allemagne. On désire que personne ne puisse, en interprétant la bulle, faire cette application : elle aigrirait au lieu de calmer... On trouve l'éloge des anciens évêques trop fort dans la bulle. Le gouvernement juge qu'il y aurait un contraste trop frappant entre la démission qu'il exige et les louanges qu'il accorde. Si elles sont vraies, la démission paraîtra indûment exigée. On pense que Sa Sainteté peut les insérer dans son Bref, mais non dans la bulle que le gouvernement fera publier. Telle est la ferme opinion du Consul.

« On a jugé que les prières étant de droit commun, il valait mieux que l'Église les ordonnât elle-même, comme gardienne de la piété, que de ne les prescrire qu'à la demande du gouvernement. »

Il avait été stipulé d'un commun accord que la bulle promettrait de régulariser la situation des prêtres mariés. Le gouvernement y introduisit la même promesse pour les schismatiques.

« On a cru que cette addition relative aux prêtres appelés constitutionnels était indispensable pour les tranquilliser. Ils verront par là qu'on s'est occupé d'eux ; que la réunion leur est offerte ; et qu'on prétend non pas irriter leur amour-propre en les humiliant, mais gagner leurs cœurs en volant au-devant d'eux à l'exemple de Jésus-Christ. Il paraît au gouvernement que cette démarche est juste de sa part, et très politique de la part du Saint-Siège, en ce que les lois s'adoucissent par les circonstances et que, pour éteindre une grande division, il faut une grande condescendance. »

Consalvi était parti avant que tous les changements fussent opérés et Bernier lui écrivait en lui envoyant le texte corrigé :

« Le projet de bulle, dont nous avions pris lecture avec vous, a été présenté au Premier consul, qui a jugé indispensable d'y faire des changements et des additions.

« Je les ai effectués, tels qu'il les désire, dans le projet de la bulle ci-joint. Je désire vivement, pour le bien de la chose, que ces changements soient adoptés. Votre Éminence a vu de près l'état des choses en France ; elle sentira et fera voir à Sa Sainteté combien il est urgent que la religion y vienne au secours des mœurs, et de quels ménagements il faut user pour qu'elle s'y rétablisse.

« Le gouvernement eût désiré que les projets des brefs à adresser en France, tant pour les ecclésiastiques mariés que pour les évêques constitutionnels, eussent été rédigés et préparés en France. La chose n'est plus possible, vu le départ de Votre Éminence ; mais le gouvernement espère que la déclaration de ses intentions équivaudra à cette rédaction projetée et que Sa Sainteté voudra bien y avoir égard. Il m'ordonne, en conséquence, de placer à la suite du projet de bulle, d'abord les remarques sur les changements projetés et les motifs qui les exigent, et ensuite le précis du style et des dispositions qu'il désire retrouver dans les brefs.

« Je conjure Votre Éminence, d'y faire la plus sérieuse attention. Il faut à des maux extraordinaires des remèdes qui le soient également. Sortir de la ligne ordinaire sans blesser les principes est quelquefois un trait de prudence. Jules III poussa plus loin les mesures de bonté qu'aucun de ses prédécesseurs, et comme la Révolution française n'a nul rapport avec ce qu'éprouvait alors l'Angleterre, je ne doute pas que Sa Sainteté ne puisse renchérir, en faveur de la France, sur ce qu'a fait ce saint et digne pontife. Nous l'attendons tous des soins officieux de Votre Éminence. Elle a vu les choses de trop près, pour ne pas sentir que le succès de la convention qu'elle a signée est attaché à l'adoption de ces mesures[1]. »

A Rome, ces modifications furent admises sans grande difficulté, et si la bulle, telle qu'elle figure dans les pièces officielles de la négociation, paraît un peu pâle, c'est bien la faute du gouvernement français qui empêcha le Pape de parler librement, de louer comme il le voulait les évêques fidèles et de flétrir les sacrilèges. Di Pietro et les cardinaux souffraient d'être obligés d'effacer l'épithète d'illicites, la plus douce qui pût être appliquée aux mariages des ecclésiastiques. Bernier dut se contenter du rôle de traducteur, *traduttore traditore*, et il commit dans son travail plusieurs petites trahisons qui furent remarquées à Rome, où pourtant on les toléra. « A Dieu ne plaise, disait le Pape, que par le souvenir de ces maux cruels, nous prétendions rouvrir les

---

[1] 31 juillet 1801.

plaies que la divine Providence *se prépare à guérir.* »
Bernier traduit « que la divine Providence *a déjà
guéries* ». Il fait des additions significatives à la
phrase qui concerne Bonaparte.

« Ce Dieu, dont la miséricorde est infinie et qui n'a
pour son peuple que des sentiments de paix et non
des désirs de vengeance, a fait naître, dans le cœur
généreux de l'homme célèbre et juste qui exerce
aujourd'hui la suprême magistrature dans la République française, le même désir de mettre un terme
aux maux qu'elle éprouve, afin que la religion, rétablie par son secours, refleurît au milieu des douceurs
de la paix et que cette nation belliqueuse revînt,
après ses triomphes, au centre unique de la foi. »
Les *désirs de vengeance*, le *cœur généreux*, l'*homme
juste*, *après ses triomphes* sont de Bernier et non
point de Pie VII. Dans un document pareil, une épithète de plus comptait aux yeux de Bonaparte qui
excellait à user du panégyrique et ne dédaignait pas
de recourir aux plus modestes trompettes de la
renommée.

L'article 3 stipulait que le Pape déclarerait aux
titulaires des évêchés français qu'il attendait d'eux-mêmes le sacrifice de leurs sièges et qu'en cas de
refus il pourvoirait à leur remplacement. Ce fut
là pour Pie VII la plus cruelle épine de la négociation et le bref lui coûta des larmes. Il est rédigé
avec une véritable effusion de cœur, dans les termes
les plus propres à expliquer l'inexorable nécessité
du sacrifice et à en adoucir la demande.

« Vous avez si bien mérité de la religion catholique soit en corps, soit en particulier, par les preuves nombreuses, éclatantes, de votre admirable vertu, que vous avez été loués avec toute justice par notre prédécesseur Pie VI, d'heureuse mémoire, et par nous-même. Quoique vous ayez fait pourtant de grand et de glorieux pour l'utilité de l'Église et des fidèles, les circonstances nous forcent à vous déclarer que vous n'en avez pas fini encore avec les mérites et la gloire auxquels les conseils de la divine Providence vous réservaient en ce temps. Il vous reste de plus grands sacrifices à accomplir pour mettre le comble à vos mérites à l'égard de l'Église catholique. La conservation de l'unité de la sainte Église, le rétablissement de la religion catholique en France, exigent actuellement de vous une nouvelle preuve de vertu et de grandeur d'âme qui montrera de plus en plus au monde entier que votre amour ardent pour l'Église est absolument désintéressé et uniquement dirigé vers le bien de l'Église elle-même. Il faut vous démettre spontanément de vos sièges épiscopaux et les résigner librement entre nos mains : chose considérable assurément, nos vénérables frères, mais de telle nature qu'il faut nécessairement et que nous vous la demandions et que vous nous l'accordiez pour arranger les affaires de France. Nous comprenons bien combien il doit en coûter à votre amour d'abandonner ces brebis que vous avez toujours chéries, pour le salut desquelles vous avez pris tant de peine et au bien desquelles vous avez pourvu, même en votre absence, avec tant de sollicitude. Mais plus votre sacrifice sera amer, plus il sera agréable à Dieu et plus vous aurez droit d'attendre de lui une récompense égale à votre douleur, égale à sa générosité.

Avec toute l'énergie dont notre âme est capable, nous excitons votre vertu à l'offrir courageusement. Nous vous demandons, nous vous conjurons, nous vous supplions par les entrailles de Notre-Seigneur Jésus-Christ de le consommer pour la conservation de l'unité. »

Le Pape rappelait ensuite les précédents tirés de l'histoire ecclésiastique, l'offre générale de démission adressée à Pie VI et les offres particulières qui lui avaient été faites à lui-même. Il témoignait sa confiance qu'aucun évêque ne refuserait le sacrifice et il ajoutait :

« Nous sommes forcé, par l'urgente nécessité à laquelle nous ne pouvons nous soustraire, de vous déclarer qu'il est nécessaire que vous nous donniez votre réponse par écrit dans les dix jours qui suivront la réception de notre lettre...

« Pour les mêmes causes urgentes, nous devons encore vous déclarer que cette réponse doit être absolue et non dilatoire et qu'en nous faisant une réponse dilatoire, vous nous obligeriez à vous considérer comme vous refusant à notre demande... Si vous nous opposiez ce refus, pour ne mettre aucun obstacle à la conservation de l'unité catholique et au rétablissement de la paix religieuse en France, nous serions obligé (nous vous le disons avec douleur, mais nous devons absolument vous le dire à cause de l'extrême péril que court la chrétienté) d'en venir aux mesures nécessaires pour enlever tous les obstacles et assurer le bien de la religion.

« Nous vous croyons trop convaincus de l'affection que nous avons toujours eue de vos vertus, de votre dignité et de vos mérites pour qu'il soit nécessaire de vous expliquer plus longuement que nous n'avons rien négligé pour vous épargner l'amertume de cette douleur. Nous devons vous avouer, avec une grande douleur, que nos sollicitudes et nos efforts n'ont pas eu raison des circonstances impérieuses auxquelles nous avons été forcé d'obéir, en pourvoyant par votre sacrifice au bien de la religion catholique. Après avoir bien pesé ces considérations, nous croirions faire injure à votre religion en supposant que vous préférerez vos intérêts personnels à la conservation et au bien de l'Église...

« En suppliant le Dieu tout-puissant d'affermir votre vertu pour que vous lui offriez ce don si considérable, avec l'empressement qui convient à celui qui donne de bon cœur et en vous promettant de faire tous nos efforts pour qu'il soit pourvu le mieux possible à votre situation, nous vous accordons avec une extrême affection la bénédiction apostolique comme gage de notre paternelle charité. »

Malheureusement toutes ces atténuations de forme ne changeaient rien au fond : c'était bien la démission forcée. Un certain nombre reculèrent devant le sacrifice, estimant que le Pape avait outrepassé ses droits et méconnu ceux du roi de France. Une minorité de fidèles ardents pensèrent comme eux, particulièrement dans l'Ouest, et à partir de 1802 on peut dire qu'il y eut deux sortes de schisme, celui du peuple qui refusait les sacrements du nouveau clergé, célébrait les anciennes fêtes et n'achetait point les biens d'Église ; puis le schisme qu'on peut appeler modéré et officiel, celui des évêques qui, restés volontairement en exil, protestèrent contre le Concordat, mais permirent à leurs diocésains de reconnaître la juridiction des pasteurs qui les avaient remplacés. Ces réfractaires triomphèrent naturellement à la Restauration, et le roi auquel ils étaient restés fidèles annonça l'intention d'abroger le Concordat. Le Pape et Consalvi défendirent leur ouvrage avec beaucoup de fermeté. Des négociations furent ouvertes, non point pour déclarer le Concordat nul, mais pour en conclure un autre, et dans l'intervalle les prélats se réconcilièrent avec le Saint-Siège par un acte de soumission daté du 6 novembre 1816, dont les termes, longtemps débattus, furent acceptés comme suffisants par le Pape.

Il en coûtait plus à Pie VII de frapper ses amis que de pardonner à ses ennemis. Après avoir sacrifié ses clients naturels, il dut s'occuper de faire un sort à ceux du gouvernement, les intrus et les prêtres mariés, en réglant leur condition par deux brefs qui exercèrent la patience des membres de la congrégation particulière et les mirent de nouveau en conflit avec Consalvi. Depuis la signature du traité, l'agitation et les efforts en faveur des schismatiques allaient toujours croissant à Paris, et Grégoire menait la campagne avec une ardeur qui effrayait Spina.

« Je vois[1] que les intrus nous préparent de nouvelles tribulations. Joseph Bonaparte est le grand défenseur de Grégoire et a montré qu'il veut le soutenir *pro aris et focis*. Jeudi dernier, je fus invité à dîner chez lui, et Grégoire fut de la compagnie. Après

---

[1] Lettre à Consalvi, 2 août 1801.

le dîner, il me fut présenté par le général Kellerman et ensuite par Bonaparte lui-même. Nous nous mîmes à causer ensemble dans le jardin et, après un court entretien de littérature, nous vînmes à parler du schisme qui sépare les constitutionnels du Saint-Siège. Je m'abstins d'entrer dans le détail, mais je lui dis qu'il devait être bien persuadé que mes principes différaient des siens, qu'il était temps de finir ce scandale et que la Providence leur offrant un pontife d'un cœur si paternel et si bon, ils devaient enfin se résoudre aux démarches nécessaires pour être considérés comme des fils légitimes de l'Église. Il me dit qu'il était prêt à tout en respectant la justice et la vérité. Je lui répliquai que le meilleur moyen d'obtenir tout devait être l'humilité. Il passa ensuite à faire son apologie, pour l'intérêt qu'il avait mis à conserver la religion en France. Il parla en général des libertés de l'Église gallicane et de la religion à la Bossuet, comme il disait[1]. Tout cela était dit sans appuyer et en intercalant d'autres discours étrangers...

Je mis fin à la conversation en l'exhortant avec zèle et vivacité à recourir au Saint-Siège dans un véritable esprit d'humilité et à tout faire pour procurer la réconciliation... Je n'attends rien de bien et je crains tout d'un homme qui est le plus raffiné des jansénistes... Un homme qui, absent de la Convention, a voté par procureur la mort du roi, un des promoteurs principaux du schisme, l'auteur des *Ruines de Port-Royal* et du discours pour l'ouver-

---

[1] M. Gazier a communiqué à M. Boulay une note de la main de Grégoire qui porte : « Ego colloque avec Spina chez Josoph Bo... Pas vrai que ai brocardé Bernier ; ai dit : Suis de religion de Bossuet. »

ture du concile national, a trop de fautes à expier avant d'être rebéni. J'en ai parlé ce matin avec vigueur à l'abbé Bernier. Il convint de tout avec moi, mais Votre Éminence sait quelle est sa conduite en face des ministres du gouvernement. »

C'est précisément auprès de ces ministres que Grégoire jouissait d'un grand crédit et qu'il plaidait efficacement sa cause et celle de ses confrères schismatiques. Ils exigeaient que le Pape leur demandât leur démission comme aux autres évêques et qu'après l'avoir reçue il se contentât, pour les admettre à sa communion, de la simple déclaration qu'ils adhéraient au Concordat. Ils entendaient bien avoir leur part des nouveaux sièges. Républicains austères, ils acceptaient sans scrupule les faveurs d'un homme qui marchait au pouvoir absolu. Partisans de l'élection des ministres du culte par le peuple, ennemis de l'autorité pontificale, ils reconnaissaient, pour en profiter, une organisation ecclésiastique qui jurait avec leurs principes et qui était due à un acte d'autorité absolue du Pape.

On conçoit avec quelle répugnance les cardinaux admettaient l'idée que le Pape fît des avances à ces personnages, avec quelle force ils insistaient pour que le bref qualifiât leur conduite comme elle le méritait et leur imposât une rétractation complète. Di Pietro le rédigea en conséquence. « Je le lus[1], et à peine l'avais-je terminé, que les cardinaux y applaudirent et en firent de grands éloges. Le cardinal Consalvi, pourtant, qui pendant la lecture

---

[1] Journal inédit, à la date du 12 août.

avait poussé plusieurs soupirs, contraint à le louer, lui aussi, au moins par convenance, dit qu'il aurait supprimé huit ou neuf expressions qui pouvaient choquer et particulièrement le texte : « Celui qui « n'entre pas par la porte, mais qui monte par ail- « leurs, est un voleur », remarquant que ces paroles déplairaient beaucoup et qu'il ne trouvait aucun mal à les passer sous silence. Les Éminentissimes Albani, Antonelli et Gerdil s'élevèrent contre cet avis, protestant qu'il n'y avait pas une syllabe à changer, et le cardinal Antonelli dit qu'il fallait absolument conserver ce texte, parce qu'il exprime la vraie caractéristique des intrus. Le cardinal Carandini se rangea aussi à cette opinion, que le cardinal Doria lui-même fut contraint d'adopter. Pour moi, je parlai haut et je dis qu'il fallait bien réfléchir quelle mauvaise race sont ces intrus qui, en ce moment, ont la hardiesse de tenir leur synode à Paris. »

Le cardinal Consalvi avait pourtant les meilleures raisons d'insister pour la douceur, car il recevait de Bernier les objurgations les plus pressantes ; les menaces recommençaient à Paris, et à une des séances suivantes, il communiquait aux cardinaux une lettre récente adressée à Cacault par Talleyrand.

« La lettre du citoyen Bernier au cardinal Consalvi vous fera connaître l'esprit dans lequel doivent être rédigés les brefs relatifs au clergé constitutionnel et aux ecclésiastiques mariés. Les considérations qu'il expose vous donneront des armes suffisantes pour repousser toutes les modifications qu'on pourrait être tenté de mettre à la rédaction de la bulle, et tout ce qu'on serait peut-être disposé à mettre de désagréable pour le clergé constitutionnel dans les brefs qui lui seront adressés. Le gouvernement de la République a consenti à la rédaction de la bulle, telle qu'elle lui a été présentée et telle que je vous l'envoie. Il ne souffrira pas que le Saint-Siège adresse publiquement à des Français qui sont recommandables pour avoir, dans tout le cours de la Révolution, cherché à concilier les devoirs qu'ils avaient à remplir comme ecclésiastiques et ceux qu'ils avaient à remplir comme citoyens, des admonitions ou même des expressions capables de les offenser. En tout vous devez partir de ce principe, c'est que si la bulle et les brefs sont rédigés de manière à blesser l'honneur et la sensibilité des ecclésiastiques français, le gouvernement de la République ne doit pas ratifier la convention conclue entre ses ministres et ceux du Saint-Siège, et ne la ratifiera pas.

« Je vous renouvelle, cit., la recommandation de faire usage de tout votre zèle et tout votre discernement, pour que, sur tous ces points, les intentions du Premier consul soient remplies et qu'elles le soient le plus tôt possible. »

Le Pape trancha la question, le texte disparut, à la grande peine de Di Pietro, et on ne peut vraiment qu'en louer le Saint-Père, car, dès lors qu'il tentait un appel de miséricorde et ouvrait ses bras aux intrus, il valait mieux ne pas les appeler voleurs. Le parti de la douceur étant adopté fut poussé jusqu'au bout. Talleyrand demandait que le Pape s'adressât directement aux évêques intrus. *Transeat a me calix iste!* s'écriait l'infortuné Pontife, et il se résigna pourtant à boire ce calice, s'il le fallait. Comment intituler la lettre ? Fallait-il dire *Dilectis Filiis*, comme à des laïques, ou *Venerabilibus Fratribus* comme à des évêques ? On découvrit que Benoît XIV écrivant à un évêque schismatique n'avait pas reculé devant *Venerabilis Frater*, et ce précédent fournit la solution. On prépara un bref indirect et un bref direct avec les deux appellations, et, comme pour la ratification, on s'en rapporta à Spina du soin de faire pour le mieux. Il obtint que le gouvernement se contentât du bref indirect et ce fut une de ses rares victoires diplomatiques.

« Après beaucoup de travaux et de sollicitudes, disait le Pape, nous sommes parvenu, avec l'aide de Dieu, à conclure la convention entre ce Siège apostolique et le gouvernement français. Elle aura pour résultat, après tant de révolutions, d'arranger enfin les choses ecclésiastiques en France et de rendre à la religion sa liberté première. Notre joie ne serait pas complète et il manquerait beaucoup à notre allégresse si quelqu'un repoussait cette occasion si favorable de s'unir à nous et d'user du bienfait de la réconciliation que nous offrons spontanément à tous dans l'effusion de notre cœur paternel, en imitant la charité du Pasteur Suprême dont, quoique indignes, nous tenons la place sur la terre. Pour cette cause, Vénérable Frère[1], nous avons résolu de vous ouvrir les sentiments de notre cœur, afin que, par vous, ils arrivent à la connaissance des évêques et archevêques qui ont occupé en France des sièges épiscopaux ou archiépiscopaux sans l'institution du Siège aposto-

[1] Mgr Spina.

lique. Il vous appartiendra de les exhorter en notre nom à écouter la voix de notre charité paternelle et l'ardent désir dont nous brûlons de mettre enfin un terme à toutes les dissensions et de les embrasser tous dans les liens les plus étroits de notre charité. Qu'ils se hâtent de prêter l'oreille à nos exhortations en revenant à l'unité catholique. Qu'ils renoncent aux sièges qu'ils ont occupés sans l'institution du Siège apostolique, qu'ils s'abtiennent de tout exercice des ordres et qu'avec un cœur sincère et obéissant ils promettent, par écrit, d'obéir aux ordres que vous leur communiquerez de notre part. Voilà ce que nous leur demandons, voilà ce qu'attend d'eux toute l'Église... »

La formule à signer était ainsi conçue : « Moi N..., qui ai occupé sans l'institution du Siège apostolique le siège de..., je professe obéissance et soumission au Pontife romain, et je déclare que j'adhère et me soumets d'un cœur sincère et obéissant aux jugements émanés du Siège apostolique sur les affaires religieuses de France, et je donne ma démission du siège de... »

Le bref pour la réconciliation des prêtres mariés ne souleva pas les mêmes difficultés. Il concède à Spina le pouvoir d'absoudre, par lui-même, ou par ceux qu'il déléguera, les prêtres, diacres et sous-diacres qui se sont mariés ou qui ont renoncé publiquement à leur profession, de toutes les censures qu'ils ont encourues, pourvu qu'ils veuillent faire une sincère pénitence, et lui concède la faculté de valider leurs mariages et de légitimer leurs enfants.

Jamais, ni dans aucun temps, ni à l'égard d'une

autre nation, le Pape n'était allé aussi loin dans la voie des concessions. « Il lui serait impossible, dit Consalvi, de faire un pas de plus sans trahir ses devoirs et sans compromettre en lui-même cet honneur dont à Paris on se montre si jaloux... Examen, ratification, bulle, brefs, Sa Sainteté s'est prêtée à tout... La délicatesse des sujets qu'il fallait traiter saute aux yeux. Cependant, au prix d'une immense fatigue, de réunions fréquentes tenues même plus d'une fois par jour en présence de Sa Sainteté, de veilles, de sueurs et d'angoisses, tout est terminé de notre côté. »

Tout étant ainsi réglé en ce qui concernait la convention, il fallait encore se prêter au désir du Premier consul qui, pour l'exécuter à Paris, voulait avoir un légat muni de pleins pouvoirs. Il avait jeté les yeux sur le cardinal Caprara, évêque d'Iesi, dont il connaissait la famille et que le chevalier d'Azara, ministre d'Espagne, lui avait recommandé comme un homme d'esprit souple et complaisant. Pie VII ne fit pas d'objection à ce choix, Consalvi dépêcha en hâte une estafette à Iesi, Caprara accepta et son consentement put être annoncé à Paris en même temps que la ratification. « Il n'y a jamais eu d'exemple à Rome de tels travaux accomplis avec autant de célérité. Les intentions du Pape sont véritablement bonnes et obligeantes pour nous. Le cardinal-secrétaire d'État est tellement engagé dans cette affaire et tellement lié au succès qu'elle aura, qu'il travaille nuit et jour pour l'amener au terme heureux que nous souhaitons. Je ne sais lequel des deux a été plus nécessaire, de son voyage de Rome à Paris, ou de celui de Paris à Rome. S'il fallait sa présence près du gouvernement français pour conclure à Paris l'accommodement, il fallait sa présence à Rome auprès du Sacré Collège, auprès des théologiens de Sa Sainteté, pour arriver à conclure en si peu de temps, et ratification et bulle[1]. »

Jusqu'à la dernière minute il y eut des corrections et des retouches de détail apportées à la rédaction des pièces ; l'infatigable Livio Palmoni, appelé au Quirinal le 18 août, à deux heures du matin, ne quitta Rome qu'à onze heures et demie, et il arrivait à Paris le 27 dans la matinée, apportant la ratification, la bulle et les brefs qui allaient décider du sort de la religion en France.

Pendant que Consalvi travaillait à obtenir la ratification, Spina demeuré à Paris, constatait que les dispositions à l'égard de Rome devenaient meilleures. Ayant demandé s'il pouvait, quoique n'ayant plus de caractère officiel, paraître au cercle diplomatique pour faire sa cour au Premier consul, Bonaparte répondait qu'il le verrait avec plaisir. Il se présenta donc le 5 août, et les diplomates furent assez courtois pour lui donner la préséance. Il eut le plaisir d'entendre Bonaparte dire au duc Braschi, qui partait pour Rome : « Saluez le Pape de ma part, dites-lui de rester l'ami de l'Espagne et de la France, qui de leur côté lui garderont leur amitié ancienne. Qu'il me la témoigne, à moi, et il verra ce que je serai pour lui ! »

[1] Cacault à Talleyrand.

Une détestable circulaire de Fouché (20 juillet) enjoignait aux préfets de déporter les prêtres qu'ils estimeraient séditieux. Le ministre de la police fut tancé en termes qu'il n'est peut-être pas inutile de rappeler en ce moment. « J'ai lu [1], citoyen ministre, dans le journal des *Défenseurs*, une circulaire écrite dans un style de haine et de passion tout à fait contraire à la marche et à la dignité du gouvernement : elle renferme, d'ailleurs, des principes tout à fait opposés à ceux de mon administration. Dieu me garde d'adopter jamais des principes aussi contraires à la volonté du peuple français et aux vrais principes de la philosophie et de la liberté des opinions religieuses ! Il ne peut être dans l'intention d'un gouvernement sage de déléguer aux préfets ni à aucune autorité le pouvoir de déporter les citoyens. »

Les schismatiques étaient invités à dissoudre leur réunion et tenaient leur dernière séance le 16 août. Le Premier consul annonçait au Conseil d'État la conclusion du traité et prononçait à cette occasion un éloquent discours sur la nécessité de la religion. Le 22, il faisait une scène terrible aux députés de la République Cisalpine où dominait l'esprit jacobin. « On a crié : Vive Robespierre, à Milan. On attaque chez vous la religion et la propriété qui sont les bases sur lesquelles j'ai voulu fonder votre république. Prenez garde à vous, j'irai, s'il le faut à Milan, casser la tête à tous ces vauriens. »

Dans son impatience, il aurait voulu que la ratification arrivât pour le 15 août, ce qui était matérielle-

---

[1] Boulay, t. III, p. 450.

ment impossible et il recommençait à donner des signes d'impatience quand, enfin, Spina put écrire à Talleyrand : « J'ai[1] l'honneur de vous annoncer que le courrier de Rome, avec la ratification de Sa Sainteté, est arrivé ce matin... J'aurai l'honneur, après midi, de me rendre chez vous et de vous remettre la copie de la ratification. » Il prit une connaissance rapide des pièces, et vit avec joie que Consalvi avait réussi à Rome.

Au sujet de la ratification et du choix qui lui était laissé entre les formules, après s'être concerté rapidement avec Caselli et Bernier, qui était accouru aussitôt, il estima qu'il ne pouvait présenter que la ratification pure et simple, et que Bonaparte s'offenserait de l'espérance exprimée et de l'expression *injuria temporum sublata*. Il se rendit chez le ministre, et, pour la première fois depuis le commencement de la négociation, Talleyrand se montra satisfait. Il conseillait pourtant d'attendre l'arrivée de Caprara pour ratifier, mais cette fois il ne convainquit point le Premier consul qui se montra très heureux de la conclusion de l'affaire, de la rédaction des actes pontificaux et de l'acceptation de Caprara.

Spina avait demandé une audience qui lui fut accordée le 31 et qui dédommagea magnifiquement le pauvre prélat de toutes ses angoisses passées. « Je ne pouvais[2] souhaiter une audience plus consolante pour moi. Les termes dans lesquels le Premier consul me parla de Sa Sainteté ne pouvaient être ni plus respectueux ni plus obligeants. Il me déclara qu'il

---

[1] 27 août.
[2] Spina à Consalvi.

était très content de tout ce qui avait été envoyé, particulièrement de la bulle et du bref qui m'a été adressé pour les intrus. Il me dit ouvertement que, s'ils ne se rendaient pas à l'invitation si paternelle et si modérée de Sa Sainteté, ce que, du reste, il ne croyait pas, il les abandonnerait entièrement. Il me parla du bref pour les ecclésiastiques mariés, et me dit que, quoique les pouvoirs qu'il renfermait fussent nécessaires, il ne croyait point convenable que tout cela fût connu du public ; qu'il suffisait que l'on sût par la bulle que le gouvernement s'en était occupé[1], que le bref servirait au légat pour communiquer les pouvoirs aux évêques. Je ne pouvais que faire écho à cette proposition trop conforme à ce que j'ai toujours pensé sur cet article.

Il voulut entendre la traduction du bref adressé aux évêques légitimes, et je dois dire, pour être vrai, qu'il le goûta et convint « qu'on ne pouvait mieux le rédiger. » Il s'étendit longuement sur la mission du légat qu'il voulait entourer du plus grand éclat, sur la nouvelle circonscription des diocèses et sur son projet de frapper l'opinion par des démonstrations solennelles. « Il convient de faire les choses d'une manière imposante, ajouta-t-il. Aujourd'hui le cardinal-légat présente la bulle au gouvernement et il est reçu avec tous les honneurs qui lui sont dus. Le même jour, je fais publier la bulle et j'ordonne un *Te Deum* dans tous les départements. Demain on chante le *Te Deum* et je fais publier la

---

[1] Cette réserve avait été suggérée à Bonaparte par Talleyrand, auquel il déplaisait de voir les prêtres mariés traités en pécheurs qu'il fallait réconcilier avec des pouvoirs extraordinaires.

LA RATIFICATION ET LES ADDITIONS

bulle de la nouvelle circonscription des diocèses. Après-demain le cardinal-légat consacre des évêques. Le public reste frappé de tout cela et puis on ne dit plus rien. Les Français aiment l'opéra, il faut donc des coups d'opéra. Ce sont là ses paroles [1]. » Il termina l'entretien par les promesses les plus rassurantes. « Je l'ai dit l'autre jour à divers membres du gouvernement. Si je rencontre de l'opposition, je fais un appel nominal à tous les Français et j'interroge le peuple pour savoir s'il veut des prêtres ou des tribuns. Soyez sûr que je ratifierai bientôt le traité et qu'il sera fidèlement exécuté en dépit de toutes les hostilités. »

Le 10 septembre, Bonaparte tenait parole et apposait sa signature au bas de l'acte suivant :

« Bonaparte, Premier consul, au nom du peuple français, les consuls de la République ayant vu et examiné la convention conclue, arrêtée et signée à Paris, le 26 messidor de l'an IX de la République française (15 juillet 1801), par le citoyen Joseph Bonaparte ; Cretet, conseiller d'État, et Bernier, docteur en théologie, curé de Saint-Laud d'Angers, en vertu des pleins pouvoirs qui leur avaient été conférés à cet effet, avec Son Em. Mgr Hercules Consalvi, cardinal de la sainte Église romaine, diacre de Sainte-Agathe ad Suburram, secrétaire d'État de Sa Sainteté ;

---

[1] « Conviene far le cose in una maniera imponente », egli mo sóggiunse. « Oggi il cardinale legato presenta la bolla al governo, e si « riceve con tutti gli onori che gli sonote dovuti. Oggi stesso faccio « publicare la bolla ed intimo un *Te Deum* in tutti i dipartimenti. « Domani si canta il *Te Deum* e faccio publicare la bolla della nuova « circoscrizione delle diocesi. Domani l'altro, il cardinale legato consacra « qualche vescovo. Resta il publico colpito da tutto questo, e piu non « ne parla. « Les Français aiment l'opéra ; il faut donc des coups « d'opéra. » Son sue parole. »

Joseph Spina, archevêque de Corinthe, prélat domestique de Sa Sainteté, assistant au trône pontifical, et le P. Caselli, théologien consultant de Sa Sainteté, également munis de pleins pouvoirs, de laquelle convention la teneur suivante :

(*Suit le texte des articles.*)

« Approuve la convention ci-dessus en tous et chacun des articles qui y sont contenus, déclare qu'elle est acceptée, ratifiée et confirmée, et promet qu'elle sera inviolablement observée.

« En foi de quoi sont données les présentes, signées, contre-signées et scellées du grand sceau de la République.

« A Paris, le 21 fructidor de l'an IX de la République française (8 septembre 1801).

« BONAPARTE.

« Pour le Premier consul :

« *Le Secrétaire d'Etat,*
« Hugues-B. Maret. »

« *Le Ministre des Relations extérieures,*
« Ch.-M. Talleyrand. »

« La présente convention, ratifiée, a été échangée à Paris, le 23 fructidor an IX (10 septembre 1801), par les plénipotentiaires soussignés :

« J., archev. de Corinthe.   « Joseph Bonaparte.
« P.-Charles Caselli.   « Cretet.
            « Bernier. »

J'ai tenu dans mes mains avec quelque émotion ce parchemin magnifique qui est conservé au Vatican, où il a été transféré du château Saint-Ange en 1870. Il est relié fort richement avec une couverture décorée d'épis d'or et des initiales P. F. (Peuple français[1]), à laquelle est suspendu le grand sceau en cire rouge de la République.

En échange de la ratification consulaire, Spina remit celle du Pape ainsi conçue :

« Inspecta a nobis et mature perpensa conventione Parisiis inita, et die 16 julii 1801, subscripta a nostris plenipotentiariis..., cuius quidem conventionis tenor est qui sequitur.

(*Suit le texte de la convention.*)

« Prædictam conventionem cum omnibus articulis in ea contentis a plenipotentiariis nostris et Gubernii Gallicæ Reipublicæ Parisiis subscriptam die 15 juli huius anni ratificamus, approbamus, confirmamus, ac pro ratificata, approbata et confirmata haberi volumus. In quorum fidem hanc ratificationem, approbationem, confirmationem manu nostra subscripsimus, nostroque sigillo muniri mandavimus.

« Datum Romæ, apud S. Mariam Majorem, die 15 augusti anni incarnationis dominicæ millesimi octingentesimi primi.

« PIUS P. P. VII.

« Hercules, card. CONSALVI, *a secretis status*. »

« L'élégance avec laquelle est reliée la convention qui porte la ratification du Premier consul fait d'autant mieux ressortir la pauvreté de la nôtre », écrivait Spina. Et, en effet, le texte romain était écrit sur papier ordinaire et relié de la manière la plus modeste. On n'y avait pas mis de mauvaise volonté,

---

[1] A Rome, les mal intentionnés traduisaient ce P. F. : « Par force. »

mais la hâte de la transcription et sans doute la pénurie du trésor pontifical n'avaient pas permis de faire mieux. Le Premier consul remarqua cette différence et dit à Bernier : « On n'aurait pas envoyé un pareil papier au roi de France ! » L'observation fut transmise au cardinal Consalvi, on répara la faute, et le Pape signa une autre copie sur parchemin, avec une reliure moins indigne de l'exemplaire français. C'est celle qui est conservée aux Archives nationales, et le modeste papier primitif demeura entre les mains de Bernier, dont la famille le possède encore.

A Rome, on attendait, cette fois avec confiance, la signature du Premier consul et les amis de la France se réjouissaient.

« Nos ennemis[1], au contraire, sentent très bien que cette paix tend à affermir et consolider toutes les autres. Ils en sont mécontents ; ils exhalent leur mauvaise humeur en soutenant qu'elle ne sera pas durable. Ils comptaient beaucoup sur les suites du concile national ; ils prédisaient qu'il en naîtrait de grands troubles. La manière dont ce concile vient d'être terminé et clos les a surpris et déconcertés...

« Le Pape, si appauvri et si misérable dans ses dépenses personnelles, fait les choses très noblement en tout ce qui concerne la France. Il ne regarde ni à la dépense des courriers pour Paris, ni à celle des cardinaux qu'il vous envoie. La légation du cardinal Caprara lui coûtera fort cher.

[1] Cacault à Talleyrand.

« Il ne passe pas ici un général, un officier ou un autre citoyen français sans aller voir le Pape, et presque tous reçoivent de Sa Sainteté quelque petit présent. Le moindre est un chapelet de deux et trois louis. Il arrive continuellement ici des officiers, des soldats, des subalternes d'administration. Ils manquent de tout. Le Pape leur fait donner tout ce qu'il faut et des feuilles de route pour gagner leur destination. Je tâche de diminuer tant que je puis les abus de ce genre ; mais on ne pourra pas de sitôt dégager cet État du poids des Français, qui en ont été les maîtres, et qui croient toujours être à la même époque d'autorité et de violence.

« Quelle différence, à notre avantage, du temps présent à celui où le cardinal de Bernis dépensait ici un revenu de 500 000 livres de rente, où la France versait 500 000 francs sur Rome en droits d'annates et d'expéditions, et 500 000 autres francs en bénéfices et pensions à des cardinaux et prélats, sans compter les revenus du comtat d'Avignon ! Si, après cela, on jette un coup d'œil sur 200 millions de contributions et charges militaires que l'État ecclésiastique a payés précédemment, sur la perte que le Pape a faite, au traité de Tolentino, de ses trois plus belles provinces et des cent plus beaux objets d'art qui fussent à Rome, on sentira qu'en voilà assez, en expiation des abus de la Papauté, et n'ayant pas voulu détruire le Saint-Père, et voulant nous en servir aujourd'hui pour l'avantage de la République, il est à propos de commencer avec le Pape actuel, qui est fort honnête homme, une correspondance amicale et véritablement utile. Je travaille dans cet esprit, qui est conforme aux instructions que vous m'avez données en partant de Paris[1]. »

Tout se préparait pour la mission de Caprara que le Pape annonçait en consistoire, le 27 août, au grand dépit de l'Autriche et de Naples. « Dimanche (3o août)[2], M. Cacault donna un grand dîner au cardinal-légat, où tous les cardinaux palatins, les prélats les plus considérables par leurs charges et le petit corps diplomatique qui est actuellement à Rome, furent invités. La circonstance d'être à la campagne depuis plusieurs mois m'a fourni un prétexte plausible pour éviter un dîner à plusieurs égards peu agréable pour moi, sans pourtant manquer aux égards dus au ministre français. »

Le 21 septembre arrivait enfin Livio, porteur de la grande signature ! « Imaginez[3] le plaisir qu'en éprouva le Saint-Père et moi, et tout le Sacré Collège, d'autant plus que le retard nous avait un peu agités. » Il y eut alors entre la France et le Saint-Siège une sorte de lune de miel dont la douceur fut particulièrement goûtée par Pie VII et enchanta toute la ville de Rome pendant quelques semaines. « La satisfaction du Pape est maintenant franche, libre et dégagée de toute inquiétude. J'ai passé avant-hier la soirée avec ce pontife estimable et il m'a témoigné un attachement véritable pour la France, pour le Premier consul. Vous pouvez être sûr que ce qui reste à faire ne sera retardé en rien que par la nécessité de remplir les formes.

[1] Cacault à Talleyrand.
[2] Ghislieri à Cobenzel. (Boulay, t. IV, p. 27.)
[3] Consalvi à Spina.

LA RATIFICATION ET LES ADDITIONS

« Le Pape s'occupe de récompenser d'une manière éclatante, et ce sera par un chapeau de cardinal, Mgr Di Pietro, qui a été secrétaire de la congrégation pour la rédaction de la bulle et du Concordat. Ce Mgr Di Pietro est le prélat qui a le plus travaillé à notre affaire. Il serait à propos de lui envoyer un présent sur les 500 louis qui restent encore destinés à cet usage. Les deux chefs du secrétariat d'État sont MM. Evangelisti frères ; ils jouissent de la confiance entière du secrétaire d'État. Ce sont eux qui ont le plus travaillé aux expéditions et à qui il convient de faire un présent. Malgré l'opposition que le Pape et le cardinal Consalvi ont montrée à ce qu'il soit fait des présents, je vois qu'ils ont fini par être charmés de ceux qui ont eu lieu, et que ceux que je propose pour Mgr Di Pietro et pour MM. Evangelisti, ne pourront produire qu'un très bon effet[1]. »

Un arrêté des consuls avait assigné des présents aux plénipotentiaires romains « une boîte du prix de 15 000 francs à Mgr le cardinal Consalvi ; à Mgr Spina une boîte de 8 000 ; à Mgr Caselli une boîte de 5 000, plus 12 000 francs qui devaient être distribués dans les bureaux de la secrétairerie d'Etat. Ce procédé déplaisait à Consalvi qui s'en expliqua avec Cacault « dans une conversation vive et naturelle au point de ne laisser aucun doute sur sa sincérité ». — « On médira de nous, disait le secrétaire d'État, si nous acceptons quelque chose, après avoir exclu avec un soin jaloux toute préoccupation temporelle de la négociation. Et puis nous serons obligés de rendre, et le

[1] Cacault à Talleyrand, 23 septembre.

Pape est absolument ruiné. On ne lui a laissé que des reliques et des corps saints, seule matière dont il ait jamais fait des présents, mais qui n'a plus guère de valeur en France. Et pour les employés de la secrétairie vos largesses sont une nouveauté dont on prendra prétexte pour vous accuser d'avoir acheté les grâces du Pape [1]. »

Cacault et Talleyrand insistèrent en affirmant que le Saint-Siège n'était tenu à aucune réciprocité. Consalvi céda et prit le parti d'être charmé. Il laissait voir très volontiers sa boîte enrichie de diamants, tandis que le Pape montrait avec plaisir le Concordat, la ratification « le tout peint à merveille sur de beau parchemin [2] ». Le Pontife, du reste, ne se laissa pas vaincre en générosité. Il répondit par des présents de valeur au moins égale qui furent achetés en France, et Joseph, en particulier, reçut un brillant de 36.000 francs.

Pie VII voulut que l'accord avec la France fût marqué par une démonstration extraordinaire. « Demain [3], écrit Consalvi, je donnerai, par ordre de Sa Sainteté, un grand dîner public à M. Cacault, en invitant tout le corps diplomatique et beaucoup de cardinaux, par *réjouissance* (en français) de l'achèvement de l'œuvre et de la ratification. » Cacault raconte ce dîner qui fut un grand événement.

« C'est le 5 de ce mois (27 septembre) que le cardinal secrétaire d'État a donné en notre honneur, dans

---

[1] C'était l'usage du temps que toute négociation conclue était suivie d'un échange de présents. On m'affirme qu'aujourd'hui on n'échange plus que des décorations.

[2] Cacault à Talleyrand, 23 septembre.

[3] Consalvi à Spina.

son appartement du palais du Pape, à Monte Cavallo, le grand dîner que je vous avais annoncé. Tous les cardinaux de la congrégation formée par le Pape pour l'examen du Concordat y étaient invités. Les plus vieux, qui ne dînent jamais dehors, se sont dispensés de venir aux deux premiers services ; mais au dessert ils sont tous venus sans exception, et c'est autour de moi qu'ils sont tous venus s'asseoir, afin de marquer qu'ils venaient rendre honneur à la France. Le cardinal Gerdil, Savoyard, âgé de quatre-vingt-quatre ans ; le cardinal doyen du Sacré Collège, Albani, âgé de quatre-vingt-un ans ; le cardinal Antonelli ; le cardinal Lorenzana, Espagnol, et quelques autres d'un âge très avancé, ont tous concouru de la manière la plus polie à cette fête, où il y avait aussi deux vieillards français, Mgr de Bayane, auditeur de rote, et le cit. d'Agincourt.

« Je sais combien un dîner vaut peu la peine d'en parler et d'en rendre compte ; mais il y a si longtemps que pareille chose n'était arrivée à Rome ; il a toujours été si rare que le cardinal, premier ministre du Pape, ait jamais donné un dîner, et cela vient d'arriver à une époque si importante, que j'ai cru à propos de vous donner ce détail.

« Ces cardinaux sont les mêmes vieillards qui ont été si longtemps en butte aux orages de la révolution romaine, à la persécution, à l'exil, aux confiscations et séquestres de leurs biens. Il est beau pour nous de les avoir ramenés aujourd'hui à rendre hommage à la France et au génie de Bonaparte, à qui ils devront de mourir en paix sur leur chaise curule. »

Voici l'acte qui excitait tant de joie à Rome. Il est

utile de le citer, parce qu'il est moins connu qu'on ne le croit, et il faut qu'on puisse le comparer avec le projet de Rome et avec celui de Bonaparte entre lesquels il a servi de transaction. Officiellement, le traité ne porte pas le nom de concordat, et en France, il est qualifié : Convention du 26 messidor an IX.

Gubernium Reipublicæ recognoscit religionem catholicam, apostolicam, romanam, eam esse religionem quam longe maxima pars civium Gallicanæ Reipublicæ profitetur.

Summus Pontifex pari modo recognoscit eamdem religionem, maximam utilitatem maximumque decus percepisse et hoc quoque tempore præstolari ex catholico cultu in Gallia constituto, nec non ex peculiari ejus professione, quam faciunt Reipublicæ Consules.

Hæc cum ita sint atque utrinque recognita, ad religionis bonum internæque tranquillitatis conservationem, ea quæ sequuntur inter ipsos conventa sunt.

Art. 1. — Religio catholica, apostolica, romana, libere, in Gallia exercebitur. Cultus publicus erit, habita tamen ratione ordinationum quoad politiam, quas guber-

Le gouvernement de la République reconnaît que la religion catholique, apostolique et romaine, est la religion de la grande majorité des citoyens français.

Sa Sainteté reconnaît également que cette même religion a retiré et attend encore, en ce moment, le plus grand bien et le plus grand éclat de l'établissement du culte catholique en France et de la profession particulière qu'en font les consuls de la République.

En conséquence, d'après cette reconnaissance mutuelle, tant pour le bien de la religion que pour le maintien de la tranquillité intérieure, ils sont convenus de ce qui suit.

La religion catholique, apostolique et romaine sera librement exercée en France. Son culte sera public, en se conformant aux règlements de police que le gouverne-

nium pro publica tranquillitate necessarias existimabit.

Art. 2. — Ab apostolica Sede, collatis cum Gallico gubernio consiliis, novis finibus Galliarum diœceses circumscribentur.

Art. 3. — Summus Pontifex titularibus Gallicarum ecclesiarum episcopis significabit se ab iis, pro bono pacis et unitatis, omnia sacrificia firma fiducia expectare, eo non excepto quo ipsas suas episcopales sedes resignent.

Hac exhortatione præmissa, si huic sacrificio, quod Ecclesiæ bonum exigit, renuere ipsi vellent (fieri id autem posse Summus Pontifex suo non reputat animo), gubernationibus Gallicarum ecclesiarum novæ circumscriptionis de novis titularibus providebitur, eo qui sequitur modo.

Art. 4. — Consul Primus Gallicanæ Reipublicæ, intra tres menses qui promulgationem constitutionis apostolicæ consequentur, archiepiscopos et episcopos novæ circumscriptionis diœcesibus præficiendos nominabit. Summus Pontifex institutionem canonicam dabit juxta

ment jugera nécessaires pour la tranquillité publique.

Il sera fait par le Saint-Siège, de concert avec le gouvernement, une nouvelle circonscription des diocèses français.

Sa Sainteté déclarera aux titulaires des évêchés français qu'elle attend d'eux, avec une ferme confiance, pour le bien de la paix et de l'unité, toute espèce de sacrifices, même celui de leurs sièges.

Après cette exhortation, s'ils se refusaient à ce sacrifice commandé par le bien de l'Église (refus néanmoins auquel Sa Sainteté ne s'attend pas), il sera pourvu par de nouveaux titulaires au gouvernement des évêchés de la circonscription nouvelle, de la manière suivante.

Le Premier consul de la République nommera, dans les trois mois qui suivront la publication de la bulle de Sa Sainteté, aux archevêchés et évêchés de la circonscription nouvelle. Sa Sainteté conférera l'institution canonique suivant les formes établies par rapport à la France

formas, relate ad Gallias ante regiminis commutationem statutas.

avant le changement de gouvernement.

Art. 5. — Item Consul Primus ad episcopales sedes quæ in posterum vacaverint, novos antistites nominabit, usque, ut in articulo præcedenti constitutum est, Apostolica sedes canonicam dabit institutionem.

Les nominations aux évêchés qui vaqueront dans la suite, seront également faites par le Premier consul; et l'institution canonique sera donnée par le Saint-Siège, en conformité de l'article précédent.

Aucun délai, comme on voit, n'est fixé, ni au gouvernement pour nommer, ni au Pape pour instituer. Dès lors, il arrive souvent que les vacances du siège se prolongent soit par le fait du gouvernement qui ne présente personne, soit par le fait du Pape qui refuse d'instituer les sujets présentés. Ce refus d'institution est parfois la seule défense que le pouvoir spirituel puisse opposer aux prétentions injustes du pouvoir temporel. Pie VII s'en servit contre Napoléon.

Art. 6. — Episcopi, antequam munus suum gerendum suscipiant, coram Primo Consule, juramentum fidelitatis emittent quod erat in more ante regiminis commutationem, sequentibus verbis expressum :

« Ego juro et promitto, ad sancta Dei Evangelia, obedientiam et fidelitatem gubernio per constitutionem Gallicanæ Reipublicæ sta-

Les évêques, avant d'entrer en fonctions, prêteront directement, entre les mains du Premier consul, le serment de fidélité qui était en usage avant le changement de gouvernement, exprimé dans les termes suivants :

« Je jure et promets à Dieu, sur les saints Évangiles, de garder obéissance et fidélité au gouvernement établi par la constitution de

tuto. Item, promitto me nullam communicationem habiturum, nulli consilio interfuturum, nullamque suspectam unionem neque intra neque extra conservaturum, quæ tranquillitati publicæ noceat. Et si, tam in diœcesi mea quam alibi, noverim aliquid in Status damnum tractari, gubernio manifestabo. »

la République française. Je promets aussi de n'avoir aucune intelligence, de n'assister à aucun conseil, de n'entretenir aucune ligue, soit au dedans, soit au dehors, qui soit contraire à la tranquillité publique ; et si, dans mon diocèse ou ailleurs, j'apprends qu'il se trame quelque chose au préjudice de l'État, je le ferai savoir au gouvernement. »

Art. 7. — Ecclesiastici secundi ordinis idem juramentum emittent coram auctoritatibus civilibus a Gallicano gubernio designatis

Les ecclésiastiques du second ordre prêteront le même serment entre les mains des autorités civiles désignées par le gouvernement.

Le serment politique ayant été aboli par décret du 5 septembre 1870, ces deux articles sont devenus sans objet. Les curés, du reste, ne prêtaient plus le serment depuis longtemps.

Art. 8. — Post divina officia, in omnibus catholicis Galliæ templis, sic orabitur :

La formule de prière suivante sera récitée à la fin de l'office divin dans toutes les églises catholiques de France :

« Domine, salvam fac Rempublicam ;
« Domine, salvos fac Consules. »

« Domine, salvam fac Rempublicam ;
« Domine, salvos fac Consules. »

On connaît les changements successifs que nos révolutions ont apportés à cet article. Sous la monarchie et l'Empire, le nom du souverain était ajouté à *regem* et à *imperatorem*. Cela fit une difficulté, après 1830, dans les départements de l'Ouest où, dans beaucoup de paroisses, le clergé et le peuple s'obstinèrent à garder *Carolum* au lieu de *Ludovicum Philippum*. L'évêque de Luçon rendit une ordonnance pour prescrire de chanter *regem* tout court.

Art. 9. — Episcopi, in sua quisque diœcesi, novas parœcias circumscribent, quæ circumscriptio suum non sortietur effectum, nisi postquam gubernii consensus accesserit.	Les évêques feront une nouvelle circonscription des paroisses de leurs diocèses, qui n'aura d'effet que d'après le consentement du gouvernement.
Art. 10. — Idem episcopi ad parœcias nominabunt, nec personas eligent nisi gubernio acceptas.	Les évêques nommeront aux cures. Leur choix ne pourra tomber que sur des personnes agréées par le gouvernement.

Par les Articles organiques et la jurisprudence administrative qui en est issue, le gouvernement a établi, entre les ministres du culte qu'il appelle curés et qu'il reconnaît pour inamovibles et ceux qu'il appelle desservants, une différence qui était contraire aux intentions de Rome et aux anciennes prescriptions canoniques. C'est la grave question de l'inamovibilité des desservants qui, pratiquement, a toujours été résolue contre eux. On se demande ce que deviendrait aujourd'hui l'administration ecclésiastique si le gouvernement prétendait s'immiscer dans la nomination de tous les prêtres qui dirigent les paroisses.

Art. 11. — Poterunt iidem episcopi habere unum capitulum in cathedrali ecclesia, atque unum seminarium in sua quisque diœcesi, sine dotationis obligatione ex parte gubernii.

Les évêques pourront avoir un chapitre dans leur cathédrale, et un séminaire pour leur diocèse, sans que le gouvernement s'oblige à les doter.

C'est un des rares articles qui ont été amendés dans un sens favorable à l'Église. Pendant longtemps, les séminaires ont reçu des allocations, et les chanoines ont touché un traitement, dont la suppression a été votée en 1885.

Art. 12. — Omnia templa metropolitana, cathedralia, parochialia atque alia quæ non alienata sunt, cultui necessaria, episcoporum dispositioni tradentur.

Toutes les églises métropolitaines, cathédrales, paroissiales et autres, non aliénées, nécessaires au culte, seront mises à la disposition des évêques.

Art 13. — Sanctitas Sua pro pacis bono felicique religionis restitutione, declarat eos qui bona Ecclesiæ alienata acquisiverunt, molestiam nullam habituros, neque a se, neque a Romanis Pontificibus successoribus suis, ac consequenter proprietas eorumdem bonorum reditus et jura iis inhærentia, immutatilia penes ipsos erunt atque ab ipsis causam habentes.

Sa Sainteté, pour le bien de la paix et l'heureux rétablissement de la religion catholique, déclare que ni elle, ni ses successeurs, ne troubleront, en aucune manière, les acquéreurs des biens ecclésiastiques aliénés ; et qu'en conséquence, la propriété de ces mêmes biens, les droits et revenus y attachés, demeureront incommutables entre leurs mains ou celles de leurs ayants cause.

Art. 14. — Gubernium Gallicanæ Reipublicæ in se

Le gouvernement assurera un traitement convenable

recipit, tum episcoporum tum parochorum, quorum diœceses atque parœcias nova circumscriptio complectetur, sustentationem quæ cuiusque status ducat.	aux évêques et aux curés dont les diocèses et les cures seront compris dans la circonscription nouvelle.

Le texte latin est plus accentué que le texte français. *Sustentationem* signifie plus que traitement. Ni dans le latin, ni dans le français, il n'est dit que le gouvernement pourra supprimer arbitrairement ce traitement et que les ecclésiastiques seront les seuls citoyens français privés des garanties qui assurent aux autres leur propriété, les seuls exposés à la confiscation sans jugement.

Art. 15. — Idem gubernium curabit ut catholicis in Gallia liberum sit, si libuerit, ecclesiis consulare novis fondationibus.	Le gouvernement prendra également des mesures pour que les catholiques français puissent, s'ils le veulent, faire en faveur des églises, des fondations.
Art. 16. — Sanctitas Sua recognoscit in Primo Consule Gallicanæ Reipublicæ cadem jura ac privilegia quibus apud Sanctam Sedem fruebatur antiquum regimen.	Sa Sainteté reconnaît dans le premier consul de la République française les mêmes droits et prérogatives dont jouissait près d'elle l'ancien gouvernement.

Voici l'indication de ces principaux droits. Le roi de France recevait officiellement du Pape le titre de roi très chrétien. Il entretenait à Rome un ambassadeur qui protégeait d'importantes fondations françaises : entre autres, une académie des beaux-arts qui se composait d'un directeur et de douze élèves pensionnaires.

Il nommait un cardinal à chaque promotion des couronnes et un auditeur français au tribunal de la Rote.

« La France [1] et les autres grandes puissances ont le droit de faire notifier au conclave par leur ambassadeur l'exclusion de la papauté des cardinaux qu'elles ne veulent pas. Ces exclusions manquent rarement leur effet, quoique le conclave ne reconnaisse pas ce droit d'exclusion. »

Enfin, il y avait à Rome un bureau de poste particulier pour la France.

Comme privilèges personnels, les rois de France avaient reçu le droit d'avoir un autel portatif et une chapelle exempte de la juridiction de l'Ordinaire, d'être absous par leur confesseur des cas réservés au Pape, d'entrer avec quelques personnes dans tous les monastères, de ne pouvoir être excommuniés sans l'autorisation du Saint-Siège, d'être chanoines de Saint-Jean de Latran. J'ignore quel cas nos souverains et nos présidents de République ont fait de ces faveurs et dans quelle mesure ils en ont usé. Je ne suis renseigné que pour le titre de chanoine de Saint-Jean-de-Latran. Il a été conféré à Henri IV pour le remercier du don qu'il avait fait à l'insigne basilique, de l'abbaye de Clairac en Languedoc. Le chapitre a maintenu le titre, quoiqu'il ait été dépouillé de l'abbaye, et une fois par an, vers la fête de Noël, il écrit encore au chef de l'État. Louis XVIII, Charles X et Napoléon III répondaient à leurs confrères par une offrande généreuse. Depuis 1870, le

---

[1] Cacault à Talleyrand.

chapitre ne reçoit plus qu'une lettre transmise par l'ambassade [1].

Art. 17. — Utrinque conventum est, quod, in casu quo aliquis ex successoribus hodierni Primi Consulis catholicam religionem non profiteretur, super juribus et privilegiis in superiori articulo commemoratis, nec non super nominationes ad archiepiscopatus et episcopatus, respectu ipsius, nova conventio fiet.	Il est convenu entre les parties contractantes que, dans le cas où quelqu'un des successeurs du Premier consul actuel ne serait pas catholique, les droits et prérogatives mentionnés dans l'article ci-dessus, et la nomination aux évêchés, seront réglés, par rapport à lui, par une nouvelle convention.

Tel est l'acte qui règle depuis plus d'un siècle les rapports de l'Église et de l'État en France et à propos duquel s'élèvent quotidiennement des polémiques ardentes dans lesquelles je ne veux point entrer. Sur l'exemplaire de la ratification française, la signature de Bonaparte écrase toutes les autres et illumine pour ainsi dire toute la page : c'est un symbole du

---

[1] Ces lettres sont conservées précieusement aux Archives de l'insigne basilique. Nous n'en citerons qu'une :

EMILE LOUBET,
Président de la République française
aux vénérables Chanoines,
Chapitre de Saint-Jean-de-Latran.

« Nous avons reçu avec plaisir la lettre de félicitations que Vous Nous avez adressée à l'occasion du renouvellement de l'année. Nous sommes particulièrement sensibles aux souhaits que Vous formez pour la France et pour Notre bonheur personnel et Nous Vous en remercions très sincèrement. Vous pouvez être assurés que, de Notre côté, Nous serons toujours heureux de Vous donner des marques de Notre bienveillance et de Notre considération.

« Ecrit à Paris le 14 janvier 1902.   « Emile LOUBET.
                                       « DELCASSÉ. »

rôle prépondérant qu'il a joué dans la négociation.

Si l'on veut bien, en effet, se rappeler la lettre du cardinal Martiniana, on verra qu'elle renferme déjà le traité tout entier. C'est donc Bonaparte qui en a pris l'initiative, qui l'a voulu personnellement et absolument, qui l'a fait accepter par le Pape, qui l'a imposé à ses ministres, aux grands corps de l'État, à ses compagnons d'armes qui n'en voulaient point, avec un courage et une persévérance qu'il faut reconnaître. « Bonaparte est le seul qui désire la réunion avec Rome. » Consalvi et Spina le disent en vingt endroits, et leur témoignage est confirmé par tous les contemporains. Que ce jeune général, si peu versé dans les choses religieuses, ait conçu ce dessein et qu'il l'ait exécuté au péril même de sa vie [1], que pour cela il ait résisté à son entourage, aux suggestions de son orgueil et aux conseils qui le poussaient à se déclarer le chef de la religion en France, j'avoue que c'est un fait qui me paraît extraordinaire et absolument providentiel.

La plante a poussé sur le sol le plus ingrat, en dépit d'une atmosphère qui devait la tuer en germe. Qui peut dire ce qui serait arrivé si Consalvi avait rompu le soir du 14 juillet? Le souvenir de Henri VIII, évoqué par le Premier consul, planait sur toute la négociation comme une menace réalisable qui imposait aux négociateurs romains les concessions qu'on leur a reprochées. On affirme que le catholicisme renaissait tout seul et que déjà le culte était repris dans quarante mille paroisses. Quels

---

[1] On sait que la conclusion du Concordat provoqua un complot militaire en vue d'assassiner le Premier Consul. (Voy. les *Mémoires* du chancelier Pasquier, t. Ier, p. 158.)

étaient donc les prêtres qui l'exerçaient ? Il n'y en avait presque plus. Depuis dix ans, les ordinations étaient suspendues et les vides faits dans les rangs du sacerdoce par l'échafaud et par l'exil ne se comblaient point. Humainement parlant, Bonaparte a sauvé la religion de la ruine, et Pie VII n'exagérait pas la reconnaissance en célébrant magnifiquement le bienfait dans le consistoire du 24 mai 1802.

« Il a plu au Dieu père des miséricordes d'écouter les supplications qui lui étaient adressées, et il a fait en sorte que l'homme illustre auquel la France doit ses triomphes, sa prospérité et son repos, conçût et réalisât une pensée qui lui vaudra une gloire incomparable dans la postérité la plus reculée, celle de rendre à tant de millions de Français la religion de leurs pères, et avec elle, les solides et vrais fondements du bonheur.

« Quel spectacle nouveau la France ne présente-t-elle pas en ce moment à l'univers entier ? Les temples du Très-Haut rouverts et portant le nom auguste de Dieu et celui des saints gravés sur leurs frontispices, les ministres du sanctuaire travaillant de nouveau pour Dieu et réunissant de nouveau les fidèles auprès des autels, les brebis rendues à leurs légitimes pasteurs, les sacrements de l'Église de nouveau administrés et reçus avec respect, l'exercice public de la religion catholique fermement établi, le chef suprême de l'Église, sans lequel on *disperse si on ne recueille pas* avec lui, solennellement reconnu, l'étendard de la croix de nouveau déployé, le jour du Seigneur de nouveau sanctifié, la suppression et la fin de ce schisme déplorable qui menaçait la catholicité de maux infinis, à cause de l'étendue de la France et de l'importance de sa population, tels sont les bienfaits immenses que ce jour mémorable [1] nous a présentés et dont il faut nous réjouir grandement dans le Seigneur [2]. »

Dans le même discours, le Pape rappelait avec quel empressement il avait accueilli les ouvertures du Premier consul et avec quelle ardeur il avait travaillé au succès du grand dessein. « Dieu sait, Vénérables Frères, et vous savez aussi, vous qui avez été nos collaborateurs assidus et avez partagé nos paternelles sollicitudes, que de peines nous nous sommes données, que d'obstacles nous avons surmontés, avec quel zèle nous avons travaillé nuit et jour, sans jamais perdre de vue notre but, à trouver les moyens d'atteindre la fin désirée. »

L'histoire ne peut que confirmer ce jugement du vénérable pontife, en rendant hommage à la pureté et à l'élévation de ses vues, en même temps qu'à l'activité, à la loyauté et à la longue patience de ses diplomates qui, eux aussi, ont bien mérité de notre pays. Ils en avaient conscience, et Spina écrivait à Consalvi en octobre 1801 : « Nous avons consommé un acte que les ennemis de la France ne nous pardonneront jamais. »

Tout compte fait, malgré les violences de Bonaparte, quoique les procédés qu'on attribue aux Italiens se soient trouvés surtout du côté français, il est impossible de ne pas reconnaître une grande part de vérité dans la parole du chargé d'affaires qui, à Rome, servit très notablement la France, Cacault : « Le Concordat a été l'œuvre d'un héros et d'un saint. »

[1] Le 18 avril 1802.
[2] Allocution du 24 mai 1802.

Le héros se démentit bientôt, et l'admiration fort sincère qu'il inspirait au Pape ne tarda pas à être mêlée de beaucoup d'inquiétude. C'est le 18 avril 1802 qu'une solennité incomparable célébrait à Notre-Dame la publication du Concordat et la réconciliation de la France avec l'Église. Or le traité avait été signé le 15 juillet 1801, c'est-à-dire neuf mois auparavant. Comment Bonaparte, qui se montrait si pressé d'abord, a-t-il attendu si longtemps pour frapper ce *grand coup d'opéra* dont il avait parlé à l'archevêque de Corinthe ? La principale raison c'est que, pendant ce temps-là, les légistes, nourris dans les traditions gallicanes et parlementaires, fabriquèrent pour l'Église une camisole de force qu'on appelle Articles organiques : c'était la revanche des ennemis du Concordat qui, n'ayant pu l'empêcher, le modifiaient arbitrairement pour en faire un instrument de servitude et soumettre la religion en France au bon plaisir du pouvoir civil.

L'idée en fut suggérée par Talleyrand, qui trouvait que Rome avait trop obtenu. Dès le 29 août 1801 il écrivait : « Je ne dissimulerai pas que, dans le résultat des dernières discussions, on s'est écarté de quelques-unes des bases que le Premier consul avait d'abord posées et auxquelles il paraissait utile de tenir. Il est fâcheux que la profession de foi personnelle des membres du gouvernement ait été introduite dans un acte public ; que l'ancien serment du clergé ait été rappelé sans modification ; qu'on ait laissé une trop grande latitude à la faculté de faire des fondations ecclésiastiques ; qu'il y ait été fait mention des séminaires et des chapitres ; et qu'on n'ait pas pourvu, dans le texte même de la convention, aux intérêts du clergé constitutionnel, et à ceux des prêtres sécularisés par le mariage ou par volontaire abdication.

« Mais puisque les agents du Saint-Siège se sont obstinément refusés à déférer sur tous ces points aux vues du gouvernement, puisque quelques-unes de ces vues sont remplies par la bulle du Saint-Siège, et que le gouvernement a toute faculté, par des actes postérieurs, d'accomplir toutes les autres à son gré, je pense que le Premier consul reste absolument, à cet égard, dans la même position indépendante où il se trouvait avant la dernière période de la négociation.

« Si le Premier consul accorde sa ratification à la convention, il lui sera possible de pourvoir aux inconvénients majeurs qui pourraient résulter de son exécution littérale, par des arrêtés particuliers relatifs à chacun de ses inconvénients. Ainsi la profession de foi des membres du gouvernement pouvant être mal interprétée par les communions non catholiques et non chrétiennes, il est facile de repousser cette interprétation par des arrêtés qui rétablissent le culte de ces communions, avec la même liberté publique et les mêmes faveurs qui ont été accordées au culte catholique. Il est également aisé de pourvoir, par des arrêtés de gouvernement, aux restrictions à mettre à la faculté de faire des fondations. Quant à la forme du serment, comme elle ne pèche que par excès, rien ne s'oppose à ce qu'on supprime, dans la pratique de la prestation, quelques-unes des clauses qui peuvent en effet porter ombrage, et donner de l'inquiétude sur l'usage que, dans l'avenir, des gouvernements moins amis de la liberté que celui du Premier consul, pourraient faire de la subordination entière du clergé français à leurs vues. »

De cette proposition de Talleyrand sortit un travail considérable qui fut élaboré, à l'insu de Rome, par le conseiller d'État Portalis, présenté en même temps que le Concordat au Corps législatif et au Tribunat, voté le même jour 8 avril, converti en loi au même titre, et présenté au public comme ne formant qu'un tout avec la convention romaine. Il comprend 4 titres et 77 articles qui déterminent le régime de l'Église catholique dans ses rapports généraux avec les droits et la police de l'État, la condition des ministres du culte, l'exercice même du culte et ce qui concerne les circonscriptions diocésaines et paroissiales et les édifices sacrés.

Je n'exposerai pas en détail ces prescriptions et la jurisprudence qu'elles ont engendrée, les additions et interprétations qu'elles ont reçues : tout cela n'existe pas aux yeux de l'Église, parce que cela a été fait sans elle et contre elle, et on ne trouverait pas en France, à l'heure qu'il est, un évêque, un prêtre, un catholique instruit qui attribue la moindre valeur canonique aux Articles organiques[1]. Ils contredisent, sur les points les plus importants, la convention conclue avec Rome, empiètent sur un terrain essentiellement réservé à l'autorité spirituelle, jurent avec tous les principes qui sont devenus la base de notre état poli-

---

[1] Voy., sur ce point, la démonstration solide et éloquente de M. Emile Ollivier, dans son nouveau *Manuel de droit ecclésiastique*.

tique et social et manquent de tout fondement logique, car ils reposent sur une contradiction choquante qui consiste à attribuer au pouvoir civil les privilèges qu'il s'arrogeait dans l'Église sous l'ancien régime, quand il n'y a plus d'ancien régime, et à restaurer une religion d'État contre la religion et au seul profit de l'État.

« Aucune bulle, bref, rescrit, décret, mandat, provision, signature servant de provision, ni autres expéditions de la cour de Rome, même ne concernant que les particuliers, ne pourront être reçus, publiés, imprimés ni autrement mis en exécution sans l'autorisation du gouvernement (art. 1er).

« Aucun concile national ou métropolitain, aucun synode diocésain, aucune assemblée délibérante n'aura lieu sans la permission expresse du gouvernement. » Voilà la négation directe du premier article du Concordat. Comment la religion catholique sera-t-elle exercée librement, si le chef qui la gouverne ne peut communiquer avec les fidèles soumis à son autorité, si les évêques ne peuvent communiquer entre eux, si le fait même de s'écrire est incriminé ? Leur laissera-t-on encore longtemps la liberté de dîner ensemble ?

Art. 12. — « Il sera libre aux archevêques et évêques d'ajouter à leur nom le titre de citoyen ou de monsieur[1]. »

Art. 43. — « Tous les ecclésiastiques seront habillés à la française et en noir. » — Où le gouvernement a-t-il pris le droit d'intervenir entre les ecclésiastiques et leurs tailleurs ?

---

[1] Cette puérilité n'a jamais été observée, mais pourquoi en avoir fait un article de loi ?

Art. 24. — « Ceux qui seront choisis pour l'enseignement dans les séminaires souscriront la déclaration faite par le clergé de France en 1682 ; ils se soumettront à enseigner la doctrine qui y est contenue. » — Voilà une théologie d'État qui est devenue hérétique : le gouvernement y a-t-il renoncé ?

Art. 20. — « Les évêques seront tenus de résider dans leurs diocèses ; ils ne pourront en sortir qu'avec la permission du Premier consul. » — C'est un souvenir de l'ancien régime sous lequel, au dire de Saint-Simon, la politique de la cour de France regardait comme un crime tout commerce d'un évêque avec Rome,

Art. 26. — « Ils ne pourront ordonner aucun ecclésiastique s'il ne justifie d'une propriété produisant au moins un revenu annuel de 300 francs. » — Aucun des douze apôtres ne se trouvait probablement dans les conditions exigées par cet article.

Nous ne poursuivons pas cette revue : la question est tranchée pour tous les esprits libéraux. Si les personnages qui, au nom de cette législation, rendent des sentences par lesquelles ils refusent aux évêques et aux prêtres les droits que la constitution reconnaît à tous les citoyens, portaient le costume de leurs opinions, ils devraient siéger sur les fleurs de lys, avec les longues perruques et les robes solennelles des parlementaires qui, au xviiie siècle, envoyaient porter le saint Viatique aux jansénistes avec quatre estafiers : ce sont des hommes d'ancien régime et des émigrés à l'intérieur.

Les Articles organiques, dit excellemment M. Ollivier, sont une plante parasite poussée au pied du Concordat et qu'il faut arracher. Ils ont été ajoutés à la convention par un procédé que Lanfrey appelle une *surprise déloyale*. Déjà, sous Louis-Philippe, Mgr Parisis traçait sur ce point leur devoir aux catholiques en quelques lignes magistrales : « A part la poursuite des délits selon les lois générales, refusons au gouvernement, en vertu du Concordat, le droit et la capacité de s'ingérer dans nos doctrines, dans l'administration de nos biens, dans notre vie intérieure. Depuis le cimetière jusqu'au tabernacle, depuis le budget de la fabrique et la caisse du trésorier jusqu'à la prédication et à la prière publique, depuis l'enfant de chœur et le sacristain jusqu'aux pasteurs de premier ordre, il n'y a pas, dans la discipline de l'Église, une chose ou une personne qui n'ait été atteinte par les décrets, lois, ordonnances, arrêts, décisions, circulaires. Au lieu de poursuivre un retour impossible vers un ancien régime disparu et de méconnaître les avantages du Concordat, voilà l'ensemble d'empiètements et de gênes dont il faut poursuivre l'abolition. »

Dans l'allocution même où il rendait un éclatant hommage au Premier consul, le Pape exprimait ses inquiétudes au sujet de quelques articles *à lui inconnus*, promulgués en même temps que le traité, et dont il était obligé de demander la modification. Depuis, Rome n'a cessé de réclamer contre les Articles organiques et d'en solliciter l'abrogation ou le changement. Elle a cru plusieurs fois toucher au succès : en 1804, sur de vagues promesses de Napoléon, qui décidèrent le voyage du Pape à Paris ; en 1817, où le nouveau Concordat stipulait qu'ils seraient abolis en ce qu'ils avaient de contraire aux lois de l'Église ; en

1848, où le Comité ecclésiastique de la Constituante en proposa la suppression ; en 1853, quand Mgr de Ségur intervint pour obtenir le sacre de Napoléon III par Pie IX. Toutes ces espérances s'évanouirent.

Cependant, si jamais en France les divers gouvernements qui se sont succédé n'ont eu le courage d'abolir cette législation que tous reconnaissent comme surannée, pendant de longues années ils en ont usé avec modération, et ils ont laissé dormir les prescriptions les plus choquantes. L'Église en a subi ce qui n'attaquait point directement ses droits, mais c'est le Concordat seul qu'elle reconnaît et auquel elle se réfère. C'est le Concordat qui lui a permis de vivre, de se développer et de remplir le XIX° siècle de son activité féconde et glorieuse. Quoi qu'on puisse dire, en principe, de l'organisation ecclésiastique qu'il a établie en France, le clergé qui en est sorti est considéré comme un des premiers du monde. A travers nos révolutions successives et nos changements de gouvernement, les hommes investis de l'honneur de recruter l'épiscopat ont généralement compris leur mission et se sont appliqués à bien choisir. « Je serais désolé de faire une nomination qui pût affliger l'Église et je ne cherche que les plus dignes candidats [1] », écrivait à un évêque le meilleur ministre et le plus sincèrement républicain qui ait dirigé les cultes.

La grande nouveauté établie par le Concordat, c'est l'importance qu'il a donnée à l'évêque, en lui assurant le patronage de tous les bénéfices et en augmentant singulièrement son autorité. Sans contester les incon-

[1] Lettre de M. Jules Simon à Mgr X.

vénients de ce système (quel système n'a les siens?) et la nécessité de garanties sérieuses pour les inférieurs, je crois pourtant qu'en soi la chose est bonne et a été voulue par la Providence. Dans un siècle où la religion est contredite et attaquée publiquement jusque dans le dernier des hameaux, le choix des personnes qui la représentent a pris une importance extraordinaire et ne peut être fait avec plus de compétence que par les premiers pasteurs. Une armée que l'ennemi ne cesse de harceler doit avoir toute la liberté de ses mouvements, et il faut que le chef qui la connaît puisse assigner à chacun son poste de combat. C'est le sens légitime d'une parole fâcheuse qui a été souvent reprochée à un archevêque : « Mon clergé est un régiment, et il faut qu'il marche ! »

Que deviendra pourtant ce Concordat, le seul des traités conclus depuis un siècle qui survive encore ? Il est attaqué à droite et à gauche, comme en 1801 et pour les mêmes raisons, les uns lui reprochant d'accorder trop d'influence dans l'Église à un gouvernement suspect et les autres de faire une part trop belle à l'Église dans le gouvernement. Ses ennemis les plus acharnés sont les héritiers des jacobins et des philosophes d'autrefois, qui veulent le supprimer à cause de la force qu'il prête encore à la religion catholique et du rôle qu'il lui laisse dans l'État. Il y a, en effet, un parti nombreux et puissant qui estime que la Révolution n'est point finie parce qu'elle n'a pas abattu l'Église et que la mission du xxe siècle est précisément d'achever une destruction à laquelle ne s'est pas prêté Bonaparte. M. de Tocqueville a cru que la haine de l'Eglise n'était, à la fin du xviii° siècle, qu'un accident causé par l'intime solidarité qu'elle avait contractée avec l'ancien régime, qu'on en voulait aux prêtres non parce qu'ils prétendaient régler les choses de l'autre monde, mais parce qu'ils étaient seigneurs, décimateurs, administrateurs dans celui-ci et qu'une fois la vieille société détruite, la philosophie irréligieuse sous les coups de laquelle elle avait succombé, avait été comme ensevelie dans son triomphe. Cette vue de l'illustre publiciste s'est trouvée incomplète, et on ne peut plus douter aujourd'hui de l'existence d'un grand complot permanent et international contre les croyances chrétiennes.

Il n'y a plus, à l'heure qu'il est, d'ancien régime à détruire et l'Église catholique est attaquée avec autant de fureur que si la Bastille existait encore. Elle a beau se dégager de toute solidarité compromettante, déclarer qu'elle s'accommode de la république et de la démocratie et qu'elle se borne à réclamer sa part de la liberté commune : on lui en veut d'exister. Ce qu'on lui reproche c'est de représenter l'absolu et l'immuable, c'est de revendiquer le gouvernement des esprits et des consciences au nom de son fondateur qui a *reçu les nations en héritage*, c'est de prétendre juger les doctrines et former les mœurs.

L'inquisition, la condamnation de Galilée, la révocation de l'édit de Nantes, ne sont que des prétextes dont on l'accable. Est-ce qu'on reproche à nos magistrats la torture qu'infligeaient leurs prédécesseurs et à nos soldats les excès de la guerre de

Trente ans ? Est-ce qu'il est possible de trouver un fondement rationnel et une explication plausible à tant de procédés qui affligent les catholiques depuis plusieurs années ? Est-ce une politique de fermer des centaines d'écoles et de persécuter de saintes femmes parce qu'un capitaine juif aurait été condamné injustement par un conseil de guerre ? Non ! l'hostilité qui s'acharne actuellement contre les institutions catholiques n'est qu'un épisode nouveau et formidable de la guerre que Jésus a prédite à ses disciples, qui se poursuit depuis vingt siècles par le glaive ou par la plume, et qui ne finira pas parce qu'elle trouve un aliment éternel dans l'orgueil de l'esprit et les révoltes de la chair soulevés contre la folie de la croix !

Toujours attaquée, l'Église a toujours survécu, et son histoire n'est qu'une alternative de morts apparentes et de résurrections inattendues. Elle a raison de ses persécuteurs, tantôt en les convertissant comme au temps de Constantin, tantôt en persuadant les pouvoirs publics de l'heureuse influence qu'elle exerce et des services qu'elle peut rendre. Plus d'une fois elle a trouvé une apologie éloquente dans les crimes et les bouleversements qui partout ont accompagné sa chute et dans les périls que courent la morale, l'ordre et la sécurité publique dans les sociétés où elle perd son influence ! C'est l'argument qui a décidé le Premier consul et que Portalis développa éloquemment dans son discours sur l'organisation des cultes. Talleyrand lui-même n'y a pas été insensible : « Le Premier consul a senti qu'une religion quelconque étant une chose inévitable, il était plus prudent d'en favoriser que d'en contrarier le culte, plus facile, plus humain et plus juste d'en régulariser l'exercice que de le proscrire. Il a vu que la philosophie s'était éclairée dans les désordres qui accompagnèrent les années de la Terreur ; qu'elle s'était sentie incapable de préserver seule, dans les temps d'agitation publique et même dans les temps ordinaires, le bien des mœurs sociales, ainsi que l'harmonie des opinions individuelles. »

L'argument a-t-il perdu de sa valeur et les conditions de la paix sociale sont-elles changées ? On le croirait à voir la conduite de la majorité de nos hommes politiques, non pas seulement de ceux qui ne dépassent pas la philosophie du pharmacien immortalisé par Flaubert, mais de beaucoup d'autres, lettrés, hommes d'affaires, industriels appartenant à la bourgeoisie, auxquels on ne peut refuser ni l'intelligence ni un certain patriotisme. Pleins de mépris pour le passé et de confiance dans certains mots magiques et dans certaines théories scientifiques qu'ils prétendent substituer aux vérités traditionnelles, ils poussent la démocratie en avant avec une imprévoyance et une légèreté comparables à celles de la noblesse française appelant de ses vœux la révolution qui la supprima. L'existence de Dieu, le libre arbitre, la responsabilité morale, le droit de punir, la constitution de la famille, toutes ces colonnes antiques qui portent depuis des siècles la paix du monde, ils applaudissent aux coups qui les ébranlent, se figurant qu'elles tomberont sans entraîner une catastrophe et que la morale ancienne sera avantageusement remplacée par une parvenue qu'ils habillent magnifiquement et dont ils disent des merveilles : la Solidarité.

Et parmi eux se recrutent les rhéteurs qui enflamment les convoitises de la foule et la mènent à l'assaut du vieux monde avec des chants sauvages où le Christ et la Vierge très pure sont grossièrement insultés. Optimisme menteur qui pourrait recevoir bientôt de cruels châtiments ! Le sentiment de la sécurité sociale n'a-t-il pas disparu, et dans ces dernières années n'avons-nous pas connu certaines heures où nous n'étions séparés de la jacquerie que par l'épaisseur d'un canon de fusil ? La société actuelle ne ressemble-t-elle pas à un automobile qui a perdu ses freins et qui descend à toute vitesse une pente des plus dangereuses ?

Car le passé se venge de ceux qui le méprisent, et comme l'a dit un pénétrant écrivain[1], « il veut que l'avenir soit fait à son image. Il veut qu'il ait la même sagesse, la même noblesse, le même héroïsme. Si l'avenir se refuse à la sagesse, il se suicidera ; s'il se refuse à la noblesse, il n'inspirera pas le respect ; s'il se refuse à l'héroïsme, il ne saura ni ne pourra se défendre ; s'il se refuse à la sainteté, il se refusera l'élément essentiel de vie, le feu générateur qui pourrait le prolonger à travers les siècles... Si les anciennes sociétés ont eu une telle longévité qu'elles en semblaient éternelles et que lorsqu'elles ont été ébranlées, on a cru que la fin du monde était venue, c'est qu'au milieu de

---

[1] Emile Montégut.

leurs erreurs et de leurs crimes, elles ne rompirent jamais avec les lois morales et sociales qui sont nées le même jour que l'homme, dont il ne peut se séparer, car elles sont lui-même, et qu'il ne peut finir que par la mort ».

J'espère que ces vérités seront comprises avant qu'il soit trop tard pour qu'elles sauvent la société, et que, dans un avenir rapproché, la religion catholique sera appelée par la confiance des peuples à présider à leurs destinées, comme elle l'a fait pendant des siècles. Elle leur apparaîtra, non point comme le paratonnerre qui protège les plaisirs et la fortune des heureux contre les orages révolutionnaires, mais comme la puissance maternelle et secourable qui, ayant les promesses de la vie présente comme *celles de la vie future,* peut améliorer le plus efficacement la condition du grand nombre.

Pour qu'elle remplisse ce rôle, pour qu'elle dissipe les défiances accumulées contre elle et regagne le cœur des foules, il faut que ceux qui la représentent, clergé et fidèles, comprennent les conditions de leur apostolat : la foi, la science, surtout l'austérité de vie et le dévouement absolu qu'il exige, car le monde a encore plus besoin de vertu que de génie ! C'est le vœu du Souverain Pontife, et tout le secret de son enseignement social. Pour que ce vœu se réalise et que l'Église accomplisse avec une efficacité chaque jour plus grande sa mission de salut, il n'est pas nécessaire de supprimer le Concordat ; il n'y a qu'à l'appliquer, qu'à débarrasser l'arbre des plantes parasites qui l'étouffent et qu'à faire une vérité de l'article 1er : La religion catholique sera exercée librement en France.

APPENDICES

ET

PIÈCES JUSTIFICATIVES

APPENDIX

APPENDICES
ET
PIÈCES JUSTIFICATIVES

1

LA CASUISTIQUE DU CONCORDAT.
DEMANDE D'UN JEUNE HOMME QUI A ÉTÉ ORDONNÉ PRÊTRE MALGRÉ LUI PAR UN ÉVÊQUE SCHISMATIQUE

N... sortit du collège à l'âge de dix-sept ans, pénétré des principes religieux que lui avaient inspirés des prêtres recommandables : son père qui était fortement entiché des principes révolutionnaires voulut savoir si ceux de son fils répondaient aux siens ; pour cela il lui fit quelques questions, ses réponses ne lui ayant pas plu, il le traita durement le jour même de son arrivée du collège. Quelques jours après, le père de N... se déclara formellement et dit à son fils qu'il voulait qu'il se fît prêtre, et qu'il se fît ordonner par l'évêque constitutionnel ; le fils observa à son père qu'il ne pouvait lui obéir ; cette réponse lui attira la défense de la maison paternelle. N... en resta pendant fort longtemps éloigné à la distance de deux lieues, sans oser rentrer qu'en l'absence de son père pour consoler sa mère de tout le chagrin que lui occasionnait cette division.

Enfin, le père de N... conseillé par des hommes adroits, parut changer de sentiment et fit proposer à son fils de continuer ses classes et d'aller faire la philosophie dans la capitale du diocèse. N... y consentit, ne soupçonnant aucun stratagème sous cette conduite qui ne paraissait dictée que par l'amour paternel, mais il se trompait bien. A peine eut-il fait quelque séjour dans la capitale du diocèse où la Logique était enseignée par un vicaire constitutionnel de l'évêque, qu'il commença à être tracassé de nouveau : on le sollicita de toutes les manières possibles à se faire prêtre, on le pria, on le flatta ; voyant qu'on ne pouvait pas l'émouvoir, on lui fit connaître des lettres écrites par le curé constitutionnel de la paroisse de son père, d'après lesquelles ce dernier menaçait son fils de toute sa sévérité s'il ne lui obéissait.

N... si fortement assailli, se voyant sans ressources et sans appui, perdit la tête et promit en maudissant mille fois son existence de se rendre à l'ordination, bien intentionné cependant de n'obéir qu'extérieurement, et se réservant que son cœur ne prendrait pas de part à cette démarche. Tout cela se passa la veille des jours consacrés aux ordinations, et trois jours après N... fut ordonné prêtre ayant passé par tous les ordres dans l'espace de trois jours.

N... fut ordonné prêtre en 1793 et n'était âgé que de dix-huit ans ; il n'avait aucune notion de la science ecclésiastique.

N... étant bien fermement intentionné de ne pas consentir à tout ce qui se faisait, toutes les fois que, dans les cérémonies de l'ordination, l'évêque prononçait des paroles qu'il croyait capables de l'engager, il disait constamment à voix basse, à la vérité, *Nolo ;* aussi il sortit de l'ordination, persuadé qu'il n'était pas prêtre. Dans la nuit allant du vendredi au samedi, dernier jour de l'ordination, le dénommé qui devait être fait prêtre ce jour-là, eut une grosse indisposition qui l'obligea de boire beaucoup d'eau dans la matinée, il profita de cette circonstance pour observer à l'évêque que cette raison devait le dispenser de se présenter à l'ordination ; l'évêque lui répondit qu'il n'était pas nécessaire de communier, effectivement le dénommé ne fit pas la communion.

Pendant la cérémonie N... s'étant trouvé très incommodé, s'éloigna à plusieurs reprises du rang des ordinands, et pendant le temps qu'il en était séparé, l'évêque fit deux cérémonies auxquelles il n'assista pas : dans l'une, l'évêque et un autre prêtre imposaient les mains l'un après l'autre ; dans l'autre, l'évêque mettait le calice entre les mains de l'ordinand et prononçait quelques paroles.

N... observe que, dès le premier jour de l'ordination, l'évêque avait prévenu tous les ordinands qu'il ne leur ferait pas faire de vœux, et qu'en effet il ne lui fut pas demandé d'avancer le pied, enfin il observe que, pendant toute la cérémonie et la messe qui eut lieu, il fut absolument muet, et qu'il ne prononça aucune parole.

Quoique N... fût persuadé qu'il n'était pas prêtre, parce qu'il ne croyait pas qu'on pût lui imprimer un caractère contre sa volonté bien décidée, cependant il fut si affligé de sa démarche dont tout l'affreux se représenta dans le moment de la réflexion, que huit jours après, l'occasion s'étant offerte de s'enrôler, il partit pour l'armée de la Vendée, où il servit pendant sept à huit mois. Au bout de ce temps, la troupe dont il faisait partie étant rentrée, il se retira chez son père. Quelque temps après, le curé constitutionnel de la paroisse où habitait N... avec son père étant mort, ce dernier disposa si bien tout avec ses amis qu'il le fit nommer, dans les élections, curé de cette même paroisse, où il a exercé pendant quatre mois seulement, mais toujours avec de telles dispositions que jamais il ne prononça de paroles sacramentelles que dans l'administration du baptême. Pendant son exercice qu'il fit sous l'autorité paternelle, N... administra ou simula une fois seulement, le sacrement de la pénitence à un mourant. Il disait la messe le plus rarement possible, et jamais il ne prononça les paroles sacramentelles, toujours persuadé qu'il n'était pas prêtre.

Dans cet intervalle, arriva l'époque de la Révolution, à laquelle les prêtres qui abandonnaient leur état suivaient les vues du gouvernement, N... profita de cette circonstance pour secouer le joug de l'oppression : il déclara à son père, qui ne put refuser de l'entendre, qu'il voulait abandonner ses fonctions, ce qu'il fit et depuis il ne les a pas reprises (il est bon d'observer que N... n'a jamais eu des lettres de prêtrise ni autres). A cette même époque, l'évêque qui l'avait ordonné, et qui depuis longtemps prêchait l'irréligion, puisque dès 1792 il publiait ses doutes sur différents articles de croyance, dans un journal qu'il rédigeait, déclara en public que jamais il n'avait eu intention de faire des prêtres, et qu'il regardait comme non avenu tout ce qu'il avait fait; au surplus il se maria et donna d'autres sujets de scandale.

N..., d'après cet aveu de l'évêque qui l'avait ordonné et sa propre conscience, était si convaincu qu'il n'était pas prêtre qu'un jour, dans une assemblée publique, il fit part aux assistants de la satisfaction qu'il éprouvait de se voir dégagé et libre par le propre aveu de l'évêque. Il se comporta comme tel, et se maria avec une demoiselle douée de mœurs irréprochables et qui ne consentit à cette alliance que parce qu'elle croyait bien fermement que N... n'était pas prêtre. Le mariage fut fait républicainement et sans se présenter à l'église, il n'y avait pas alors un prêtre libre d'exercer : Robespierre régnait. Mais lorsque le calme fut revenu, les mariés s'étant présentés pour se faire réhabiliter, on leur opposa le prétendu caractère de prêtre de N...; l'un et l'autre furent fort surpris. Ils sont restés quatre ans ensemble; la femme mourut dans le mois de mai 1798; il provint un enfant de leur mariage. Ce mariage ne fit pas de sensation dans le public, il n'y fut pas sujet de scandale. S'il est permis de le dire, tout le monde avait pris part aux malheurs de N... et personne n'ignorait l'aveu de l'évêque sur ses propres faits; et dans le moment actuel même on ne doute pas que, si les autorités prononcent, ce ne soit pour le rendre libre. Au reste N... expose qu'il a des certificats de douze personnes ses voisines qui l'ont connu dès l'enfance et dont la probité est avérée, qui attestent les vexations de son père avant son ordination ou sa propre conduite pendant qu'il exerçait, et annonçait bien clairement qu'il était tenu à cette place par force, et qu'il n'avait pas oublié les bons principes qu'on lui avait connus. Huit même de ces personnes supplient les autorités de rompre les chaînes qu'il ne reçut que par force. N... a encore une déclaration de son père, attestée de deux témoins, dans laquelle il reconnaît avoir forcé son fils à se faire prêtre en usant de toute son autorité, et en le menaçant de sa disgrâce s'il n'obéissait, il avoue que jamais il ne se serait décidé s'il n'avait été violemment contraint par lui, il déclare de plus que, pendant qu'il exerçait, il lui témoigna son éloignement pour cet état.

Enfin N... expose que, depuis qu'il a quitté ses fonctions, il n'a pas voulu être porté sur le tableau des prêtres pensionnés par le gouvernement : il aurait cru voler impunément l'argent qu'on lui aurait donné.

Le tout bien considéré, N... croit très fermement que son ordination est nulle ; cependant, comme le témoignage de sa conscience ne lui suffit pas, il supplie très humblement les autorités de prononcer.

II

SUR LA RELIGION DU PREMIER CONSUL

J'ai reçu au sujet de la religion du Premier consul quelques renseignements intéressants. D'abord le texte célèbre sur la divinité de Jésus-Christ paraît d'une authenticité indiscutable, comme on peut s'en convaincre en consultant un livre devenu rare et qui est intitulé : *Sentiment de Napoléon sur le christianisme. Conversations religieuses recueillies à Sainte-Hélène.* (Poissy, Olivier Fulgence.)

Quant au mot sur la première communion, il ne semble point non plus apocryphe, quoiqu'il ait été arrangé. Le général Drouot habitait Nancy, sur la paroisse Saint-Sébastien, et il voyait assez souvent un vicaire, M. l'abbé Igier, dont plusieurs amis vivent encore. L'un d'eux, M. le curé de A... au diocèse de Nancy, m'écrit que M. Igier prêchant la première communion, cita le mot de Napoléon en déclarant le tenir du général Drouot qui n'était point mort, et que cette révélation produisit grand effet.

Mme L... m'écrit aussi : « L'anecdote au sujet de la première communion, n'est pas née sur les bords de la Garonne. Mon grand-père, mort lorsque j'avais dix-sept ans, me l'a racontée plus d'une fois. Secrétaire de l'empereur, il était présent. C'était au lendemain d'une des grandes batailles. Les généraux félicitaient leur maître et l'un d'eux lui dit : « Sire, hier est certainement un des plus beaux jours de votre vie. » L'empereur brusquement se retourna et dit d'une voix brève : « le plus beau jour de ma vie a été celui de ma première communion »; et tout le monde de se regarder. Voilà comment ce vieux grand-père, qui n'était nullement clérical, nous racontait l'histoire. »

Je serais reconnaissant à toutes les personnes qui voudraient bien m'envoyer quelque renseignement sur ce point.

III

SUR LE MARIAGE ET SUR LA MORT DE M. DE TALLEYRAND

Nous avons vu que, pendant toute la négociation du Concordat, Talleyrand mit une ardeur singulière à réclamer l'absolution des prêtres mariés, leur réconciliation avec l'Église et la reconnaissance de leurs mariages. Il n'était point désintéressé dans la question, et il entendait bien profiter pour lui-même des dispenses qu'il demandait pour les autres. A sa prière, Bonaparte sollicita pour son ministre, non seulement la sécularisation, mais la permission de se marier. Un mémoire énumérant les ecclésiastiques célèbres que Rome avait dispensés du célibat était joint à la lettre du Premier consul. « Accordez-lui cela, disait-il à Caprara, pour mettre fin aux bavardages qu'on fait sur sa liaison avec Mme Grand ». Le légat, qui était la faiblesse même, plaida la cause de Talleyrand auprès de Rome, et montra plus de zèle que Bonaparte lui-même qui n'insista guère.

Le Saint-Père demeura inflexible, et Talleyrand n'obtint qu'un bref de sécularisation qui le réduisait à la communion laïque, à condition qu'il renoncerait à toute fonction ecclésiastique et donnerait une aumône aux pauvres d'Autun. La lettre suivante du cardinal Consalvi ne laisse aucun doute sur la question qui a été parfaitement élucidée par M. Henri Welschinger, dans un article du *Journal des Débats*.

« Excellence,

« Mon empressement pour servir Votre Excellence m'a fait
« chercher tous les moyens possibles pour y réussir. J'ose le
« dire, personne n'aurait pu s'y prendre avec plus d'énergie et

« d'intérêt. J'ai tenté, autant que possible, de prouver à Votre
« Excellence que je ne déméritais pas l'opinion flatteuse qu'elle
« a sur mon véritable attachement à sa personne.

« J'ai réussi en grande partie dans le but de mes travaux.
« Je ne doute point que Votre Excellence trouvera dans le
« Bref que j'envoie aujourd'hui, ce qu'elle a voulu indiquer
« quand elle m'a écrit qu'il y avait certaines formes qui seraient
« plus propres à relever la faveur de Sa Sainteté, et d'autres,
« au contraire, qui dans la circonstance pourraient lui en ôter
« le prix. Votre Excellence reconnaîtra que le Bref remplit ses
« vues d'une manière qui ne peut pas ne lui pas être agréable.

« Votre Excellence *connaît trop la matière* pour avoir besoin
« que je lui fasse remarquer que, dans ces formes, Sa Sainteté
« a poussé les égards au degré qui était possible.

« *J'aurais désiré, véritablement, que les vœux de Votre Excel-*
« *lence eussent pu s'accomplir entièrement* et que le Bref eût pu
« contenir la permission de mariage, *mais comment faire lorsque*
« *dix-huit siècles n'en présentent pas un seul exemple dans*
« *l'histoire de l'Église ?*

« Votre Excellence verra dans les réponses en marge à la
« note envoyée par elle, que tous les exemples qui y sont
« entrés ne *subsistaient point;* aucun évêque sacré n'a été dis-
« pensé, jamais, pour se marier. Elle est trop éclairée pour
« ne pas connaître, que l'exemple de dix-huit siècles, même dans
« des circonstances plus fortes, est tel à ne pas devoir le Saint-
« Père s'en écarter. Je ferai observer à Votre Excellence que
« non seulement il n'y a pas d'exemple dans dix-huit siècles ;
« mais qu'il y a plusieurs exemples que cette permission,
« demandée plusieurs fois, a été constamment refusée par
« le Saint-Siège.

« *Quoiqu'on connût les exemples produits dans la note de*
« *Votre Excellence, le désir de la satisfaire a fait multiplier les*
« *recherches au delà encore de la note.* Elle verra, dans les ré-
« ponses envoyées au cardinal Légat, que l'on a cité quelque
« autre exemple qui, cependant, ne prouve pas non plus qu'une
« pareille permission pût être accordée jamais. C'est à ces
« recherches qu'on doit le retard apporté au départ de l'offi-
« cier qui apporte la réponse.

« J'ai été flatté de la confiance que Votre Excellence m'a
« témoignée dans une affaire aussi délicate. Je tâcherai, de mon
« côté, de lui témoigner constamment le vif empressement que
« je mettrai toujours dans ce qui la regarde, ainsi que la haute
« considération avec laquelle j'ai l'honneur d'être de Votre
« Excellence, le très affectionné serviteur

         H. Cardinal Consalvi.

« Rome, 30 juin 1802 ».

Talleyrand, néanmoins, affecta de se considérer comme dispensé du célibat et il trompa le curé d'Épinay-sur-Seine qui lui donna la bénédiction nuptiale, après qu'il s'était marié civilement à Paris le 28 septembre 1802. Ce mariage était doublement nul et sacrilège, puisque la personne qu'il épousa était mariée à M. Grand qui vivait encore et avec lequel elle avait divorcé. Dès lors, comment Talleyrand a-t-il pu écrire, dans l'acte de rétractation qu'il signa le jour de sa mort : « Délié par le vénérable Pie VII, je me croyais libre de me marier ? » Il avait écrit d'abord : *j'étais libre*, et substitua, *je me croyais* qui n'était pas plus exact. Voici les deux lettres que l'archevêque de Paris écrivit au Pape Grégoire XVI immédiatement après la mort du Prince.

  « Très Saint-Père,

« Une heure après la lettre que j'ai eu l'honneur d'écrire à
« Votre Sainteté, M. le Prince de Talleyrand n'existait plus.
« Ce jour même, dix-sept de ce mois à quatre heures après-
« midi, il est mort assisté de M. l'abbé Dupanloup, l'un de mes
« vicaires généraux que j'ai cru pouvoir autoriser à adminis-
« trer au malade les sacrements de l'Église, en suite des deux
« actes qu'il avait signés le matin, qui ont été remis entre mes
« mains et que j'ai adressés au Souverain Pontife.
« Le Saint-Père apprendra avec consolation que le Prince,
« depuis la satisfaction donnée, s'est trouvé non seulement d'un
« facile accès, mais encore plein d'une disposition bienveillante
« pour le vertueux prêtre qui lui offrait le secours de son mi-

« nistère, au milieu des douleurs et des angoisses de la mort.
« Il a reçu publiquement l'absolution et l'extrême-onction,
« c'est-à-dire en présence d'une partie de sa famille et d'un
« grand nombre de témoins qui tous, à genoux, priaient et fon-
« daient en larmes. Le Prince a conservé sa connaissance jus-
« qu'aux derniers instants ; il s'unissait aux prières avec atten-
« tion, humilité et même ferveur ; plus d'une fois et surtout à
« l'invocation de ses saints patrons, *Charles* et *Maurice*, il
« cherchait avec expression les yeux du prêtre et ses lèvres
« répondaient d'une manière très marquée. Enfin l'abbé Dupan-
« loup, qui ne l'a pas quitté, m'a assuré qu'il regardait tout ce
« qui s'est passé comme une marque très visible de la divine
« miséricorde et, particulièrement, comme un effet éclatant de
« la protection de la Très-Sainte-Vierge dont le malade por-
« tait l'image sur lui. La médaille de l'Immaculée Conception
« a reposé sur sa poitrine pendant les six dernières heures de
« sa vie. Dieu semble s'être plu à réunir autour du malade
« tous les genres de grâce et de consolation. Le matin même,
« une de ses nièces faisait sa première communion ; les témoi-
« gnages de bienveillance, que Votre Sainteté a chargé son
« neveu le comte Alexandre de Périgord de lui exprimer, lui
« ont été rapportés ; et, quelques heures avant sa mort, les cha-
« pelets bénits par le Saint-Père pour Mme la duchesse de Dino
« et pour Mlle Pauline de Périgord sa fille sont arrivés, en
« sorte que la bénédiction apostolique venait mettre le comble
« à toutes les autres. Je n'entre point dans d'autres détails qui
« parviendront par la suite à Votre Sainteté, je me borne à
« mettre sous ses yeux la copie de la lettre que j'ai adressée
« au curé de la paroisse du défunt, pour lever tous les obstacles
« et aussi pour faire connaître, de la manière la plus simple, les
« motifs qui me déterminent à accorder la sépulture chré-
« tienne. J'ai l'intention de m'en tenir à cette manifestation
« jusqu'à ce qu'ayant reçu les ordres de Votre Sainteté, je sois
« dans le cas, si elle le juge convenable, de donner une plus
« grande publicité à ce qui s'est passé et à ce qu'il plaira au
« Saint-Père d'écrire à ce sujet. Qu'il me soit permis de lui
« répéter combien la conduite des deux nièces et de l'abbé
« Dupanloup mérite d'éloges.

« Prosterné aux pieds de Votre Sainteté, j'implore de nou-
« veau la bénédiction apostolique et je suis, Très Saint-Père,
« De Votre Sainteté, le très humble, très obéissant et très
« dévot fils et serviteur,

« † Hyacinthe-Louis.

« *Archevêque de Paris* ».

« Paris, 17 mai 1838 »

DEUXIÈME LETTRE DE L'ARCHEVÊQUE DE PARIS

« Très Saint-Père.

« Les deux lettres que j'ai eu l'honneur d'écrire successive-
« ment à Votre Sainteté dans la journée d'hier, et que je
« joins à celles-ci avec les pièces qui leur sont propres, lui
« apprendront ce qui vient de se passer parmi nous au sujet
« de M. de Talleyrand. Je n'ai rien à y ajouter sinon que
« les plus petits détails qui me sont apportés sur ses dis-
« positions sont de nature à nous consoler de plus en plus
« et à nous convaincre que, depuis plusieurs mois surtout,
« le Prince se préparait à la démarche qu'il a enfin exécutée.
« Pour moi, le front abaissé dans la poussière je ne cesse de
« redire avec le psalmiste : *misericordiam et judicium cantabo*
« *tibi, Domine*. L'assistance de la Très Sainte Vierge me paraît
« si manifeste dans toute la suite de cette affaire que je ne puis
« m'empêcher de continuer en son honneur la cantique *psallam*
« *et intelligam in via immaculata*. C'est elle, en effet, qui, par
« son intercession, nous a ouvert la voie du retour, du repentir,
« et, je l'espère, de la bienheureuse éternité, quelles que soient
« d'ailleurs les expiations que la justice divine exigera dans
« l'autre vie.

« Après une si grande faveur que le Seigneur a daigné
« accorder à mes désirs de plus de vingt années d'épiscopat, je
« ne sais, Très-Saint-Père, si je dois maintenant tant soit peu
« tenir à la vie, et s'il ne m'est permis de faire le vœu de sainte
« Monique : *nulla jam re delector in hac vita et cur hic sim*
« *nescio... Unum erat quod in hac vita aliquantulum immorari*

« *cupiebam ut te christianum catholicum viderem priusquam*
« *morerer.*

« Cependant, il me reste encore une chose à demander, si
« Dieu le permet, c'est de savoir de Votre Sainteté si elle
« m'absout de tout reproche dans cette épineuse circonstance,
« si elle croit que j'ai rempli le devoir d'un pasteur fidèle et
« d'un sage dispensateur des grâces de réconciliation qu'elle
« avait eu la confiance de remettre entre mes mains.

« Prosterné aux pieds de Votre Sainteté, je m'incline devant
« son jugement suprême, j'implore le pardon de tout ce que je
« puis avoir omis ou mal fait, je la prie de continuer à me
« bénir, et d'agréer avec bonté l'hommage du respect avec
« lequel je suis, Très Saint-Père,

« De Votre Sainteté, le très humble, très obéissant et très
dévot fils et serviteur,

« † HYACINTHE-LOUIS,
Archevêque de Paris

Paris le 18 mai 1838.

Voici la réponse du Saint-Père qui montre clairement qu'à Rome on aurait souhaité une déclaration plus humble et plus explicite.

« Nous nous sommes réjoui dans le Seigneur, vénérable
« Frère, dès que Nous avons appris que notre cher fils Charles-
« Maurice de Talleyrand songeait à publier un écrit déclarant
« qu'il rejetait ses erreurs, se repentait des scandales qu'il a

---

VENERABILI FRATRI

HYACINTHO LUDOVICO ARCHIEPISCOPO PARISIENSI
LUTETIAM PARISIORUM

Venerabilis Frater, salutem, etc.,

Lætati quidem in Domino fuimus, Venerabilis Frater, cum primo rescivimus Dilectum Filium Carolum Mauritium Princ'pem de Talleyrand cogitare de scripto aliquo evulgando quo rejicere se suos errores, illatorumque scandalorum pœnitere, eademque pro

APPENDICES ET PIÈCES JUSTIFICATIVES

« donnés et voulait les réparer. Il Nous était impossible de ne
« pas souhaiter vivement que cet homme, célèbre par la no-
« blesse de sa race, la pénétration de son esprit et son talent
« littéraire, songeât enfin à son salut et que sa pénitence,
« quoique tardive, servît à retirer du gouffre ceux qui avaient
« partagé ses erreurs et ses prévarications. Aussi, pour obtenir
« cet heureux résultat, Nous ne cessions point d'offrir humble-
« ment nos prières et nos supplications au Père des miséri-
« cordes, quand dernièrement Nous avons reçu votre lettre,
« avec la déclaration que ledit prince de Talleyrand avait pré-
« parée depuis quelque temps et qu'il a signée de sa main,
« le 17 mai, devant plusieurs témoins. Or, cette déclaration,
« quoiqu'elle soit conçue en termes plus faibles que Nous ne
« l'aurions désiré, soit pour la réparation plus complète des
« scandales, soit pour l'édification des fidèles, dit pourtant
« expressément qu'il regrette ses erreurs et qu'il adhère à la
« doctrine et à la discipline de notre sainte mère l'Église, par-
« ticulièrement aux décrets émanés de ce siège apostolique sur
« les affaires religieuses de France. C'est pourquoi Nous nous
« réjouissons avec vous dans le Seigneur du témoignage rendu

---

viribus reparare velle profiteretur. Non enim poteramus non
optare vehementer ut homo generis nobilitate, acie ingenii, littera-
rum laude celebratus saluti animæ suæ tandem aliquando consu-
leret, ac sero licet pœnitentiæ exemplo prodesset aliis a simili
errorum et praevaricationum barathro revocandis. Hæc igitur ut
feliciter evenirent haud sane desistebamus humiles Patri misericor-
diarum orationes et obsecrationes offerre, quum nuper allatæ
nobis sunt tuæ Litteræ una cum declaratione quam idem princeps
Talleyrand a se antea paratam emisit die 17 mensis proximi coram
pluribus testibus suaque manu subscripsit. Jam vero declaratio
hæc etsi exarata sit debilioribus verbis quam quibus ad uberio-
rem seu scandalorum reparationem, seu ædificationem fidelium
optavissemus, habet tamen significationem expressam eius animi
propria dolentis errata et profitentis adhærere se Doctrinæ,
Disciplinæque Sanctæ Matris Ecclesiæ ac Decretis nominatim
quæ super Ecclesiasticis Galliarum negotiis a Sede Apostolica
emanarunt. Itaque gaudemus in Domino una tecum ob testimonium
ab hujusmodi homine veritati redditum, et quoniam is ministerio

« à la vérité par cet homme et puisque, ayant été admis à la
« réconciliation par le prêtre que vous aviez délégué pour
« cela avec l'appui de notre autorité, il est mort le même jour
« en donnant des signes persévérants de pénitence, Nous par-
« tageons votre confiance qu'il a trouvé miséricorde auprès du
« Seigneur. »

La formule de rétractation se trouve dans la « Vie de Mgr Dupanloup » par l'abbé Lagrange. On sait que Talleyrand en différa la signature jusqu'au matin de son dernier jour. A sa nièce qui le suppliait de signer, il répondit par ce mot, le dernier probablement qu'il ait fait : « Ma nièce, je ne me suis jamais pressé dans ma vie et je suis toujours arrivé à temps ! »

Nous souhaitons qu'il ne se soit pas trompé.

---

sacerdotis a Te nostra etiam auctoritate suffulto in id delegati ad reconciliationem rite admissus, eodem die perseverantibus pœnitentiæ signis defunctus est, Nos etiam simul cum tua Fraternitate confidimus dedisse illi Dominum invenire misericordiam a Domino in illa die. . . . .

Datum Romæ apud Sanctum Petrum die 11 junii 1838 Pontificatus Nostri anno octavo.

Gregorius P.P. XVI.

IV

EXTRAITS DES MÉMOIRES DE CONSALVI SUR LE CONCORDAT

(*texte italien et traduction.*)

...A forza di indicibili fatiche, di sofferenze e di ogni sorta di angustie, venne finalmente il giorno, in cui parve che si fosse giunti alla meta desiderata, alla conclusione cioè, quanto alla sostanza, di quello stesso progetto di Concordato emendato in Roma, che prima del mio viaggio non si era voluto accettare dal Gov. Francese, e che aveva dato luogo all'ordine dato a M. Cacault di lasciare Roma nel termine di 5 giorni. L'Ab. Bernier, il quale ogni giorno riferiva al Primo Console il risultato delle conferenze, e recava articolo per articolo la notizia della di lui adesione quando questa dopo le più efficaci persuasive, e i maggiori stenti, arrivava ad ottenersi, notificò finalmente in un giorno (e fu il 13 Luglio) che lo stesso P. Console era convenuto in tutti gli articoli discussi, e che perciò nel dì seguente si sarebbero sottoscritte le due copie consimili del Concordato, le quali, dopo le ratifiche sua e del

---

...A force d'indicibles fatigues, de souffrances et de difficultés de tout genre, le jour arriva enfin où il semblait qu'on touchât au terme désiré, c'est-à-dire à la conclusion, quant à la substance, de ce même projet de traité amendé à Rome, que le gouvernement français avait repoussé avant mon voyage, et qui avait fait enjoindre à M. Cacault de quitter Rome dans le terme de cinq jours.

L'abbé Bernier, qui portait chaque soir au Premier consul le résultat des conférences, et nous faisait part, article par article, de son adhésion quand il arrivait à l'obtenir, après les paroles les plus persuasives et les plus grands efforts, annonça finalement un jour (c'était le 13 juillet) que le Premier consul acceptait tous les articles discutés et que, par conséquent, on signerait le jour suivant les deux

Papa, dovevano rimanere presso ciascuna delle due parti contraenti. Egli mi domandò se io volevo sottoscrivere solo, nel qual caso per parte del Governo Francese avrebbe sottoscritto il fratello del Primo Console Giuseppe Bonaparte, che intendevasi mettere al pari di me nella bilancia : che se io volevo avere dei compagni nella sottoscrizione, dovevo indicare quanti, e quali, acciò il Governo Francese ne destinasse anch' esso altri in egual numero, e dignità. Io risposi, che sebbene avrei potuto sottoscriver solo, giacchè la mia venuta posteriore, e la mia dignità, toglievano il luogo, se io volessi, all' intervento di ogni commesso anteriore, ciò non ostante non volendo io togliere il merito a chi aveva travagliato nell'affare prima di me, nè dare motivi di dispiacere, avrebbero sottoscritto con me anche il Prelato Spina, ed il Teologo Padre Caselli. Egli disse che andava a recare questa mia risposta al Primo Console, e che la mattina seguente sarebbe tornato da me per notificarmi gli altri due che egli avrebbe destinati per la sottoscrizione da farsi nella giornata, al quale effetto mi disse che preparassi la copia del Concordato, già convenuto, per

---

copies authentiques du traité, lesquelles, après sa signature et celle du Pape, devaient rester entre les mains de chacune des deux parties contractantes. Il me demanda si je voulais signer seul : qu'alors le frère du Premier consul, Joseph Bonaparte, qu'il prétendait placer sur le même rang que moi, signerait du côté du gouvernement français ; que, si je voulais m'associer d'autres personnes dans la signature, j'avais à indiquer combien et lesquelles, afin que le gouvernement en choisît de son côté en nombre égal et de même qualité.

Je répondis que j'aurais pu sans doute signer seul, puisque mon arrivée en dernier lieu et ma qualité ôtaient le droit d'intervenir, si je le voulais, à tout autre mandataire antérieur ; mais que pourtant je ne voulais pas méconnaître le mérite de qui avait travaillé à cette grande affaire avant moi, ni causer de déplaisir à personne et que je ferais signer avec moi le prélat Spina et le théologien Caselli. Il [l'abbé Bernier] me dit qu'il allait porter ma réponse au Premier consul et que, dans la matinée suivante, il viendrait m'annoncer ceux qu'on aurait choisis pour signer, ce qui devait avoir lieu dans la journée. Il m'avertit de préparer la copie du Concordat déjà

apporvi le respettive sottoscrizioni, come egli dal canto suo avrebbe preparata l'altra consimile.

Nella mattina del dì seguente egli tornò con la notizia che il Primo Console aveva destinato il consigliere Cretet per essere al pari del Prelato Spina, e la di lui persona per essere al pari di quella del Padre Caselli. Egli aggiunse, che non sembrando decente di fare la funzione della sottoscrizione di un atto cosi grande, e cosi interessante, in una locanda, qual' era il mio albergo (io dimoravo con gli altri due nell' *hôtel de Rome*) mi si proponeva, e il P. Console lo desiderava, di condurmi coi miei Compagni all' abitazione del di lui Fratello Giuseppe Bonaparte. Data da me senza alcuna difficoltà di non necessaria etichetta la risposta affermativa, egli disse che sarebbe passato egli stesso a prenderci alquanto prima delle 4 pomeridiane, per condurci alla abitazione anzidetta, dove, soggiunse, ci sbrigheremo in un quarto d'ora, non essendoci altro da fare, che sei sottoscrizioni, le quali, compresi anche i complimenti, non portano nemmeno tanto spazio di tempo. Egli ci mostrò in quella occasione il *Monitore* di quel giorno, in cui il Governo

---

convenu, pour y apposer les signatures respectives ; comme lui, de son côté, aurait préparé l'autre copie semblable.

Dans la matinée du jour suivant, il revint avec la nouvelle que le Premier consul avait désigné le conseiller d'Etat Cretet pour être l'égal du prélat Spina, et lui-même [abbé Bernier] pour répondre à la personne du Père Caselli. Il ajouta qu'il ne paraissait pas décent de faire la cérémonie de la signature d'un acte aussi solennel et d'un si grave intérêt dans un hôtel comme le mien (j'habitais, avec les deux autres délégués, à l'*Hôtel de Rome*). Bernier me proposait, et c'était le désir du Premier consul, de me conduire avec mes deux collègues chez Joseph Bonaparte.

J'y adhérai en mettant de côté toute étiquette non indispensable. Il dit qu'il viendrait lui-même nous prendre, un peu avant les quatre heures après-midi, afin de nous conduire au lieu dit, où, assurait-il, nous en finirions dans un quart d'heure, n'ayant rien autre chose à donner que six signatures, lesquelles, y compris les compliments, ne demandent pas même un si long temps. Il nous montra alors le *Moniteur* du jour, où le gouvernement avait fait annoncer au public (qu'on note cette circonstance) la conclusion de l'affaire en ces

aveva fatto annunziare al publico (si noti questa circostanza), la conclusione dell' affare con le parole : « le Cardinal Consalvi a réussi dans l'objet qui l'a amené à Paris » e ci aggiunse che nel dì seguente, che era il giorno della più gran festa che allora si celebrava in Francia cioè il 14 Luglio, voleva il P. Console nel gran pranzo in publico, di 300 e più persone, (a cui noi pure eravamo invitati), dare la lieta nuova della eseguita sottoscrizione di un sì gran trattato, che per la importanza del ristabilimento della Religione in Francia dopo il naufragio della rivoluzione senza esempio che era accaduta, valeva assai più che il Concordato di Francesco I con Leone X.

Poco prima delle ore 4 pomeridiane Egli tornò, avendo in mano un rotolo che non dispiegò, ma che disse essere la copia del Concordato da sottoscriversi. Noi prendemmo la nostra, secondo il concertato, e insieme con lui andammo alla casa dell'allora Cittadino Giuseppe, fratello del Primo Console.

Egli mi ricevè con le maggiori dimostrazioni di gentilezza. Benchè Egli fosse stato Ambasciatore in Roma, io, che allora ero solamente Prelato, non avevo mai avuta la occasione di presentarmegli, e siccome nei pochi giorni della una dimora

---

termes : « Le cardinal Consalvi a réussi dans l'objet qui l'amenait à Paris. »

Bernier ajouta que le jour suivant, 14 juillet, où se célébrait alors la plus grande fête en France, le Premier consul voulait proclamer, dans un dîner public de trois cents personnes et plus (auquel nous étions invités) l'heureuse nouvelle de la signature de ce solennel traité, qui surpassait de beaucoup le concordat de François Ier avec Léon X par l'importance du rétablissement de la religion en France, après le naufrage de la Révolution sans exemple qui venait d'éclater.

Un peu avant les quatre heures de l'après-midi, Bernier arriva, tenant à la main un rouleau qu'il ne développa point, mais qu'il dit être la copie du concordat à signer. Nous prîmes la nôtre, ainsi qu'il était convenu, et nous allâmes ensemble à la maison de celui qui était alors le citoyen Joseph, frère du Premier consul.

Il me reçut avec les plus grandes marques de politesse. Quoiqu'il eût été ambassadeur à Rome, je n'avais pas eu l'occasion de lui être présenté, n'étant encore que prélat. Dans le peu de jours que

in Parigi (stando egli assai spesso alla sua campagna di Morfontaine) non lo avevo trovato quando ero stato a fargli una visita di dovere come fratello del Capo del Governo, così fu quella la prima volta che ci parlammo. Dopo i primi complimenti, egli disse che potevamo tutti assiderci al tavolino già preparato per fare le sottoscrizioni reciproche, e come aveva detto l'Ab. Bernier, disse anch'egli presto ci sbrigheremo, non essendoci altro da fare che sottoscrivere, giacchè tutto è già convenuto.

Posti a sedere intorno al tavolino, nacque per un momento qualche questione sopra chi doveva sottoscrivere il primo, sembrando a lui che come fratello del Capo del Governo, a lui toccasse il primo posto. Con le più dolci maniere, ma con la fermezza che era necessaria in quella occasione, gli feci rilevare che nelle mia qualità di Cardinale e di rappresentante del Papa, mi era impossibile di prendere il secondo posto nelle sottoscrizioni da farsi e gli feci osservare che nell'antico Governo in Francia, come dapertutto, i Cardinali avevano la precedenza non contrastata, onde non potevo io cedere in una cosa che non

---

je restai à Paris, je ne l'avais pas rencontré, en lui faisant une visite d'étiquette comme au frère du chef du gouvernement, (car il se retirait assez souvent à sa campagne de Morfontaine). Ce fut donc la première fois que nous nous vîmes. Après les premiers compliments, il nous engagea tous à nous asseoir autour de la table qu'on avait préparée pour les signatures réciproques et il dit lui-même comme avait fait l'abbé Bernier : « Nous en finirons vite, n'ayant rien autre chose à faire que de signer, puisque tout est déjà terminé. »

Assis autour de la table, on consacra un moment à la question de savoir qui signerait le premier. Il semblait à Joseph Bonaparte que cet honneur lui était dû comme au frère du chef de l'État. Je lui fis remarquer, de la manière la plus douce et avec la fermeté nécessaire en cette occasion, que ma qualité de cardinal et de représentant du Pape ne me permettait pas de prendre le second rang dans les signatures à apposer; je lui fis observer que sous l'ancien gouvernement de la France, comme partout, les cardinaux jouissaient d'une préséance non contestée, et que je ne pourrais pas céder en un point qui ne concernait pas ma personne, mais la

riguardava la mia persona, ma la dignità di cui ero rivestito. Devo rendergli la giustizia, che dopo alcune difficoltà, si arrendè di buona grazia, e mi disse che io avrei dunque sottoscritto il primo, ed egli per secondo, indi il Prelato Sprina e poi il Consigliere Cretet, indi il Padre Caselli, e poi l'Ab. Bernier.

Si pose dunque la mano all'opera, ed io presi la penna per sottoscrivere. Ma qual fu mai la mia sorpresa, allorchè vedendomi presentare dall' Ab. Bernier la copia che egli dispiegò dal suo rotolo, quasi come per incominciare da quella piuttosto che dalla mia, e avendo io gettato l'occhio sulla medesima per assicurarmi della conformità, mi avvidi che il Concordato che andava a sottoscriversi, non era quello, su cui si era convenuto non solamente fra i respettivi commissionati, ma dallo stesso Primo Console, ma che anzi n'era affatto diverso. La diversità delle prime linee avendomi fatto con la più gran diligenza osservare tutto il rimanente, venni in cognizione, che quell' esemplare non solamente conteneva quel progetto medesimo, che il Papa non aveva voluto ammettere senza le sue emende, e che aveva dato causa all'ordine della partenza da Roma dell'Inviato Francese per effetto del rifiuto del Papa, ma lo

---

dignité dont j'étais revêtu. Je dois lui rendre cette justice, qu'après quelques difficultés, il se rendit de bonne grâce et me dit que je signerais donc le premier, et lui le second ; puis le prélat Spina et le conseiller Cretet, puis le père Caselli et enfin l'abbé Bernier.

On mit la main à l'œuvre, et je pris la plume pour signer. Mais quelle fut ma surprise, quand je vis l'abbé Bernier me présenter la copie qu'il avait dépliée de son rouleau, comme pour commencer par celle-là avant la mienne, et qu'en y jetant les yeux pour m'assurer de son exactitude, je m'aperçus que ce traité qu'on allait signer n'était pas celui dont les commissaires respectifs étaient convenus entre eux, dont était convenu le Premier consul lui-même, mais un tout différent ! La différence des premières lignes m'ayant fait examiner tout le reste avec le plus grand soin, je reconnus que cet exemplaire non seulement contenait le projet même que le Pape avait refusé d'accepter sans ses corrections, et dont le refus avait été cause de l'ordre intimé à l'agent français de quitter Rome, mais, en outre, qu'il le modifiait en plusieurs endroits, car on y avait inséré certains

rincariva anche di più in alcuni punti, essendovi inscrite alcune di quelle cose che anche prima della trasmissione a Roma di quell'ultimo progetto erano state ricusate come inammissibili. Un tratto di tal natura, incredibile ma vero, e che io non mi permetterò di caratterizzare, parlando la cosa da se medesima, come mi paralizzò la mano che si era accinta allo sottoscrizione, così diede luogo alla espressione delle mie meraviglie, ed alla decisa dichiarazione che non potevo sottoscrivere quel foglio in verun conto. Parve che in ciò udire non fosse minore la meraviglia del fratello del Primo Console, il quale disse che non sapeva persuadersi di quello che udiva da me, avendogli detto il Primo Console che tutto era convenuto e che non altro rimaneva da fare che sottoscrivere, e siccome io persistevo in dire che l'esemplare conteneva tutt'altro che il Concordato convenuto, così non altro egli seppe replicare, se non che era tornato dalla sua campagna, dove era col Conte di Cobenzel trattando gli affari dell'Austria, chiamato apposta per la ceremonia della sottoscrizione del Trattato, di cui in fondo nulla sapeva, giungendogli tutto nuovo, e credendo di non essere stato chiamato a fare altro, che a sottoscrivere ciò che era già stato da ambe le parti concordato. Ed io non oserei

---

points déjà rejetés comme inadmissibles avant que ce projet eût été envoyé à Rome.

Un procédé de cette nature, incroyable mais réel, et que je ne me permettrai pas de caractériser — la chose parlant d'elle-même — me paralysa pour ainsi dire ma main prête à signer. J'exprimai ma surprise et déclarai nettement que je ne pouvais accepter cette rédaction à aucun prix. Le frère du Premier consul ne parut pas moins étonné de ce qu'il entendait et déclara qu'il ne pouvait comprendre ce que je venais de dire, tenant du Premier consul que tout était réglé et qu'il ne restait plus qu'à signer. Comme je persistais à déclarer que l'exemplaire contenait tout autre chose que le Concordat convenu, il ne sut que répondre, sinon qu'il arrivait de la campagne, où il traitait des affaires d'Autriche avec le comte de Cobentzel; qu'étant appelé précisément pour la cérémonie de la signature du traité dont il ne savait rien au fond, il était tout neuf, et ne se croyait choisi que pour signer ce qui était déjà arrêté de part et d'autre.

nemmeno in oggi affermare con certezza se egli in così dire
diceva il vero, o fingeva, come non seppi conoscerlo allora,
ma io inclinai, ed inclino a credere che egli veramente fosse
ignaro di tutto : tanto egli mi parve alieno da simulazione in
tutto ciò che disse e fece in tutto il corso di quella lunghis-
sima sessione, senza smentirsi mai. E siccome le stesse cose
affermava l'altro commissionato, cioè il Consigliere Cretet, il
quale protestava egualmente di nulla sapere, e che non poteva
indursi a credere ciò che io dicevo sulla diversità di quell'
esemplare, ad onta che io la dimostrassi col confronto del
mio, così non potei fare a meno di rivolgermi con vivacità (per
quanto io cercassi sempre di non dare in tutto il corso della
trattativa alcuna presa, nè somministrar pretesti d'irritamento
o mal'umore) all' Ab : Bernier, dicendogli che niuno più di lui
poteva attestare la verità dei miei detti, e che io ero infinita-
mente meravigliato dello studiato silenzio in cui vedevo che
egli tenevasi sull'oggetto, e che lo interpellavo espressamente a
dirne ciò che gli era tanto noto. Egli allora con volto confuso,
e quasi mortificato, e con stentate parole disse che non poteva
negare la verità di ciò che io dicevo, e la diversità del Concor-

---

Je n'oserais pas aujourd'hui affirmer avec certitude s'il disait vrai
ou s'il feignait, pas plus que je ne sus le discerner alors; mais
j'ai incliné, et j'incline à croire qu'il était vraiment dans une ignorance totale, tant il me parut éloigné de dissimulation dans tout ce
qu'il dit et fit durant cette interminable séance, sans jamais se
démentir. Comme l'autre délégué, le conseiller Cretet en affirmait
autant, et protestait également ne rien savoir, et ne pouvoir admettre
ce que j'avançais sur la différence de cet exemplaire, jusqu'à ce que
je l'eusse démontré en le confrontant avec le mien, je ne pus m'empêcher de me retourner vivement vers l'abbé Bernier. Quoique j'aie
toujours cherché dans le cours de cette négociation à ne donner
aucune prise et ne pas fournir de prétexte à l'irritation et à la
mauvaise humeur, je lui dis que nul mieux que lui ne pouvait attester la vérité de mes paroles; que j'étais infiniment étonné du
silence étudié que je lui voyais garder sur ce point, et que je l'in-
terpellais expressément pour qu'il nous dît ce qui lui était si bien
connu.

Ce fut alors que, la mine confuse et quasi mortifiée, il balbutia

APPENDICES ET PIÈCES JUSTIFICATIVES 363

dato che si proponeva a sottoscrivere, ma che così aveva voluto il Primo Console, il quale aveva detto, che siccome finchè non si è sottoscritto si è sempre padroni di variare, così egli voleva quella scrizione, perchè, fatte migliori riflessioni, non era contento delle cose convenuto. Io non riferirò qui in dettaglio tutto ciò che io risposi a così singolare discorso, e ciò che rilevai sulla inapplicabilità della massima enunciata, di poter cioè variare finchè non si è sottoscritto, alla stato in cui era la cosa, e molto più sul modo, e sulla sorpresa, con cui ciò facevasi, ma dirò solamente, che risolutamente protestai che io non avrei mai sottoscritto un tal Concordato, espressamente contrario alla volontà del Papa e alle mie istruzioni, e poteri, e che perciò quando per la loro parte non si potesse, e non si volesse sottoscrivere quello su cui si era già convenuto, poteva sciogliersi la sessione. Il fratello del Primo Console prese allora la parola, e con il più premuroso impegno si fece a dimostrare le terribili conseguenze della sconclusione della trattativa non meno per la Religione, che per lo Stato, e non meno per la Francia, porzione sì grande del Cattolicismo, che per tutti i paesi dove la Francia nella decisa superiorità della sua tanto

---

qu'il ne pouvait nier la vérité de ce que je disais et la différence du traité qu'on proposait à la signature; mais que le Premier consul l'avait ainsi ordonné, lui affirmant qu'on est maître de changer tant qu'on n'a point signé, et qu'il exigeait cette version parce que, toute réflexion faite, il n'est pas satisfait des choses convenues.

Je ne rapporterai pas en détail ce que je répondis à un aussi singulier discours et ce que je répliquai sur l'impossibilité d'appliquer à l'état de la cause cette maxime qu'on peut toujours changer avant d'avoir signé, et encore plus sur le mode, sur la surprise qu'on employait. Je dirai seulement que je protestai résolument que je ne signerais jamais un tel Concordat, expressément contraire à la volonté du Pape, à mes instructions et à mes pouvoirs, et que donc si, de leur côté, ils ne pouvaient pas ou ne voulaient pas signer celui dont on était déjà convenu, on pouvait lever la séance.

Le frère du Premier consul prit alors la parole. Il s'efforça, avec les plus pressantes instances, de montrer les terribles conséquences de la rupture des négociations, non moins pour la religion que pour l'État, et non moins pour la France, portion si impor-

preponderante forza avesse influenza : disse, che bisognava
fare tutti i tentativi possibili per non farci noi, che ivi eravamo, responsabili di mali sì grandi : che bisognava provare
d'intenderci, e accostarci insieme per quanto fosse possibile :
che bisognava farlo in quello stesso giorno, perchè la conclusione del Concordato si trovava già annunziata nei publici
fogli, e doveva publicarsene la sottoscrizione nella occasione
del gran pranzo del dì seguente : che ci voleva poco a comprendere a quale sdegno, e (disse anche) furore avrebbe potuto
lasciarsi trasportare un carattere non avvezzo a ritegni di
alcun ostacolo, come era quello del suo fratello, se avesse
dovuto comparire agli occhi del publico come annuziatore nei
suoi proprii fogli di una falsa notizia in sì grande oggetto : che
perciò mi scongiurava di provare almeno se ci riescisse di
combinare lì stesso la cosa, e che giacchè vedeva in me una
tanto inflessibile renuenza ad intraprendere a discutere il
piano contenuto nell'esemplare del Governo messo fuori
dall' Ab. Bernier (perchè io mi ero dichiarato nelle risposte,
che gli andavo dando a mano a mano, assolutamente deciso
a non volere ammettere discorso sù tal piano, come già riget-

---

tante du catholicisme, que pour tous les pays où elle avait de
l'influence, grâce à la décisive supériorité de sa force prépondérante.
Il faut faire, disait-il, toutes les tentatives possibles pour ne pas
nous rendre, nous ici présents, responsables de si grands maux. Il
faut parvenir à nous entendre et à nous rapprocher autant que
possible ; il faut le faire ce jour même, parce que la conclusion du
Concordat se trouve déjà annoncée dans les journaux, et qu'on en
doit proclamer la signature au grand dîner du lendemain.

Il n'est pas difficile, reprenait-il, de se figurer à quel degré
d'indignation et de fureur (ce sont ses termes) s'emporterait un
caractère qui ne s'arrêtait devant aucun obstacle, comme celui de
son frère, s'il devait paraître aux yeux du public, avoir inséré dans
ses propres journaux une fausse nouvelle sur un si grave objet.

Il me suppliait en conséquence de tenter au moins dans cette
journée, un accommodement quelconque. Me voyant une invincible
répugnance à entreprendre la discussion du projet libellé dans
l'exemplaire du gouvernement présenté par l'abbé Bernier (j'avais
déclaré, dans les réponses que je lui avais adressées successive-

tato dal Papa, ed escluso definitivamente fin dal principio delle trattative) Egli non aveva difficoltà che la discussione si intraprendesse sul piano che si conteneva nell'esemplare portato da me, e già convenuto, per tentare, se fosse possibile di ridurlo in maniera che potesse sperarsi che il Primo Console tornasse a prestarvi la sua adesione. La considerazione dei riflessi esposti nel di lui discorso, e la somma urbanità, e delicate maniere, con cui Egli parlò, e replicò sempre ad ogni mia risposta, mi fecero col comune avviso degli altri due che dovevano sottoscrivere per la parte della S. Sede, cioè del Prelato Spina, e del Teologo Caselli, finalmente aderire a prestarmi all'opera, meno per la speranza di alcun buon successo, attesa la irremovibile mia determinazione di non dipartirmi di un solo apice dalla sostanza di quel piano, che dopo convenuto più non si voleva, che per la vista di non comparire rozzo, irragionevole nel ricusarmi a fare almeno un tentativo, che cadeva sopra un oggetto di tanta importanza, e che mi si proponeva con tanta politezza.

Si prese dunque in mano il piano contenuto nell' esemplare da me recato per la sottoscrizione, e si incominciò la

---

ment, que j'étais absolument décidé à ne pas admettre de discusion sur ce projet déjà rejeté par le Pape et exclu définitivement dès l'ouverture de la négociation), il n'avait pas de difficulté à mettre en discussion le plan déjà adopté de mon exemplaire, afin de tenter, si possible, de le modifier, de manière qu'on pût espérer que le Premier consul y donnerait son adhésion. Le poids des réflexions qu'il venait de faire, la souveraine urbanité et les manières délicates qu'il employait toujours en parlant et en répondant à mes ripostes, me firent, d'un commun accord avec le prélat Spina et le théologien Caselli qui devaient signer avec moi pour le Saint-Siège, consentir enfin à me prêter à ce travail. Je m'y décidai, moins dans l'espérance de réussir, attendu ma résolution immuable de ne pas me départir d'un point de la substance de ce plan qu'on rejetait après l'avoir accepté, que pour ne pas paraître incivil et déraisonnable, en me refusant à faire au moins une tentative pour un objet aussi grave, tentative qu'on me proposait avec tant de politesse.

On prit en main le projet de l'exemplaire que j'avais apporté pour la signature et on commença la discussion vers les cinq heures de

discussione verso le ore 5 pomeridiane. Per comprendere quanto fosse grave, quanto accurata, quanto a vicenda di quà, e di là contradetta, quanto difficile, quanto penosa, basterà dire una cosa sola, cioè che senza interruzione alcuna, senza prendere alcun riposo, durò per 19 ore continue, cioè fino alle ore 12 della seguente mattina, avendo ivi passata tutta la notte senza avere congedati mai nè i domestici, nè le vetture, come avviene allorchè si spera d'ora in ora di terminare ciò che si stà facendo. Erano le ore 12 ossia il mezzogiorno, ed era riescito di convenire su tutti gli articoli (meno uno solo) a tenore del piano emendato in Roma, e poi concordato in Parigi con alcune modificazioni non sostanziali, ma ricusato in ultimo inaspettatamente dal P° Console nel modo che di sopra si è detto. Era riescito, dissi, di nuovamente convenire sù tutti gli altri articoli a tenore dell' anzidetto piano, mediante alcune altre nuove modificazioni parimenti non sostanziali, delle quali non v'era motivo per parte della S. Sede di dovere essere malcontenti nella posizione in cui erano le cose, ma non si era potuto in alcun modo convenire in un articolo, nel quale la modificazione voluta dal

---

l'après-midi. Pour comprendre combien elle fut sérieuse, combien méticuleuse, combien débattue successivement de part et d'autre. combien laborieuse, combien pénible, il suffira de dire qu'elle dura sans interruption aucune, sans aucun repos, pendant dix-neuf heures de suite, c'est-à-dire jusqu'à midi du jour suivant. Nous y passâmes toute la nuit, sans renvoyer ni les domestiques, ni les voitures, comme il arrive quand on espère finir d'heure en heure une affaire en train.

Il était donc midi. On avait réussi à s'entendre sur tous les articles, un seul excepté, selon la teneur du projet amendé à Rome puis accepté à Paris, avec certaines modifications non substantielles, et rejeté enfin inopinément par le Premier consul de la manière que j'ai décrite. On avait réussi à s'entendre de nouveau sur tous les articles, d'après la teneur de l'ancien projet, au moyen de quelques autres nouvelles modifications également non substantielles dont le Saint-Siège ne devait pas être mécontent au point où en étaient les choses.

Mais on ne put en aucune manière tomber d'accord sur un article

APPENDICES ET PIÈCES JUSTIFICATIVES

Governo Francese toccando la sostanza della cosa, o a dir meglio venendo a stabilire una massima, che la S. Sede ben poteva soffrire per via di fatto (come anche altrove era accaduto, e accadeva) ma non poteva mai autorizzare per via di convenzione. Non essendosi in verun conto potuto venir d'accordo sù tale articolo, ed essendo l'ora in cui il fratello del Primo Console doveva indispensabilmente intervenire alla gran Parata, e rendergli conto in tale occasione della seguita sottoscrizione, sarebbe impossibile di qui riferire quali assalti io soffrissi perchè mi prestassi a ciò che volevasi sù tale articolo dal Governo Francese, e non obligassi il fratello a recare al P° Console il fatalissimo annunzio della sconclusione. Niente però potè vincermi contro ciò chè mi imponevano i miei doveri. Rimanendo io fermo nella negativa, proposi un partito che dimostrai essere il solo che mi era permesso. Dissi che nella impossibilità in cui ero di aderire a ciò che non solo oltrepassava i miei poteri, ma non era nemmeno conforme alle nostre massime, poteva sottoscriversi tutto il resto del Concordato, lasciando in sospeso quel solo articolo, sopra il quale si sareb-

---

dont les modifications du gouvernement français entamaient la substance ou, pour mieux dire, arrivaient à établir une maxime que le Saint-Siège pouvait bien souffrir à titre de fait (comme cela était arrivé et arrivait encore), mais qu'il ne pouvait jamais autoriser à titre de convention.

Nous n'avions pu en aucune manière tomber d'accord sur cet article et l'heure allait sonner où le frère du Premier consul devait indispensablement assister à la grande parade et rendre compte à cette occasion de la signature. Il serait impossible d'énumérer les assauts que je souffris pour me prêter au désir du gouvernement français sur cet article et ne pas obliger le frère du Premier consul à lui transmettre la fatale nouvelle de la rupture.

Rien ne put avoir raison de ce que m'imposaient mes devoirs. Tout en restant ferme dans la négative, je proposai un parti que j'indiquai être le seul qui me fût permis. Je leur déclarai que, dans l'impossibilité où j'étais d'adhérer à ce qui non seulement outrepassait mes pouvoirs, mais n'était nullement conforme à nos maximes, je pouvais signer tout le reste du Concordat, en laissant en suspens cet article seul, dont on renverrait la décision au Saint-

be rimessa al S. P. la risoluzione, informandolo con la spedizione di un corriere delle ragioni che si adducevano dal Governo Francese, e delle mie difficoltà in contrario, e promettendo al tempo stesso che non avrei lasciato di rilevare con verità, e con pienezza la necessità, che credeva il Governo di trovare nella forza delle circostanze per indispensabilmente esigerlo. Io feci osservare che non potendosi pubblicare il Concordato fino a che si fossero avute le respettive ratifiche niente pregiudicava quella sospensione, nè ciò impediva di annunziare in genere la conclusione della cosa, perchè non era presumibile che ridotto l'affare ad un solo articolo non si trovasse dal S. P., unitamente col Gov. Francese, nella reciproca loro buona volontà, il modo di conciliarlo. Questo, diss'io, era tutto quello che io potevo fare senza mancare ai miei doveri: più in là, dissi che non sarei andato nè pur di un passo. La ragionevolezza del mio discorso non potè non far colpo nel fratello del P. Console, non meno che negli altri due, onde essendo convenuti in tal progetto, fù disteso l'articolo sospensivo in termini di comune accordo, e fù fatta la copia di tutto il Concordato fra noi stabilito in quella

Père, en l'informant, par un courrier, des motifs mis en avant par le gouvernement français et de mes objections à l'encontre, promettant en même temps de faire ressortir fidèlement et entièrement la nécessité où se croyait le gouvernement d'exiger cet article, vu le besoin des circonstances. Je fis observer que le Concordat ne pouvant être publié avant les ratifications respectives, cette réserve n'offrait aucun fâcheux résultat. Elle n'empêchait même pas d'annoncer en général la conclusion de l'affaire, car il n'était pas présumable que, réduite à un seul point, le Saint-Père uni au gouvernement français dans un sentiment réciproque de bonne volonté, on ne trouvât pas un moyen de conciliation. Voilà, ajoutai-je, tout ce que je puis faire sans manquer à mes devoirs, et je ne saurais aller au delà même d'un pas.

La justesse de mes raisons ne pouvait manquer de frapper l'esprit du frère du Premier consul, non moins que celui des deux autres. On s'arrêta donc à ce moyen terme. On détacha l'article en question de la partie acceptée d'un commun accord; puis on fit la copie de tout le traité que nous avions réglé dans cette éternelle

eterna sessione per essere portata al P. Console in quel momento dal suo fratello, il quale disse che nè Egli stesso, nè gli altri due potevano arbitrarsi a sottoscrivere quel Concordato tanto diverso da quello che era stato portato alla sottoscrizione per ordine del P. Console, senza prima sentirlo : che Egli andava volando alle Thuillerie dove era aspettato e che sarebbe tornato con la riposta fra una ora, e anche più presto, ma che tremava di dover tornare con una risposta contraria troppo ai voti comuni dopo quel tanto lungo, e tanto faticoso e amaro lavoro. Egli partì, e noi 5 restammo nel luogo, oppressi dalla stanchezza, e dal sonno, e dalle angustie, aspettando il di lui ritorno.

In meno di un' ora egli tornò, annunziando nel volto la mestizia dell' animo. Egli riferì che il P. Console era montato nel più gran furore nell' udire l'accaduto : che nell' impeto della collera aveva lacerato la carta del Concordato fra noi combinato, in cento pezzi : che finalmente alle tante sue preghiere, e scongiuri, e riflessioni, e ragioni erasi indotto, benchè con indicibile stento, ad assentire a tutti gli altri articoli convenuti, ma che quanto all' articolo lasciato in sospeso, era

---

séance, afin qu'elle fût remise de suite au Premier consul par son frère. Celui-ci nous dit que ni lui ni les deux autres délégués ne pouvaient se croire autorisés à signer un Concordat aussi différent de celui qui avait été présenté à la signature, d'ordre du Premier consul, sans qu'il le vît d'abord ; que lui, [Joseph] volait aux Tuileries, où on l'attendait ; qu'il reviendrait avec la réponse dans une heure, et même plus tôt ; mais qu'il tremblait de revenir avec une réponse trop contraire à nos communs désirs, après un si long, un si pénible et si amer travail. Il partit, et, nous cinq, nous restâmes là exténués de fatigue, de sommeil et d'angoisses, attendant son retour.

Il revint en moins d'une heure, révélant sur son visage la tristesse de son âme. Il nous apprit que le Premier consul était entré dans la plus extrême fureur à la nouvelle de ce qui était arrivé ; que, dans l'impétuosité de sa colère, il avait déchiré en cent morceaux la feuille du Concordat arrangé entre nous ; que, finalement, cédant à ses prières et à sa sollicitation, à ses réflexions, à ses raisons, il avait promis, quoique avec une indicible répugnance, d'accepter

stato quanto furioso, altrettanto inflessibile, e che aveva concluso dicendogli di riferirmi ch'Egli voleva quell'articolo onninamente tal quale era stato da lui fatto porre nell'esemplare recato dall' Ab. Bernier, e che io non avevo che uno dei due partiti a prendere, cioè ammettere quell'articolo tal quale, e così sottoscrivere il Concordato, o definitivamente rompere ogni trattativa, volendo Egli onninamente annunziare nel gran pranzo di quella mattina o la sottoscrizione o la rottura.

È facile imaginare in quale costernazione ci ponesse tutti un tale annunzio. Mancavano circa 3 ore a quella del pranzo, che era alle 5, al quale dovevamo tutti comparire. Sarebbe impossibile il riferire quante cose si dissero dal fratello del P. Console, quante dalli altri due, per indurmi a soddisfarlo. Il quadro che fecero delle orribili conseguenze che sarebbero nate dalla sconclusione, fù dei più spaventosi. Mi fecero sentire di che io andava a rendermi responsabile, sia con la Francia, e con quasi tutta l'Europa, sia col mio Committente medesimo, e con Roma, dove sarei stato tacciato di durezza inopportuna, e mi si darebbe il torto subito che si provassero i terribili effetti del mio rifiuto. Io provai le vere augustie della

---

tous les articles convenus mais pour celui que nous avions laissé en suspens, il était demeuré aussi inflexible qu'irrité, le chargeant, en conclusion, de me dire qu'il voulait absolument cet article, tel qu'il l'avait fait rédiger dans l'exemplaire apporté par l'abbé Bernier, et que je n'avais qu'un de ces deux partis à prendre : ou admettre cet article tel quel et signer le Concordat, ou rompre définitivement toute négociation; qu'il entendait absolument annoncer, dans le grand repas de cette journée ou la signature ou la rupture de l'affaire.

On imagine facilement dans quelle consternation nous jeta tous un pareil message. Il restait encore trois heures jusqu'à cinq, heure fixée pour ce repas auquel nous devions tous assister. Impossible d'énumérer tout ce qui fut dit par le frère du Premier consul et par les deux autres, pour me décider à le satisfaire. Le tableau qu'ils firent des horribles conséquences qui naîtraient de la rupture était des plus épouvantables; ils me faisaient sentir tout ce dont j'allais me rendre responsable soit envers la France et presque toute l'Europe, soit envers mon Souverain lui-même et envers Rome où l'on me taxerait de raideur inopportune, et où l'on me donnerait

morte. Io vidi sotto gli occhi tutto quello che mi si diceva. Io fui, se pure è lecito il dirlo, come l'Uomo dei dolori. Ma il mio dovere vinse tutto: io non lo tradii, con l'aiuto del Cielo; e dopo due ore di un terribile combattimento, io persistei nel mio rifiuto, e la trattativa fù rotta.

Così terminò quella dolorosa sessione di 24 ore intiere, incominciata dalle 4 del dì precedente, e terminata alle 4 di quell'infelice giorno, con tanto grande patimento fisico, come è facile imaginare, ma con tanto più grande patimento dell'animo, che è impossibile di concepirlo col pensiero da chi non ne fece la prova.

Bisognava (e questa era la cosa terribile del momento) comparire frà un'ora al gran pranzo, e sorbire in pubblico, e nel primo impeto tutta la collera dell'annunzio di quella rottura che doveva fare al P. Console il fratello.

Si tornò alla locanda per pochi momenti, e fatto in fretta l'occorrente per la decenza della comparsa, si andò coi miei due compagni alle Thuillerie.

---

tort aussitôt qu'on éprouverait les effets de mon refus. J'éprouvais en vérité les angoisses de la mort. Je voyais se dresser devant moi tout ce qu'on m'annonçait. J'étais (s'il est permis de s'exprimer ainsi) comme l'Homme des douleurs. Mais mon devoir l'emporta: avec l'aide du Ciel, je ne le trahis point. Je persistai dans mon refus, pendant les deux heures de cette lutte terrible et la négociation fut rompue.

Ainsi se termina cette triste séance de vingt-quatre heures entières, commencée vers les quatre heures du jour précédent, et close vers les quatre heures de ce malheureux jour, avec une grande souffrance physique, comme il est facile de le comprendre, avec une bien plus grande souffrance morale et telle qu'il est impossible de s'en faire une idée quand on ne l'a pas éprouvée.

Il fallait (et c'était la circonstance cruelle du moment), paraître dans une heure à ce grand dîner, et affronter en public, dans sa première impétuosité, la colère qu'allait soulever chez le Premier Consul l'annonce de la rupture que son frère devait lui communiquer.

Nous retournâmes quelques instants à l'hôtel; nous fimes à la hâte ce qui était nécessaire pour nous présenter convenablement, et j'allai avec mes deux compagnons aux Tuileries.

Entrati appena nella stanza, in cui era il Primo Console, pienissima di tutti i Magistrati, Militari, Grandi dello Stato, Ministri esteri, o forestieri più illustri, tutti invitati al gran pranzo, non è difficile imaginare qual fosse l'accoglienza che Egli mi fece, già informato della seguita sconclusione. Non mi vide appena, che acceso in volto, e con voce sdegnosa e forte, mi disse : ebbene, Sig^r Cardinale, avete voluto rompere ? Sia pur così. Non ho bisogno di Roma. Farò da me. Non ho bisogno del Papa. Se Enrico VIII, che non aveva la vigesima parte della mia potenza, seppe mutare la religione del suo paese e riescirvi, molto più lo saprò e potrò far io. Col mutarla nella Francia, la muterò in quasi tutta l'Europa, dovunque arriva l'influsso del mio potere. Roma si accorgerà delle perdite che avrà fatte, e le piangerà quando non ci sarà più rimedio. Voi potete partire, non essendoci altro da fare. Avete voluto rompere, e sia pur così, giacchè lo avete voluto. A queste parole, dette in publico, e col tuono il più vivo, e forte, risposi che io non potevo nè oltrepassare i miei poteri nè convenire in cose che fossero contrarie ai principii che professa la S. Sede :

A peine étions-nous entrés dans le salon où se trouvait le Premier Consul, et que remplissaient tous les magistrats, officiers, grands de l'Etat, ambassadeurs, étrangers les plus illustres, invités à ce dîner, qu'il nous fit un accueil facile à imaginer, étant déjà au courant de la rupture. Il ne m'eût pas plutôt aperçu que, le visage enflammé et avec une voix forte et dédaigneuse, il me dit :

« Eh bien, monsieur le Cardinal, vous avez voulu rompre, soit ! Je n'ai pas besoin de Rome. J'agirai de moi-même. Je n'ai pas besoin du Pape. Si Henri VIII, qui n'avait pas la vingtième partie de ma puissance, a su changer la religion de son pays et y réussir, à plus forte raison le saurais-je et le pourrais-je, moi. En changeant la religion en France, je la changerai dans presque toute l'Europe, partout où arrive l'influence de mon pouvoir. Rome s'apercevra des pertes qu'elle aura faites, et les pleurera quand il n'y aura plus de remède. Vous pouvez partir, et il n'y a pas autre chose à faire. Vous avez voulu rompre, qu'il en soit ainsi, puisque vous l'avez voulu. »

A ces mots dits en public, sur le ton le plus vif et le plus fort, je répondis que je ne pouvais ni outrepasser mes pouvoirs, ni transiger sur des points contraires aux principes professés par le

che nelle cose ecclesiastiche non si può fare tutto quello che in casi estremi può farsi nelle temporali : che ciò nonostante non mi sembrava che potesse dirsi che si fosse voluto rompere dalla parte del Papa, subito che si era convenuto in tutti gli altri articoli, alla riserva di uno solo ; sul quale avevo proposto di consultare il Papa stesso, nè i suoi Commissionati avevano da ciò dissentito. Egli m'interruppe, dicendo, che non voleva lasciare niente d'imperfetto, e che o voleva concludere sul tutto, o niente. Replicando io che non avevo facoltà di concludere sull'articolo sospeso, volendosi che fosse precisamente tal quale si proponeva, e non ammettere alcuna modificazione, rispose vivissimamente che lo voleva tal quale, senza una sillaba nè di meno nè di più, e replicando io che così non lo avrei mai sottoscritto perchè non lo potevo in conto alcuno, Egli ripetè, per questo io dico che avete voluto rompere, e considero l'affare per terminato, e Roma se ne accorgerà, e piangerà a lagrime di sangue questa rottura. E in così dire vedendosi vicino il Conte di Cobenzel, primo ministro Aus-

---

Saint-Siège. « Dans les choses ecclésiastiques, [ajoutai-je,] on ne peut faire tout ce qu'on ferait dans les choses temporelles en certains cas extrêmes. Nonobstant cela, il ne me semble pas possible de dire qu'on a voulu rompre du côté du Pape, dès qu'on s'est mis d'accord sur tous les articles, à la réserve d'un seul pour lequel j'ai proposé de consulter le Saint-Père lui-même sans que ses propres commissaires [du Premier consul] aient rejeté cette proposition. »

Il [le consul] m'interrompit, en disant qu'il ne voulait rien laisser d'imparfait, et que : ou il statuerait sur le tout, ou rien. Je répondis que je n'avais pas le droit de conclure sur l'article en question tant qu'il le maintiendrait précisément tel qu'il l'avait proposé, et que je n'admettrais aucune modification. Il reprit très vivement qu'il l'exigeait tel quel sans une syllabe ni de moins ni de plus. Je lui répondis qu'alors je ne le signerais jamais, parce que je ne le pouvais en aucune manière. Il répéta : « Et c'est pour cela que je dis que vous avez voulu rompre, et que je considère l'affaire comme terminée, et que Rome s'en apercevra et qu'elle pleurera cette rupture avec des larmes de sang. »

Tandis qu'il parlait, se trouvant proche du comte de Cobentzel, ministre d'Autriche, il se retourna vers lui avec une extrême vivacité

triaco, si rivolse a lui con gran calore, e gli disse a un di
presso le cose medesime che a me avea dette, ripetendo più
volte che avrebbe fatto cambiare la maniera di pensare e la religione in tutti i stati d'Europa, e che niuno avrebbe avuto la
forza di resistergli, e che non voleva sicuramente esser solo
nel se passer de l'Eglise Romaine (per servirmi della sua
medesima frase), concludendo che avrebbe messo il fuoco dalla
cima al fondo dell'Europa, e che il Papa ne avrebbe avuta la
colpa, e la pena ancora. E così dicendo si mischiò bruscamente nella folla dei convitati, dicendo con molti altri le cose
medesime. Il Conte di Cobenzel costernatissimo mi si avvicinò
subito, e prese a pregarmi e scongiurarmi, perchè trovassi
qualche modo di evitare tanta rovina, dipingendomene le purtroppo sicure conseguenze per la Religione, e per lo Stato,
nella Europa tutta. Risposi che pur troppo le vedevo, e me ne
doleva, ma che niente potrebbe mai farmi fare ciò che non mi
era lecito di fare. Egli diceva che comprendeva bene che io
aveva ragione di non voler tradire i miei doveri, ma che non
comprendeva come non si potesse trovare qualche modo di
conciliare la cosa, e venire d'accordo, non cadendo più in

---

et lui dit à peu près les mêmes choses qu'à moi, répétant plusieurs
fois qu'il ferait changer de manière de penser et de religion dans
tous les États de l'Europe, que personne n'aurait la force de lui
résister et qu'il ne voulait pas, assurément, être seul « à repousser
l'Église romaine » (pour me servir de ses propres expressions),
concluant qu'il mettrait plutôt le feu à l'Europe du haut en bas, et
que le Pape en aurait la faute et la peine encore.

Puis il se mêla brusquement à la foule des conviés, répétant les
mêmes choses à beaucoup d'autres. Le comte de Cobentzel, consterné, accourut de suite vers moi et se mit à me prier, à me conjurer
de trouver quelques moyens d'éviter une pareille calamité, me
dépeignant les conséquences trop certaines pour la religion, pour
l'État, pour toute l'Europe. Je lui avouai que je ne les voyais que
trop, que je m'en désolais, mais que rien ne pourrait me faire
souscrire à ce qui ne m'était pas permis. Il m'avouait qu'il comprenait parfaitement que j'avais raison de ne pas trahir mes devoirs,
mais qu'il s'étonnait qu'on ne pût découvrir quelque moyen de
conciliation, et tomber d'accord quand il n'y avait plus qu'un seul

questione che un solo articolo. Risposi che era impossibile di venire d'accordo, e conciliare la cosa, quando ostinatamente si voleva che neppure una sillaba si togliesse, o aggiungesse all'articolo in questione, come protestava il Primo Console, giacchè in tal modo non poteva realizzarsi ciò che suol dirsi e farsi in tutte le trattative, cioè che col farsi da ambe le parti qualche passo, si finisce poi per incontrarsi insieme. In questo mentre si vide aprire la stanza del pranzo, e si passò alla tavola, ciò che troncò ogni discorso.

Finì brevemente quel pranzo, di cui è facile immaginare che io non aveva mai gustato il più amaro, e ritornati alla stanza di prima il Co : di Cobenzel riprese con me l'interrotto discorso. Il Primo Console, vedendoci parlare insieme, si avvicinò a noi e indirizzando le parole al Co : di Cobenzel, gli disse che perdeva il suo tempo, se sperava di vincere l'ostinazione del Ministro del Papa, ripetendo con la stessa vivezza e forza, alcune delle cose dette precedentemente. Il Conte di Cobenzel rispose che lo pregava di permettergli di dire che non trovava ostinazione nel Ministro Pontificio, anzi un vivo desiderio di conciliare le cose, e un gran dispiacere di rompere, ma che

---

article en litige. Je lui répliquai qu'il était impossible de tomber d'accord et d'arranger les choses lorsqu'on prétendait obstinément ne pas retrancher ou ajouter une seule syllabe à l'article débattu, comme s'en exprimait le Premier Consul, puisque, dès lors, on ne pouvait réaliser ce qui a coutume de se dire et de se faire en toute négociation, à savoir que chacune des parties faisant quelques pas ont finit par se rencontrer. On ouvrit dans ce moment la salle à manger et l'on passa à table, ce qui rompit l'entretien.

Le dîner fut court, et on s'imagine que je n'en goûtai jamais un plus amer. De retour au même salon, le comte de Cobentzel reprit avec moi la conversation interrompue. Le Premier Consul nous voyant causer ensemble s'approcha et s'adressant au comte de Cobentzel, lui dit qu'il perdait son temps s'il espérait vaincre l'obstination du ministre du Pape, et il répéta en partie ce qu'il avait dit précédemment, en y mettant la même vivacité et la même force. Le comte répondit qu'il le priait de lui permettre de déclarer qu'il rencontrait non de l'obstination dans le ministre du Souverain Pontife, mais bien un sincère désir d'arranger les choses et un grand

per conciliarle il solo Primo Console poteva aprirne la via
E come ? replicò egli vivamente. Il Conte di Cobenzel disse,
col permettere una nuova sessione fra i respettivi Commissionati, e contentarsi che si provasse se si potesse
trovare il modo di fare qualche variazione nel controverso
articolo, la quale riescisse di soddisfazione di ambe le
parti, e che egli si lusingava che la di lui brama di dare la
pace all' Europa, come aveva spesso detto, lo indurrebbe a
smontare dalla determinazione di non volere che niuna sillaba
si aggiungesse, o togliesse da quell'articolo, tanto più che era
veramente una gran disgrazia il fare sì gran rottura per un articolo solo, essendo già combinati tutti gli altri. Questo discorso del
C: di Cobenzel, accompagnato da altre espressioni tutte proprie
di un vero uomo di Corte e sommamente gentili e lusinghiere
nel qual genere egli era abilissimo, fece sì che il Primo Console
dopo qualche renuenza rispondesse : ebbene per farvi vedere
che non sono io che voglio rompere, mi contento che dimani
i Commissionati si uniscano per l'ultima volta, e vedano se è

déplaisir de cette rupture, mais que pour arriver à une conciliation
le Premier Consul seul pouvait ouvrir la voie.

« Et comment? » répliqua-t-il avec vivacité. — C'est, reprit le
comte, d'autoriser une nouvelle séance entre les commissaires respectifs, et de vouloir bien leur permettre de chercher le moyen
d'introduire dans l'article en litige quelque changement propre à
satisfaire les deux parties. Puis ajouta [Cobentzel] j'aime à penser
que votre désir de donner la paix à l'Europe, comme vous nous
l'avez souvent promis, vous décidera à renoncer à cette détermination de ne souffrir que la moindre syllabe ne soit ajoutée ou retran-
chée dans cet article, d'autant plus que c'est vraiment une calamité
de consommer une aussi regrettable rupture pour un seul article
quand on a combiné tout le reste.

Ce discours du comte de Cobentzel, accompagné de beaucoup
d'autres paroles dignes d'un véritable homme de cour, toutes souverainement aimables et gracieuses, ce en quoi il était fort expert,
fit que le Premier consul, après quelque résistance, répondit : « Eh
bien ! afin de vous prouver que ce n'est pas moi qui désire rompre,
j'adhère à ce que demain les commissaires se réunissent pour la
dernière fois. Qu'ils voient s'il y a possibilité d'arranger les choses,

APPENDICES ET PIÈCES JUSTIFICATIVES

possibile di conciliare la cosa, ma separandosi senza conclusione, la rottura s'intenderà fatta, e il Cardinale se ne potrà andare. Io mi dichiaro però che quell'articolo *lo voglio assolutamente tal quale e non ammetto* cambiamenti. E così dicendo, ci voltò le spalle.

Sebbene il di lui discorso fosse contradittorio, dicendo che potevamo riunirci per vedere se era possibile di conciliare la cosa, e dicendo al tempo stesso che voleva quell'articolo tal qual' era, nè ammetteva cambiamenti, il che eludeva la conciliazione, pure si fù tutti d'accordo di profittare del permesso di riadunarsi, e di vedere se riesciva di convenire in qualche modo fra i deputati, nella speranza (se ciò accadesse) che riescisse poi al di lui fratello Giuseppe di farcelo convenire. Il Co: di Cobenzel, che trattando con il medesimo gli affari dell'Austria, ci aveva molta mano, gliene parlò caldamente, quantunque da sè medesimo egli dimostrasse un sincero desiderio di evitare la rottura. Si convene dunque che nel dì seguente si arrebbe al mezzogiorno in punto la nuova sessione in di lui casa come si era tenuta la precedente, che fu tanto amara, e tanto infelice.

---

mais si on se sépare sans conclure, la rupture sera regardée comme définitive et le Cardinal pourra s'en aller. Je déclare aussi que cet article je le veux absolument tel quel et que je n'admets pas de changements ». Et ce disant il nous tourna les épaules.

Quoique ses paroles fussent contradictoires, puisque, d'une part il nous permettait de nous réunir pour aviser à un moyen de conciliation et que de l'autre, en même temps, il exigeait l'article tel quel sans aucun changement, ce qui excluait toute conciliation, toutefois, nous fûmes tous d'accord pour profiter de la faculté de se réunir et de voir si on ne réussirait pas à s'entendre en quelque manière entre délégués, dans l'espoir (si on y arrivait) que son frère Joseph l'y ferait ensuite souscrire. Le comte de Cobentzel, qui traitait avec Joseph les affaires d'Autriche, en était fort bien vu. Il lui parla chaudement, d'autant plus chaudement qu'il paraissait lui-même désirer avec sincérité d'éviter une rupture. On convint donc de tenir le jour suivant, à midi juste au même lieu, cette nouvelle séance comme on avait tenu la précédente qui fut si amère et si malheureuse.

Io non dirò come io passassi quella dolorosa notte. Ma non potrò tacere di quanto si accrescesse il mio dolore nella mattina al vedere entrare nella mia camera, con imbarazzato e mesto viso, il Prelato Spina, e udirmi dire che il Teologo Padre Caselli era allora sortito dalla camera sua, dove si era condotto per dirgli, che avendo pensato tutta la notte alle conseguenze incalcolabili della rottura, le quali sarebbero state fatalissime alla Religione, e dopo accaduta sarebbero state irrimediabili, come provava l'esempio dell'Inghilterra, e vedendo che il Primo Console aveva dichiarato di essere inflessibile sul non ammettere cambiamenti nell'articolo controverso, egli era determinato per la sua parte ad acconsentirvi, e a sottoscriverlo tale quale, non credendo leso il Dogma, e credendo che le circostanze, delle quali non vi erano mai state le più imperiose, giustificassero la condiscendenza che in quell'articolo il Papa userebbe, non essendovi proporzione fra la poca perdita, diceva egli, che si fa con quell'articolo, con la perdita immensa, che si farà con la rottura. Il Prelato Spina aggiunse, che pensando così il Padre Caselli, che era assai più teologo di lui, egli non aveva coraggio di farsi responsabile di conseguenze

---

Je ne raconterai pas comment je passai cette nuit douloureuse mais je ne puis taire à quel point s'accrut ma douleur lorsque, le matin, je vis entrer dans ma chambre le prélat Spina, avec un air triste et embarrassé et que je l'entendis m'avouer que le théologien Père Caselli sortait de sa chambre où il était venu lui annoncer qu'il avait réfléchi, toute la nuit sur les conséquences incalculables de la rupture; qu'elles seraient on ne peut plus fatales à la religion et qu'une fois arrivées, elles devaient être irrémédiables, comme le prouvait l'exemple de l'Angleterre; que voyant le Premier consul rester inébranlable sur le point de ne pas admettre de changement dans l'article controversé, il était déterminé pour sa part à y adhérer et à le signer tel quel; qu'il n'en croyait pas le dogme lésé, et pensait que les circonstances les plus impérieuses qu'on ait pu voir justifiaient la condescendance dont le Pape userait dans ce cas. Il n'y a point de proportion ajoutait-il, entre la petite perte provenant de cet article et la perte immense qui résulterait de la rupture.

Le prélat Spina me déclara que, puisque le père Caselli, beaucoup plus théologien que lui, pensait ainsi, il n'avait pas le cou-

sì fatali alla Religione, e che perciò si era determinato egli pure ad ammettere l'articolo, e sottoscriverlo tal quale, aggiungendo che se io avessi creduto che la loro sottoscrizione senza la mia non potesse aver luogo, essi non mi nascondevano che si sarebbero trovati nella necessità di protestare almeno la loro adesione, e così garantirsi dalla responsabilità delle conseguenze della rottura, che anderebbe a succedere.

Non potrei esprimere la impressione che in me fece questa loro dichiarazione, e il vedermi così lasciato solo nella battaglia. Ma ce ciò mi sorprese, e mi addolorò al sommo, non però mi avvilì, nè mi scosse dal mio proposito. Dopo aver procurato inutilmente di persuadere l'uno, e l'altro, vedendo che le mie ragioni non avevano presso di loro tanto peso da stare nella bilancia al pari delle conseguenze che li spaventavano, finii per dire che non essendo io persuaso delle ragioni loro, non potevo arrendermi, e che mi sarei battuto solo nel congresso, pregandoli però di riserbare soltanto al termine del medesimo la protesta della loro adesione all'articolo, se non riescendo di conciliare la cosa si fosse nella necessità di rompere, al che io, piuttosto che tradire ciò che

---

rage d'assumer la responsabilité de conséquences fatales à la religion et qu'il était résolu à admettre l'article et à le signer tel quel, [Spina] ajoutait encore que, si je jugeais que leur signature ne pût se donner sans la mienne ils ne me cachaient pas qu'ils se voyaient dans la nécessité de protester de leur adhésion, et de se garantir par là de toute responsabilité des conséquences de la rupture, si elle devait avoir lieu.

Je ne puis exprimer l'impression que me firent et cette déclaration et l'idée de me savoir abandonné seul dans le combat. Mais si cela me surprit et chagrina à l'excès, cela ne m'abattit pas toutefois et ne m'ébranla point dans ma résolution. Après avoir inutilement essayé de les persuader l'un et l'autre, m'apercevant que mes raisons n'avaient pas, dans leur balance, de poids à l'égal des résultats qui les épouvantaient, je finis par dire que n'étant pas, moi, persuadé par leurs raisons, je ne pouvais m'y rendre et que je lutterais tout seul dans la conférence; que je les priais simplement de renvoyer à la fin l'annonce de leur adhésion à cet article, si, ne parvenant pas à arranger les choses, on était forcé de rompre. Ce a quoi

nella mia opinione credevo mio dovere, nell'estremo caso, benchè con vivo dolore, ero risolutissimo. Essi lo promisero, anzi dissero che fino al termine non avrebbero lasciato di appoggiare le mie ragioni, benchè non volessero poi persisterci fino al punto della rottura.

Si andò dunque al congresso nella casa del Fratello del Primo Console, e fù alle ore 12 in punto, nel mezzogiorno, che incominciò la sessione. Se questa non fù tanto lunga quanto la prima, non fù però certamente breve, essendo durata 12 ore intiere, avendo avuto fine in punto alle 12, nella mezzanotte. Almeno 11 ore furono impiegate nella discussione di quel fatale articolo.....

---

j'étais résolu en cas extrême, quoique avec une vive douleur plutôt que de trahir ce qui dans mon opinion était de mon rigoureux devoir. Ils le promirent et de plus m'affirmèrent qu'il ne laisseraient pas d'appuyer mes raisons jusqu'au bout quoiqu'ils ne voulussent pas y persister au moment d'une rupture.

On se réunit donc à l'hôtel du frère du Premier consul, et la discussion commença à midi précis. Si cette séance ne fut pas aussi longue que la première, assurément elle ne fût pas courte. Elle dura douze heures consécutives, car elle se termina juste au coup de minuit.

Onze heures pour le moins furent consacrées à la discussion de ce fatal article. ...

TABLE DES MATIÈRES

Dédicace. 1

Chapitre premier. — Les débuts de la négociation

Importance du sujet et documents récents. — Une vieille lettre inédite. — Sentiments de Pie VII en la recevant. — Spina choisi pour négociateur. — La négociation transportée à Paris. — Efforts de Louis XVIII pour l'entraver. — État d'âme des gallicans. — Châtiment du gallicanisme 1

Chapitre II. — Les négociateurs

Arrivée des prélats romains à Paris et leur vie. — Audience du Premier Consul. — Pourquoi Bonaparte voulait-il le Concordat ? — Jugements opposés sur sa religion. — Bonaparte dans la chaire chrétienne. — Ce qu'on peut savoir de ses sentiments réels. — Les conseillers religieux de Bonaparte. — Talleyrand. — Son hostilité persistante et puissante contre le Concordat. — Grégoire. — La constitution civile du clergé. — Influence des schismatiques et leur rôle dans la négociation. — M. de Pontchartrain ministre des cultes. 25

Chapitre III. — Les négociateurs et les premières discussions

L'abbé Bernier. — Son rôle dans la guerre de Vendée. — Accusations violentes dont il est l'objet. — Son rôle dans la négociation religieuse. — Instructions de Spina. — Réserve qui lui est commandée. — Opinion de Rome sur les demandes contenues dans la lettre de Martiniana. — L'ancien clergé de

France. — Ses vertus. — Efforts du Pape pour ne point déposséder les évêques de leurs sièges. — Naissance de la Petite-Eglise. 48

Chapitre IV. — Les premiers projets. — Échec de Spina

Propositions du Premier Consul relatives aux biens d'Eglise qui étaient devenus biens nationaux. — Origine et raison d'être de la propriété ecclésiastique. — Injustice et conséquences funestes de la spoliation. — Dispositions conciliantes de Rome. — Utilité d'une entente future. — Un capitole bien gardé. — Réduction du nombre des évêchés. — Les petites villes épiscopales d'autrefois. — D'un excès à l'autre. Evêchés non concordataires. — La nomination aux évêchés. — Condition absolue mise par Rome au droit de patronage. — La promesse de fidélité. — Les quatre premiers projets. — Le cinquième, œuvre du Premier Consul, amène la reprise des relations diplomatiques avec Rome et la nomination de Cacault. — La diplomatie française à Rome depuis un siècle.   85

Chapitre V. — L'ultimatum et le départ de Consalvi pour Paris

Continuation de la guerre en Italie et changement de procédés de la France à l'égard du Pape. — Le projet de Bonaparte devant les cardinaux. — Le Sacré-Collège et les Congrégations romaines. — Discussions du projet dans la congrégation particulière. — Le projet romain. — Procédés et explications en vue de la faire agréer. — Retards forcés. — Impatience du Premier Consul. — Envoi de l'*ultimatum*. — Erreur des hommes d'état. — Refus et courage du Pape. — Rôle honorable de Cacault. — Il obtient le départ de Consalvi pour Paris. 132

Chapitre VI. — La signature

Effets de la colère du Premier Consul. — Bernier patriarche. — Affaire de Fournier. — Pression sur Spina. — Arrivée de Consalvi. — Son audience. — Commérages. — Discussions entre Consalvi et Bernier. — Modifications apportées au projet romain. — Pression sur Consalvi. — Habileté du cardinal. — Concessions qu'il obtient. — Ses espérances. — Sa déception. — Journées du 14 et du 15 juillet. — Controverse entre M. d'Haussonville et le P. Theiner. — Erreur de Consalvi refutée par lui-même. — Scène du dîner. — La signature. 197

Chapitre VII. — La ratification et les additions. — Conclusion

Comparaison matrimoniale. — Les constitutionnels et les Articles Organiques. — La Convention examinée à Rome. — Les théologiens et les diplomates dans l'Eglise. — Opposition contre Consalvi. — Les votants et les votes. — Le cardinal Antonelli. — Absence de Maury. — La ratification est décidée. — Discussions sur la formule. — Actes complémentaires. — La Bulle et les Brefs. — Envoi d'un légat à Paris. — La ratification à Paris. — Lune de miel. — Dîners et cadeaux. — Texte de la Convention. — Appréciation de la Convention. — Additions ultérieures et subreptices. — Appréciation des Articles Organiques. — Les ennemis du Concordat. — L'avenir du Concordat. 261

APPENDICES ET PIÈCES JUSTIFICATIVES

I. La casuistique du Concordat. — Demande d'un jeune homme qui a été ordonné prêtre malgré lui par un évêque schismatique. 341

II. Sur la religion du Premier Consul. 346

III. Sur le mariage et sur la mort de M. de Talleyrand. . 347

IV. Extrait des *Mémoires* de Consalvi sur le Concordat (Texte et traduction). — L'incident de la signature et l'alerte du dîner 355

ÉVREUX, IMPRIMERIE DE CHARLES HÉRISSEY

www.ingramcontent.com/pod-product-compliance
Lightning Source LLC
Chambersburg PA
CBHW060601170426
43201CB00009B/855